This, this is Christ the King, Whom shep-herds wor - ship and an - gels sing:___
Nails, spear shall pierce him through, The Cross be borne___ for me, for you:___

Haste, haste to bring him praise, The Babe, the Son___ of___ Ma - ry.
Hail! hail the Word Made Flesh, The Babe, the Son___ of___

Ma - ry.

3. So

Man.

bring him in - cense, gold and myrrh; Come, peas-ant, king, to own_ him!__ The

King of Kings sal - va-tion brings: Let_ lov-ing hearts en - throne him!

Ped.

Raise, raise the song on high! The Vir-gin sings her lul - la - by.

Joy! joy! for Christ is born, The babe, the Son____ of____ Ma - ry!

SOPRANO SOLO *mp espress.*

What

* Organ: double voices *ad lib.*

Music origination by Katie Johnston
Printed in England by Halstan & Co. Ltd, Amersham, Bucks.

X545 **What child is this?** HEWITT JONES

OXFORD CAROLS

Oxford publishes a vast array of Christmas music to suit every occasion and choir. There are pieces and collections for services, concerts, and carol-singing; pieces for SATB, upper-voice, and unison choirs; *a cappella* carols and carols with piano or organ accompaniment; and a wealth of traditional favourites alongside new carols by leading composers. There are also over 250 orchestrations of carols from *Carols for Choirs* and other collections available for hire, including versions for brass, strings, and full orchestra. With hundreds of individual titles and an impressive range of carol anthologies, Oxford provides a rich collection of the very best in Christmas music.

Selected carol anthologies from Oxford University Press

Carols for Choirs 1-5

The Oxford Book of Flexible Carols
Edited by Alan Bullard

For Him all Stars, 15 carols for upper voices

A Merry Little Christmas, 12 popular classics for choirs
Compiled and edited by Jerry Rubino

An Edwardian Carol Book, 12 carols for mixed voices
Selected and edited by Jeremy Dibble

Alan Bullard Carols, 10 carols for mixed voices

Bob Chilcott Carols 1, 9 carols for mixed voices

Bob Chilcott Carols 2, 10 carol arrangements for mixed voices

John Rutter Carols, 10 carols for mixed voices

Mack Wilberg Carols, 8 carol arrangements for mixed voices

World Carols for Choirs, SATB and upper-voice editions
Compiled and edited by Bob Chilcott and Susan Knight

Christmas Spirituals for Choirs
Compiled and edited by Bob Chilcott and Ken Burton

The Ivy and the Holly, 14 contemporary carols

OXFORD
UNIVERSITY PRESS

www.oup.com

ISBN 978-0-19-338204-6

9 780193 382046

Voyage Au Pole Sud Et Dans L'océanie Sur Les Corvettes L'astrolabe Et La Zélée ... Pendant 1837-1840, Sous Le Commandement De J. Dumont D'urville. Hydrographie, Par M. Vincendon-Dumoulin. 2 Tom. [And] Atlas

Astrolabe Ship, Jules Sébastien C. Dumont D'Urville

VOYAGE
AU POLE SUD
ET DANS L'OCÉANIE.

———

HYDROGRAPHIE.

I.

VOYAGE
AU POLE SUD
ET DANS L'OCÉANIE

SUR LES CORVETTES

L'ASTROLABE ET LA ZÉLÉE,

EXÉCUTÉ PAR ORDRE DU ROI
PENDANT LES ANNÉES 1837–1838–1839–1840,

SOUS LE COMMANDEMENT

DE M. J. DUMONT D'URVILLE,

Capitaine de vaisseau,

PUBLIÉ PAR ORDONNANCE DE SA MAJESTÉ

sous la direction supérieure

DE M. JACQUINOT, CAPITAINE DE VAISSEAU, COMMANDANT DE LA ZÉLÉE.

———

HYDROGRAPHIE,
PAR M. VINCENDON-DUMOULIN.

TOME PREMIER.

PARIS,
GIDE, EDITEUR,
RUE DES PETITS-AUGUSTINS, 5, PRÈS LE QUAI MALAQUAIS.
———
1843.

PRÉFACE.

La partie hydrographique du *Voyage au Pôle Sud et dans l'Océanie* forme deux divisions bien distinctes par la nature même des questions qui doivent y être traitées.

La première division comprend l'exposé des méthodes employées pour lever les cartes de l'atlas.

Dans la seconde, on trouvera tous les renseignements nautiques qu'il nous a été possible de recueillir dans les parages que nous avons traversés.

Les observations sur les vents, les températures de l'air et de l'eau de la mer, les hauteurs barométriques, les déclinaisons de l'aiguille aimantée, l'action diurne des courants, et les positions géographiques des corvettes pour le midi de chaque jour, que nous avons déjà groupées dans le premier volume de la partie physique, auraient pu également trouver place dans la partie hydrographique du Voyage, et former une troisième division. Mais, en obéissant à la nécessité où nous nous sommes trouvé de réunir dans les mêmes tableaux toutes ces données diverses, afin d'éviter des répétitions inutiles, nous avons cru aussi devoir ne point distraire ce volume de la partie physique à laquelle se rattache, bien plus directement encore qu'à la navigation, l'étude des grandes lois des phénomènes météorologiques.

L'hydrographie manque encore d'un *Traité spécial*. J'aurais désiré essayer de combler cette lacune ; mais les occupations qui me sont survenues depuis la mort du contre-amiral Dumont d'Urville, me mettent dans la nécessité de renvoyer la fin de ce travail après la publication du Voyage, si toutefois on m'en laisse le loisir.

Dans le volume que je publie aujourd'hui, j'ai cherché seulement à réunir toute la division théorique, si je puis m'exprimer ainsi, de la partie hydrographique du voyage. J'ai joint à l'exposé du mode d'opération que j'ai employé dans les levées sous voiles, les formules qui ont servi à calculer les longitudes des stations principales et les considérations qui ont conduit à ces calculs. Enfin, j'ai eu surtout pour but d'éviter à nos successeurs dans la carrière des voyages, les difficultés que je rencontrai, lorsque, en 1837, je fus distrait de la reconnaissance des côtes de France pour embarquer sur l'*Astrolabe* et y exécuter sous voiles et avec rapidité des travaux hydrographiques.

Les levées sous voiles exigent presque toujours un grand nombre d'observateurs. C'est au concours utile et éclairé qu'ont bien voulu me donner tous les officiers et élèves de l'expédition, que je dois d'avoir pu réunir le grand nombre de cartes importantes qui composent notre atlas.

Les longitudes et les latitudes ont été constamment observées à bord de l'*Astrolabe* par MM. Barlatier Demas et Duroch, et à bord de la *Zélée* par M. Tardy de Montravel qui, en outre, m'a fourni les moyens de contrôler mon travail par les nombreuses observations hydrographiques qu'il a bien voulu réunir. Les documents recueillis par M. Tardy de Montravel,

qui est aujourd'hui chargé d'une mission hydrographique très-importante, m'ont été d'une
grande utilité pour les travaux de la campagne.

M. Coupvent-Desbois, qui m'a remplacé dans
le détroit de Torrès lorsqu'une maladie grave
me mettait dans l'impossibilité de continuer mon
service, a partagé avec moi le fardeau qui nous
fut imposé par M. Dumont d'Urville de revoir en
entier toutes les longitudes. Enfin M. Kosman
s'est chargé d'observer et de calculer tous les
azimuths; c'est dire combien m'a été utile cet
habile et zélé observateur.

C. A. VINCENDON-DUMOULIN.

Paris, le 25 septembre 1843.

INTRODUCTION.

Les travaux hydrographiques qui ont été exécutés pendant le voyage des corvettes l'*Astrolabe* et la *Zélée* se divisent en deux classes, les *Cartes* et les *Plans*.

La levée et la construction des plans des ports étaient confiées aux soins de MM. les officiers de l'expédition.

Les moyens d'opération qui leur ont servi de base sont connus de toutes les personnes qui s'occupent d'hydrographie, et j'aurai peu de chose à en dire.

La levée et la construction des cartes varient au contraire, pour ainsi dire, à chaque instant, suivant la nature du terrain qu'il s'agit d'étudier et suivant le temps que l'on peut consacrer à sa reconnaissance.

Lorsque le pays dont on veut lever la carte laisse toute facilité pour y pénétrer et y établir un réseau géodésique, toutes les opérations hydrographiques s'y rattachent facilement, et dès-lors on peut espérer arriver à des travaux aussi parfaits que possible. Le travail hydrographique des côtes de France, exécuté de nos jours par les ingénieurs-hydrographes de la marine, peut servir de modèle en ce genre, car c'est le travail le plus complet que l'on connaisse dans l'hydrographie.

M. Dortet de Tessan, dans son travail sur l'Algérie, nous apprend comment on peut arriver à des résultats rigoureusement exacts, lorsqu'il s'agit de faire la carte d'une côte sans y débarquer. Mais il admet que d'avance on peut en étudier l'aspect et que l'on peut y trouver deux points tellement placés, que servant d'abord d'observatoires, ils puissent encore devenir la base sur laquelle s'appuiera une triangulation secondaire exécutée à la mer.

La nature d'une campagne d'exploration comme celle que vient d'exécuter M. le capitaine de vaisseau Dumont-D'Urville, ne présente, la plupart du temps, à l'hydrographe chargé de la levée des cartes, d'autres ressources que celles de voir le navire défiler devant une côte qu'il étudie pour la première fois. Souvent même l'observateur n'aura point la possibilité de prendre terre, et de baser ses opérations sur un point où il aura pu faire des observations. Partout une végétation active couvre le sol, et si un sommet dénudé, propre à servir de lieu pour établir une station géodésique apparaît dans l'intérieur, son pied est presque toujours rendu inaccessible et par la végétation et par l'attitude menaçante des habitants du pays. Dès-lors on ne peut espérer obtenir la forme du terrain qu'à l'aide d'observations faites à la mer. Cette manière de procéder s'appelle *lever sous voiles*.

Les anciens navigateurs se contentaient, dans leurs voyages, de prendre des croquis-plans des lieux dans lesquels ils arrivaient. Ils estimaient à peu près les distances, et généralement parmi ces croquis, ceux qui nous restent, indiquent des terres souvent dix fois plus grandes qu'elles ne le sont réellement.

Cook, dans les voyages remarquables qui, à juste titre, immortalisèrent son nom, songea à se servir de la route de ses navires pour retracer les contours des terres qu'il avait reconnues. Des observations astronomiques lui servirent à corriger les estimes de la route; avec la boussole il releva les principaux points de la côte dont il estima ensuite les distances au navire.

Plus tard, les observations de latitude et de longitude se multiplièrent, mais la base de toute opération hydrographique faite sous voiles, fut encore la route du navire, que l'on construisit avec tout le soin possible. On n'estima plus à la vue simple la distance qui séparait l'observateur de la terre, mais on prit de nombreux relèvements sur les points remarquables de la côte, et les intersections de ces lignes de directions déterminées fixèrent les distances.

Notre célèbre hydrographe, M. Beautemps-Beaupré, substitua les relèvements astronomiques aux relèvements pris à la boussole : les distances angulaires furent mesurées avec précision au moyen d'un cercle à réflexion; chaque objet fut relevé de plusieurs points à la mer, et lorsque tous ces relèvements ne vinrent pas se croiser en un point unique,

il corrigea la route du navire en combinant les observations astronomiques avec celles trigonométriques,
de manière à ce que les relèvements d'un même
objet vinssent aussi concourir en un même point.

Si la route du navire, assujettie à des observations
astronomiques multipliées, pouvait être considérée
comme parfaitement exacte, rien ne deviendrait
plus facile que de construire par points tous les
contours d'une côte que l'on suit d'assez près pour
en voir les détails. Mais il n'en est point ainsi : tout
le monde connaît le peu d'exactitude que comportent
le lock et la boussole ou compas de route, qui servent
à estimer, l'un la vitesse, l'autre la direction du navire. Lorsqu'on veut corriger cette route ainsi estimée on attribue à l'action des courants les différences
qui existent entre les positions déduites d'observations astronomiques et celles données par l'estime.
Déjà pour faire cette correction on est obligé de
supposer que ces courants sont restés constants pendant tout le temps qui sépare deux observations, ce
qui est rarement vrai. Le plus généralement, on n'a
d'observations de latitude qu'à midi, dès-lors on doit
admettre que les courants sont restés constants, du
moins dans la direction nord et sud, pendant l'espace
de 24 heures. Si en longitude on peut avoir des observations plus rapprochées, il ne faut pas perdre de
vue que, d'après les calculs de M. de Rossel, ces observations (en admettant la latitude toujours bonne,
ce qui n'est pas vrai), peuvent le plus souvent être
affectées de 2 ou 3 minutes d'erreur, et que, par con-

séquent , elles sont peu susceptibles d'accuser les courants qui auront pu exister pendant un petit laps de temps.

Toutes les causes d'erreur doivent surtout agir aux approches des côtes, dont le gisement force à chaque instant les eaux à modifier leurs mouvements. Comme généralement pendant la nuit le navire, pour s'éloigner de la terre sans faire route, prend la panne ou la bordée du large, en serrant le vent souvent sous peu de toile, on est exposé à des dérives considérables qui sont toujours mal estimées et qui rendent la route très-défectueuse. La plupart du temps c'est à ces erreurs que l'on doit les prétendus courants annoncés par les observations de deux journées consécutives, et dont cependant on corrigera, du moins en latitude, la route entière, d'un midi à l'autre. Enfin, sur une côte où les courants de marée se font sentir, on n'a plus aucun moyen pour corriger la route de leur action. Il serait possible même que les observations n'en accusassent aucun : il suffirait pour cela que les courants de jusant fussent égaux en vitesse et d'une direction opposée à ceux produits par le flot, et que les moments des observations fussent les mêmes que ceux des revirements de marée. Dans ce dernier cas, il est impossible d'obtenir la route exacte du navire, si ce n'est quelquefois par un tâtonnement long et pénible, avec lequel encore on n'est jamais sûr d'arriver à une construction satisfaisante.

Enfin, toutes les fois que l'on sera obligé de s'appuyer, dans la construction d'une carte, sur la route d'un navire, quoique corrigée d'après des observations astronomiques, on s'exposera à de graves erreurs. Car si la route est fautive, on s'appuiera sur des positions fausses pour déterminer des points à terre qui, à plus forte raison, seront encore plus loin de la vérité.

Dans la méthode nouvelle pour lever sous voiles la carte d'une côte, que je vais exposer, il n'est pas nécessaire de se servir de la route estimée du navire : elle peut être quelquefois utile pour abréger le travail; mais on peut toujours se dispenser de la consulter. On n'a donc plus aucune erreur à redouter provenant des fausses estimes ou des courants réels qui font sentir leur action sur le navire. Dans la construction de sa carte on évite encore tout tâtonnement, on abrège son travail, et, en même temps, on lui assure une précision qu'il n'eût pas été possible d'espérer avec les moyens employés par nos devanciers.

Dans les considérations qui vont suivre, je ferai d'abord abstraction de la forme de la terre, et je supposerai que la côte dont on veut lever la carte se trouve sur un plan, ce qui est sensiblement vrai lorsque la partie du terrain que l'on étudie est peu étendue. Nous verrons ensuite quelles modifications doivent subir les constructions graphiques lorsque l'on a égard à la forme sphéroïdale du globe.

Je commencerai par décrire rapidement les principales constructions graphiques employées par les ingénieurs hydrographes et les marins chargés de tra-

vaux hydrographiques ; mais je ne dirai rien des observations à faire pour déterminer, soit la longitude,
soit la latitude à la mer, ou bien le relèvement astronomique ou l'azimut d'un objet terrestre. M. de Rossel a calculé les erreurs que l'on peut commettre dans
ce genre d'observations. Il a démontré que, dans les
cas les plus défavorables, les erreurs des relèvements
astronomiques ne vont pas au-delà de 14 à 15 minutes ; que ces erreurs dépassent rarement 5 à 6 minutes, et que, le plus généralement, elles sont moindres que 2 ou 3 minutes. Dorénavant, quand je
parlerai d'un relèvement, on pourra toujours enten-
dre que c'est un relèvement astronomique, et on
devra toujours le considérer comme exempt de toute
espèce d'erreur autre que celles provenant de l'observation.

Toutes les fois qu'un navire se trouve en vue d'une
terre dont la carte est dressée ou dont on connaît la
position des points les plus remarquables, on peut facilement trouver la position relative du navire pour
un instant donné, si on a pris les distances angulaires
entre au moins trois des points dont on a les positions, ou bien si on a relevé le gisement azimutal de
deux au moins des objets remarquables de la terre
qui est en vue. C'est ce que l'on appelle *faire son
point*. Les marins ont l'habitude, pour faire leur
point, de se servir de deux ou plusieurs relèvements
pris à la boussole sur les objets remarquables de la
côte ; sans doute, cette manière de se placer n'est pas
la plus exacte, mais elle n'exige qu'une construction

très-facile, et elle fait connaître la position du navire avec une exactitude généralement suffisante pour les besoins de la navigation. Aussi les marins ont ils continué à s'en servir de préférence aux méthodes employées par les ingénieurs-hydrographes, qui sont beaucoup plus précises, mais qui exigent l'emploi du cercle à réflexion. Dans les opérations hydrographiques où il faut apporter une très-grande précision pour fixer les positions occupées successivement à la mer par l'observateur, il faut savoir aussi employer avec discernement les différentes méthodes de constructions graphiques pour faire son point; et suivant la position relative des objets à terre destinés à fixer celle occupée par le navire, l'observateur devra opter, pour faire son point, entre toutes les méthodes diverses que nous allons décrire sommairement dans le chapitre premier.

CHAPITRE PREMIER.

Méthodes diverses pour faire le point lorsqu'on est en vue de terre.

On connaît la position d'un seul point de la terre qui est en vue : il s'agit de faire son point.

§ 1.—Le relèvement pris sur l'objet est insuffisant pour obtenir exactement la position occupée par l'observateur. Si l'objet qui est en vue avait une hauteur connue, on pourrait à la rigueur, au moyen de sa distance angulaire verticale, calculer la distance du navire à cet objet, et la rapporter sur la direction du relèvement de cet objet (nous verrons plus tard comment on peut calculer cette distance). On n'obtiendrait dans tous les cas qu'une position généralement peu exacte, car une erreur très-légère dans la mesure de l'angle vertical de l'objet en apportera une très-grande dans la distance.

Si on a pu en même temps observer, soit la longitude, soit la latitude du point occupé par l'observateur, et le relèvement ou l'azimut de l'objet, la position de l'observateur sera donnée par l'intersection du relèvement observé et du méridien, ou du parallèle accusé par l'observation astronomique. La position de l'observateur sera d'autant mieux définie que le relèvement du point se rapprochera de la direction Est et Ouest, lorsque l'on pourra observer la longitude; ou réciproquement, que cette direction sera près de celle du Nord au Sud, si c'est la latitude du point qui est donnée par des observations astronomiques.

On connaît la position des deux points A et B (fig. 1) de la terre qui est en vue : on demande de faire le point.

§ 2. — Si on observe les deux relèvements de A et B, c'est-à-dire les angles que chacune des lignes partant du point occupé par l'observateur et allant aux points A et B, fait avec les méridiens passant par A et par B, on pourra toujours mener sur le papier des droites D A et D B faisant avec les méridiens de ces points les angles observés, et leur intersection sera le point cherché.

Dans ce cas on emploie les relèvements qui peuvent être affectés d'erreurs assez graves, surtout lorsqu'ils sont observés seulement à la boussole; or, une légère erreur dans un des relèvements en produit une considérable sur la position cherchée. Pour s'en garantir autant que possible, on prendra, en outre de ces deux relèvements, la distance angulaire comprise entre les deux objets A et B. On décrira ensuite sur A B comme corde le segment d'un arc de cercle capable de l'angle observé A D B. Si cet arc ne coupe pas les deux relèvements en un point unique D, on prendra une moyenne entre les deux positions données par l'intersection de chacun des relèvements avec le cercle tracé. Dans tous les cas, cette méthode de faire le point dont les marins se servent assez généralement, ne doit être employée dans les travaux hydrographiques que lorsque l'on ne peut faire autrement, c'est-à-dire lorsque l'observateur ne voit que deux points dont la position lui est connue. Quand la distance de l'observateur aux objets relevés mesurée sur la carte sera très-petite, cette construction sera généralement suffisante, car alors les relèvements, quoiqu'en erreur de plusieurs degrés, s'accordent encore bien à donner la même position. Lorsque la distance de l'un des objets à l'observateur sera très-petite, on pourra encore l'employer en se servant, non plus des deux relèvements, mais simplement de la distance angulaire prise sur les deux objets et du relèvement du point le plus rapproché.

Trois points de terre au moins, A, B, C, dont la position est connue, sont en vue : il s'agit de faire son point.

§ 3. — Si nous supposons d'abord que l'observateur

n'a pu prendre que les relèvements à la boussole, de ces trois points, et qu'il n'a pas fait usage du cercle à réflexion pour observer les distances angulaires qu'ils conservent entre eux; la construction rentre dans le cas précédent. Si les trois relèvements sont exactement observés (ce qui est fort rare à la boussole), ils se couperont tous les trois en un même point, qui sera celui cherché. Dans le cas où ces relèvements seraient entachés d'erreurs, M. Dortet de Tessan recommande la construction suivante, qui peut conduire encore à la détermination très-rapprochée de la position occupée par l'observateur. On considérera d'abord deux de ces relèvements partant des deux points, A et B, par exemple (*fig.* 2), à chacun de ces relèvements que nous supposerons corrigés de la déclinaison de l'aiguille aimantée; on ajoutera deux ou trois degrés, puis on les tracera comme si on voulait faire le point avec ces deux relèvements fautifs. On aura une première position fausse α. On retranchera ensuite deux ou trois degrés à ces mêmes relèvements, au lieu de les ajouter, et en construisant comme précédemment, on obtiendra une nouvelle position fausse α'. On joindra ces deux positions α, α', par une ligne qui passera nécessairement sur la position exacte cherchée, ou très-près de cette position. On obtiendra de même, en considérant deux nouveaux relèvements, ceux pris sur les deux points B et C, par exemple, une nouvelle ligne droite 6 6' qui devra aussi passer très-près de la position cherchée, et l'on pourra, dans tous les cas, prendre, sans erreur sensible, l'intersection de ces deux droites pour la position vraie de l'observateur.

Cette méthode est basée sur cette proposition évidente, que si dans le voisinage du point où des circonférences de cercle se coupent, on prend sur chacune d'elles un arc d'un très-petit nombre de degrés, les cordes de ces arcs se couperont nécessairement très-près du point d'intersection des circonférences de cercle elles-mêmes.

Du reste, cette méthode rentre complétement dans celles qui consistent à faire le point au moyen des distances angulaires prises entre trois points dont la position est connue. Il suffirait en effet de conclure des relèvements pris à la boussole les distances angulaires qui, du point de l'observation séparent les objets terrestres, pour construire ensuite la position de l'observateur avec ces distances angulaires, par les méthodes que nous allons exposer, et l'on obtiendrait la même position que par la construction précédente; nous avons cru cependant devoir la mentionner.

Dorénavant, pour faire le point, nous laisserons de côté toute observation de relèvements, et nous supposerons toutes les distances angulaires entre les différents objets terrestres prises directement avec un cercle à réflexion. Les relèvements pris à la boussole ne comportent point une précision suffisante pour ne pas les omettre lorsqu'on peut s'en passer.

Étant donnés les angles α, ϐ (fig. 2) *pris d'un même point* X *entre les trois points à terre* A, B, C : *il s'agit de trouver sur la carte la position occupée par l'observateur.*

§ 4. — Soient A, B, C les trois points à terre, α et ϐ les angles observés entre A, B et B, C. Sur la ligne A, B décrivez un segment capable de l'angle donné α, et sur B C décrivez un deuxième segment capable de l'angle donné ϐ, l'intersection X de ces deux segments sera le point cherché.

Cette construction est assez longue, car pour décrire les deux segments capables des angles donnés α et ϐ, il faut commencer par élever les droites P O et P′ O′ perpendiculaires sur le milieu des cordes A B et B C, puis il faut mener les droites A O et C O′ faisant, avec ces cordes, des angles complémentaires de ceux observés. Dans tous les cas, elle est très-rigoureuse, et définit très-bien le point cherché, lorsque les deux cercles se coupent sous un angle assez grand.

On remarquera que ces deux cercles passent par le point B, et que la ligne O O′ qui joint les centres de ces cercles, est perpendiculaire sur le milieu de la corde commune B X, par suite, chacun des points de cette droite est également éloigné des points B et X. Si donc il restait quelque incertitude sur la position du point X, on pourrait prendre sur O O′ un point quelconque tel que R et avec R B, pour rayon, décrire un arc de cercle qui fixe la position du point X.

§ 5.—Au lieu d'employer la construction ordinaire pour obtenir le segment capable de l'angle donné α construit sur A B, on peut remarquer que les droites P O et A O sont la première la cotangente, la seconde la cosécante de l'angle observé α, dans un cercle dont le rayon est $AP = \dfrac{AB}{2}$. Or, si l'on avait une de ces deux lignes A O ou P O on pourrait trouver directement le centre du cercle cherché. Souvent même lorsque les deux lignes A O et P O, dont l'intersection doit fixer le centre O, se coupent sous un angle très-aigu, c'est-à-dire lorsque l'angle observé α est très-petit, on est obligé de calculer ces lignes pour pouvoir compter sur quelque exactitude.

Nous avons des tables toutes faites qui nous donnent les grandeurs naturelles des cotangentes en fractions du rayon, et dès-lors, avec un compas de proportion, il est toujours facile d'obtenir la valeur de la ligne O P. Si, en effet, le rayon est égal à 1, la cotangente sera donnée par une fraction du rayon 0,95451 par exemple. Or, en ouvrant son compas de proportion de manière que la ligne correspondant à la division 100 soit égale au rayon $\dfrac{AB}{2}$, la cotangente cherchée sera la distance correspondante à la division 95, qui, rapportée sur la droite O P à partir du point P, fera connaître la position du point O.

Pour éviter l'embarras de consulter chaque fois ces

tables, M. Chazallon, ingénieur-hydrographe de la marine, a imaginé, pour trouver directement ces cotangentes, le moyen mécanique suivant, qui est d'un usage facile. On trace un quart de cercle OAB (*fig.* 3). Sur la ligne O B on prend des parties O C, O D, O E proportionnelles aux cotangentes de 85°, 80°, 75°, par exemple, en faisant le rayon du cercle égal à O B; on trace du point O comme centre, avec ces différentes lignes pour rayon, des arcs de cercle; on multiplie du reste autant que l'on veut les points à désigner sur la ligne O B; enfin, l'on remarque que la cotangente de 45° étant égale au rayon, O B représentera la cotangente de 45°, et que les cotangentes des angles plus petits que 45° seront égales à une ou deux fois le rayon O B, plus une certaine fraction de rayon, il suffira donc, pour avoir les cotangentes de ces derniers, de calculer, une fois pour toutes, ces fractions de rayons. Ce sont ces grandeurs que l'on apportera ensuite sur les lignes O′ B′ et O″ B″, suivant qu'elles appartiennent à des cotangentes égales à une fois ou deux fois le rayon, plus une fraction de rayon. Ainsi, la cotangente de 40° dans un cercle dont le rayon est O B, sera égale à O B + O′ F. Celle de 20° dans le même cercle sera égale à 2 O B + O″ G.

Une fois que l'on a construit un quart de cercle ou un demi-cercle d'après les principes que nous venons d'exposer, rien n'est plus simple que de trouver la cotangente d'un angle quelconque, dans un cercle dont le rayon est donné. En effet, à partir du point B il suffit de prendre sur l'arc A B une corde égale au

rayon de la circonférence donnée, tel que A P, de faire
B K (*fig.* 3) $=$ A P (*fig.* 2) et de joindre ensuite B et K
par une ligne droite. On aura immédiatement la cotangente d'un arc de 75°, par exemple, dans le cercle
dont BK est le rayon, en prenant la grandeur E L. En
effet, les deux lignes E L et B K étant parallèles, les
deux triangles semblables O E L et O B K donnent la
proportion

$$E L : B K :: O E : O B$$

Or, O E étant la cotangente d'un angle de 75° dans
un cercle dont O B est le rayon, E L sera aussi la cotangente d'un arc de 75° dans un cercle dont B K est
le rayon.

Par la même raison, pour les angles plus petits
que 45°, la cotangente d'un arc de 40 par exemple,
dans un cercle dont le rayon est B K, sera égale
à B K $+$ F' N, celle d'un arc de 20° sera égale à
2 . B C $+$ G' M.

Cette manière de trouver les cotangentes est souvent d'un très-grand avantage dans les constructions graphiques qui servent à faire le point. En effet,
pour construire les deux segments d'angles capables
d'un angle donné, nécessaires pour la recherche du
point X, on n'a besoin que d'un compas, lorsqu'on
a eu le soin de joindre, sur un plan préparé d'a-
vance, tous les points remarquables de la côte, et d'é-
lever une ligne perpendiculaire sur le milieu de
chacune de ces droites. Les ingénieurs-hydrogra-

phes emploient souvent cette méthode, surtout lorsqu'ils ont à construire des positions dans des canots
où l'agitation de la mer rend toujours très-difficile
l'emploi de la règle et du rapporteur.

Cette méthode est surtout utile lorsque l'on opère
dans la levée de plans particuliers qui doivent être
faits avec beaucoup de détails, parce qu'alors, les
points à terre sur lesquels s'appuient les stations
faites à la mer sont peu nombreux, et qu'il est toujours facile de préparer sa projection d'avance, et de
tracer le petit nombre de lignes perpendiculaires dont
on aura besoin.

§ 6. — Au lieu de rechercher les cotangentes
P O, P' O' destinées à donner directement le centre des
cercles O O', on pourrait employer un moyen mécanique semblable pour trouver les sécantes A O, C O'.

La recherche des cosécantes aurait en effet cela
d'avantageux, qu'à l'aide seulement du compas on
pourrait trouver les centres et décrire les cercles
O et O', sans avoir besoin d'élever préalablement les
perpendiculaires O P et O'P'. Si on avait en effet la
grandeur de la sécante A O, on décrirait avec cette
grandeur pour rayons des points A et B comme centres, deux petits arcs de cercle qui se couperaient au
point O, et ensuite, avec cette même ouverture de
compas, on décrirait le cercle directement.

Il est vrai que la cosécante est toujours plus grande
que le rayon, et on pourrait craindre d'être obligé de
donner au quart de cercle (*fig.* 3), une grandeur
considérable et gênante ; mais au lieu d'employer,

comme précédemment, les rapports entre les différentes cotangentes et le rayon, on construirait sa
figure en calculant les rapports entre les cosécantes
et le diamètre. La grandeur O B représenterait alors
la cosécante d'un angle de $\frac{2}{5}$ de droit, et la construction de la nouvelle figure se ferait aussi facilement
et d'une manière analogue à celle indiquée. Pour
s'en servir, il suffirait ensuite de rapporter sur A B
une corde égale à la distance totale qui sépare les
deux points à terre dont on a observé les angles.

Cette construction par les cosécantes a le grand
avantage d'être rapide, très-rigoureuse, et de pouvoir s'employer sans aucune construction préparatoire sur la feuille de projection; on doit même la
recommander aux marins pour faire le point en vue
de terre. Il arrive souvent, en effet, que l'état de la
mer rend les observations de relèvements à la boussole presque impossibles, tandis qu'il est toujours
facile de prendre des angles avec un cercle à réflexion. Dans ce cas, la méthode de construction
par les cosécantes présente des avantages incontestables. Dans la pratique on pourrait d'avance
avoir sur un plan en cuivre, une figure tracée pour
donner les cosécantes; la ligne O K, qui change toutes
les fois que la distance des deux points à terre varie,
se trace au crayon, pour pouvoir s'effacer lorsque l'on change de points. Sur le cuivre on pourrait tracer d'avance des lignes telles que OK, OK',
OK″, OK‴, ou plutôt, au moyen d'une ou de plusieurs alidades mobiles qui prendraient leur mouve-

ment autour du point O, centre du cercle et qui se fixeraient par une vis de pression, on pourrait rapidement, et par une seule mesure suffisante pendant tout le temps que l'on reste en vue des deux mêmes objets, dont la distance aurait servi à fixer l'alidade, rendre cette construction excessivement rapide et commode, surtout lorsque l'état agité de la mer rend si difficile l'emploi de la règle et du rapporteur. Nous recommandons particulièrement aux marins ce mode de construction, dans les travaux hydrographiques, et pour leur donner toute facilité de s'en servir, nous joignons à la fin de cet ouvrage deux tables donnant les cotangentes et cosécantes naturelles en fonction du rayon.

§ 7. — La construction suivante, pour faire le point au moyen des distances angulaires observées entre trois points à terre, est connue des hydrographes sous le nom de *construction par alignement* Le point cherché est donné par la rencontre d'un cercle et d'une ligne droite.

Soient (*fig.* 4) A, B, C les trois points à terre entre lesquels les angles ont été observés. Sur deux d'entre eux, A et B par exemple, je décris un segment capable de l'angle observé entre A et B, ensuite au point O´, centre du cercle que je viens de tracer, je fais avec la droite OB, un angle DOB égal au double de l'angle observé entre B et C; enfin, je joins le point D au point C par une ligne droite qui rencontre le cercle tracé en un deuxième point X qui est le point cherché. En effet, ce point se trouvant sur le cer—

cle ABX, l'angle AXB est égal à l'angle observé entre A et B, de même l'angle BXC ayant son sommet
sur la circonférence a pour mesure la moitié de
l'arc BD compris entre ses côtés ; mais l'arc BD mesure encore l'angle au centre BOD, on a donc DXB
$= \frac{1}{2}$ DOB, l'angle DXB est donc égal à l'angle observé
entre les points B et C, puisque nous avons fait
l'angle DOB égal au double de cet angle.

Cette méthode de construction est surtout avantageuse, lorsque les deux points A et B étant assez rapprochés de l'observateur, le point C est très-éloigné.
Pour qu'il ne reste aucune incertitude sur le point X,
il faut que la ligne DC coupe le cercle sous un angle
qui ne soit pas trop aigu. Du reste, s'il restait de l'incertitude, on pourrait du centre O abaisser une perpendiculaire sur la droite DC, qui diviserait nécessairement l'arc XD en deux parties égales, et alors, à
partir du point M on prendrait MX = MD.

Il est certains cas, dans l'hydrographie sous voiles,
où cette méthode pour construire une station à la mer
est la seule applicable. Souvent les objets terrestres
qui peuvent être relevés ne sont pas des points suffisamment définis : souvent on a relevé un cap ou une
pointe qui paraissaient bien terminés de la mer, quoique formés par des terrains qui font à peine saillie.
On conçoit que dans ce cas-là, si l'on veut faire concourir, pour fixer sa position, le relèvement pris sur
un cap, cette méthode de construction est généralement la plus exacte et souvent même la seule pra-
ticable. Il est toujours possible en effet de faire con-

courir ce relèvement par alignement en le menant tangent à la courbe du terrain déterminée d'avance, bien qu'il ne porte pas sur un point limité.

§ 8. — On pourrait arriver à une construction tout aussi exacte et peut-être même bien plus rapide à faire son point au moyen des distances angulaires prises entre plusieurs points à terre, par un moyen mécanique qui déjà est employé à bord de plusieurs navires anglais.

On sait en effet qu'une station à la mer est toujours, à une seule exception près, définie par deux angles pris entre trois objets terrestres. Dès-lors on a construit des *rapporteurs à alidades doubles* pouvant donner deux angles à la fois. Un style est fixé au centre du rapporteur sur un ressort à boudin qui permet de piquer sur le papier le point occupé par le centre, lorsque les alidades faisant les angles donnés tombent exactement sur les points observés. Le tâtonnement seul peut servir de guide dans cette opération; mais, avec un peu d'habitude, on arrive à se servir de cet instrument avec beaucoup de rapidité. C'est du reste, sans contredit, le moyen le plus exact pour faire son point : car on n'a aucune ligne à tracer, et l'on sait que, quelle que soit la finesse du crayon que l'on emploie dans les constructions graphiques précédentes, les lignes que l'on est obligé de mener ont toujours une épaisseur qui nuit à la précision. Plusieurs officiers anglais emploient ce procédé pour faire le point à bord de leurs vaisseaux, et bien que, en France, il ne soit point encore en usage, je ne doute pas que ce procédé mécanique ne soit, par la suite, très-utile, non-seulement aux hydrographes, mais encore aux officiers de la marine royale. Dans les levées sous voiles, les points terrestres qui servent à fixer les stations à la mer varient presque à chaque instant; dès-lors toutes les constructions que nous avons déjà indiquées exigent un travail assez long. Cette quatrième méthode de construction offre donc, dans ce cas, des avantages incontestables sur les précédentes.

Je ne m'étendrai pas davantage sur les différentes constructions graphiques employées pour faire le point en vue de terre; j'ai voulu seulement rappeler ici en quelques mots les procédés des hydrographes. Dans ce qui va suivre, je supposerai le lecteur bien au courant de toutes les opérations hydrographiques, qui sont du reste décrites dans les ouvrages spéciaux d'hydrographie.

Toutefois, avant de passer outre, je ferai remarquer que si, généralement, pour établir sa station à la mer, il suffit d'avoir les deux angles que font entre eux trois points à terre dont la position est déterminée d'avance, il peut cependant arriver que les trois points terrestres et le point de station se trouvent sur un même cercle, et dès-lors toutes nos constructions ne peuvent servir à indiquer celle de la station; dans ce cas, ces données ne sont pas suffisantes. Il est donc prudent de prendre, autant que cela se peut faire, les distances angulaires de plus de trois points pour fixer sa station, et pour vérifier à chaque fois son travail. Avec un peu d'habitude on apprendra à reconnaître assez promptement sur le terrain quels sont les objets terrestres que l'on doit relever de préférence, pour que les constructions ne laissent aucune incertitude sur le point de station.

§ 9. — Il arrive quelquefois qu'un ou plusieurs points qui n'étaient pas visibles au moment d'une station apparaissent fort peu de temps après; lorsqu'on est pauvre de points dont la position est connue, il devient fort utile de pouvoir faire concourir à la détermination de la station les distances angulaires prises entre ces points, quand même elles auraient été prises quelque temps après la station.

La construction graphique suivante, que nous devons à M. de Tessan, atteint complétement ce but, et pourra être souvent utile aux personnes qui s'occupent d'hydrographie. Soit N (*fig. 4 bis*) la position où on a fait la station, M N la distance parcourue entre le moment de la station et celui où l'on a aperçu le point A et observé l'angle A M B, on cherchera le centre M' du segment tracé sur A B comme corde et capable de l'angle observé entre ces deux points A et B; on mènera par M' une droite M' N' parallèle et égale à M N; ensuite, du point N' comme centre, avec un rayon égal à M' A, on décrira un cercle qui passera nécessairement par le point de station N cherché, et dont l'intersection avec le cercle tracé d'après l'angle observé entre B et C fixera la station. La distance M N et la direction de cette droite sera donnée par l'estime, et si l'on a eu soin de noter l'heure de la station et celle où l'on a pu observer la distance angulaire A M B, on sera en droit d'attendre de la construction indiquée une précision d'autant plus rigoureuse que cette distance ne sera pas trop grande pour faire craindre des erreurs trop fortes dans l'estime.

CHAPITRE II.

Méthodes diverses pour faire sur le papier une figure semblable
à celle du terrain dont on veut dresser la carte.

Dans les levées sous voiles, on cherche à construire par points la courbe qui termine la côte : pour
cela, de distance en distance, on prend de la mer
les relèvements astronomiques des différents objets
terrestres qui sont en vue, et ce sont ensuite les intersections de ces différents relèvements astronomiques
qui déterminent les positions de ces différents points;
on joint ensuite tous ces points ainsi déterminés, par
une courbe qui sera à très-peu de chose près la courbe
de la côte, si les points déterminés sont très-rapprochés.

Dans la construction de sa carte, l'hydrographe
doit donc, en premier lieu, s'occuper de la recherche des positions de ses stations à la mer.

Pour obtenir les positions des stations à la mer, on
emploiera les modes de construction donnés dans le
chapitre précédent, lorsque déjà on aura les positions
de points terrestres en nombre suffisant. Ces points

terrestres, qui servent de base à la construction entière
de la carte, sont ce que j'appelle des *points principaux*.
Lorsque l'on peut parcourir le pays qu'on étudie,
leurs positions relatives sont données par une triangulation terrestre. Dans la levée sous voiles, où toutes
les observations se font de la mer, nous allons voir
comment on arrive à leur détermination.

Soient (fig. 5) *sur une côte quelconque* A, B, C, D *des
points principaux qu'il s'agit de déterminer* (nous reviendrons plus tard sur le choix des points principaux); *soient encore* A', B', C', D' *des stations à la mer
d'où l'on a pu prendre les relèvements astronomiques
des points principaux* A, B, C, D, *cherchons à construire sur le papier une figure semblable à la figure*
A B C D D' C' B' A'.

§ 10. — Si l'on pouvait avoir directement le relèvement à terre de deux points l'un par l'autre, A et B,
par exemple, la construction de la figure cherchée
s'obtiendrait immédiatement. En effet, en prenant
sur le papier une ligne A B de grandeur arbitraire, les
points A et B pourraient toujours être considérés
comme étant bien placés, la ligne qui les joint étant
orientée. Dès-lors la position de deux points de la côte
étant déterminée, on pourrait placer autant de stations à la mer qu'on le voudrait, en faisant son point
au moyen des relèvements et des distances angulaires
prises sur ces points (chapitre Ier, § 2). Les intersections des relèvements (AA' BA'), (AB' BB'), (AC' BC'),

(A D′ BD′) détermineraient les points A′, B′, C′, D′. Les relèvements A′C, A′D, B′C, B′D, etc., partant de chacune des stations à la mer, serviraient, par leurs intersections, à déterminer de nouveaux points de terre C, D, etc., et, s'il ne s'est glissé aucune erreur, soit dans la mesure des angles, soit dans la construction, on sera sûr que tous ces relèvements partant des stations A′, B′, C′, D′, etc., devront se croiser sur les points de terre relevés A, B, C, D, etc.

§ 11.—La construction serait la même si, *au lieu d'avoir la direction de deux points de terre* A, B, *par exemple, on avait celle de deux stations à la mer*; seulement, s'il est facile de prendre le relèvement astronomique de deux points de terre que la direction du navire tend à faire passer l'un par l'autre, on ne peut arriver au cas particulier de connaître la direction de deux stations à la mer que lorsque l'on parvient à relever un même point de terre sous la même aire de vent, ce qui est fort rare.

Ce mode de construction est fort simple; mais, outre qu'il n'est pas toujours applicable, il a le grand inconvénient d'être peu exact dans la pratique. Cela ressort du procédé même que l'on est obligé d'employer pour fixer les stations à la mer, ou pour faire le point, et qui, comme je l'ai déjà fait observer, n'est pas susceptible d'une grande exactitude, à cause de la difficulté que l'on éprouve à observer des azimuts, et des erreurs auxquelles on est exposé lorsque l'on fait usage du compas de route ou de la boussole pour la détermination des relèvements. Ces relèvements sont le plus souvent, en effet, entachés d'erreurs, et ces erreurs vont en s'accumulant rapidement, à mesure que l'on passe à la détermination de nouveaux points. Cette construction ne doit être employée que lorsque la distance qui sépare les deux objets terrestres relevés l'un par l'autre est très-grande, et qu'elle embrasse presque toute l'étendue du terrain dont on veut faire la carte.

Du reste, le cas où l'on peut relever deux objets l'un par l'autre est fort rare, et l'application de cette construction ne saurait être générale. Lorsque le terrain que l'on étudie est tellement uniforme qu'il ne présente que deux points un peu saillants et faciles à reconnaître, ce mode de construction est le seul applicable; mais toutes les fois que l'on aura pu relever, de trois stations à la mer, au moins trois points de terre, il sera généralement préférable d'employer la construction graphique qui va suivre.

§ 12. — Lorsqu'un navire défile devant une côte, l'observateur qui s'y trouve placé prend des relèvements sur trois ou quatre points principaux à des intervalles de temps différents. Par suite du mouvement du navire, ces relèvements varient suivant la direction que suit le navire par rapport à ces points et la vitesse qui lui est propre. Je vais prouver d'abord que, *par les seules différences qui existent entre ces relèvements pris sur trois mêmes points à des intervalles différents, on peut toujours faire un triangle semblable à celui formé sur le terrain par ces trois points.*

Supposons un instant (*fig.* 6) que de trois points

fixes en mer, A, B, C, on ait mené des relèvements sur trois points de terre, D, E, F, on formera le polygone A K B I C F H E G D.

Si l'on parvient à trouver sur le papier six points dont les positions respectives soient telles, que ces neuf relèvements invariables de direction se coupent trois à trois dans l'ordre où ils ont été observés, je dis que le nouveau polygone ainsi formé sur le papier, a k b i c f h e g d, sera semblable à son correspondant sur le terrain, D G E H F C I B K A.

En effet, la carte étant orientée, tous les côtés de ce nouveau polygone sont respectivement parallèles à ceux du premier, tous les angles correspondants sont respectivement égaux. Les triangles (D G A, *d g a*) (D K A, *d k a*) sont semblables, à cause du parallélisme des côtés, et donnent par suite

$$\frac{DA}{ad} = \frac{DG}{dg} = \frac{AK}{ak}$$

Ces égalités indiquent que G K et *g k* sont parallèles; par suite, les triangles (L G K, *l g k*) et (L E B, *l e b*) sont semblables, et conduisent à la suite de rapports suivants :

$$\frac{GK}{gk} = \frac{GE}{ge} = \frac{KB}{kb} = \frac{EB}{eb} = \frac{DA}{da} = \frac{DG}{dg} = \frac{AK}{ak}$$

On serait conduit de la même manière à faire voir que l'on a

$$\frac{HI}{hi} = \frac{HE}{he} = \frac{BI}{bi} = \frac{BE}{be} = \frac{FC}{fc} = \frac{FH}{fh} = \frac{CI}{ci}$$

Le rapport $\dfrac{BE}{be}$, commun à ces deux séries d'égalités, indique que tous ces rapports sont égaux, c'est-
à-dire que tous les côtés homologues sont proportionnels, et conséquemment que les polygones sont
semblables.

De là il résulte évidemment que nous saurons construire un triangle *a b c* semblable au triangle A B C
tracé sur le terrain, si nous résolvons le problème
suivant :

*Si de trois points à la mer on a pris des relèvements
sur trois mêmes points de terre , trouver les positions respectives de six points, telles que les neuf
relèvements invariables de direction se coupent trois
à trois dans l'ordre où ils ont été observés.*

§ 13.—Supposons (*fig.* 7) le problème résolu, et par
suite la figure cherchée construite, et soient A, B, C
les trois points à la mer, lorsque D, E, F sont les trois
points à terre. Supposons A D invariable de grandeur,
et faisons varier la position d'un des autres points,
F, par exemple : le point F devant nécessairement se
trouver sur la ligne A F, soit F′ cette position nouvelle, la ligne F′ C′, parallèle à F C, déterminera pour
la troisième station à la mer C une position nouvelle
qui, devant rester sur la ligne D C, sera C′ ; de
même, cette nouvelle position C′ placera à son tour
le deuxième point à terre en E′, E′ C′ étant menée
parallèlement à E C. Si actuellement par les points

F′ et E′ nous faisons passer les lignes F′K et E′I, parallèles à FB et EB, ces droites, combinées avec le relèvement DB, donneraient trois positions pour le second point à la mer, K, I et L. Si le point F′, placé arbitrairement sur la ligne AF, eût été bien choisi par rapport aux points A et D, dont les positions sont définitives, les trois positions K, I et L se confondraient. Or, pour résoudre le problème proposé, il nous suffira de chercher par le calcul la position du point B, car il devient évident qu'une fois la position de B trouvée, celles des points E et F s'en déduiront, puisque l'on connaît les directions des lignes BE et BF; enfin le point C, devant déjà se trouver sur la ligne DC, sera défini par les lignes EC et FC données de direction, et qui devront se couper sur le relèvement DC lorsque le point B sera déterminé.

Je remarque d'abord que si, dans un triangle quelconque, OAB (*fig. 8*), on mène une ligne CD parallèle à AB, on aura

$$OC : OD :: CA : DB$$

Mais on a encore dans le triangle OCD

$$OC : OD :: \sin. ODC = \sin. OBA : \sin. OCD = \sin. OAB$$

Par suite du rapport commun à ces deux proportions, on déduit

$$CA : DB :: \sin. OBA : \sin. OAB$$

d'où on tire

$$CA = \frac{DB \sin. OBA}{\sin. OAB}$$

$$et \ DB = \frac{CA \sin. OAB}{\sin. OBA}$$

Soit maintenant (*fig.* 7) B K = X, et cherchons la valeur de X.

D'après ce que nous venons de voir, les deux droites B F et K F' étant parallèles, on aura

$$BK = FF' \frac{\sin. KF'F}{\sin. BKF'} \quad (1)$$

De même les deux droites B E et I E' étant parallèles, on en déduit

$$BI = EE' \frac{\sin. IE'E}{\sin. BIE'} \quad (2)$$

Les quatre lignes C E, C' E', et C F, C' F', étant parallèles deux à deux, fournissent encore les équations

$$EE' = CC' \frac{\sin. CC'E'}{\sin. EE'C'}$$

$$FF' = CC' \frac{\sin. CC'F'}{\sin. FF'C'}$$

Remplaçant ces valeurs dans les égalités (1) et (2), on en déduit

$$BK = CC' \frac{\sin. KF'F \sin. CC'F}{\sin. BKF' \sin. FF'C'} \quad (a)$$

$$BI = CC' \frac{\sin. IE'E \sin. CC'E'}{\sin. BIE' \sin. EE'C'} \quad (b)$$

Si actuellement sur la ligne A F je prends une nouvelle position, F″, pour le troisième point de terre, ce nouveau point déterminera, par une construction entièrement semblable à la précédente, de nouvelles positions, C″, E″, les lignes partant des points E″ et F″, et menées parallèlement aux lignes B E et B F par leurs intersections avec le relèvement B E et entre elles, donneront de nouveaux points, I′, K′, L′; enfin, en opérant comme nous avons déjà fait, on arriverait aux équations suivantes :

$$BK' = CC'' \frac{\sin. K'F''F \sin. CC''F''}{\sin. BK'F'' \sin. FF''C''} \quad (a')$$

$$BI' = CC'' \frac{\sin. I'E''E \sin. CC''E''}{\sin. BI'E'' \sin. EE''C''} \quad (b')$$

Si actuellement on remarque que les lignes B E, I′ E″, I E′ ainsi que B F, K F′, K′ F″ sont parallèles entre elles, il est facile de voir, à l'inspection des quatre égalités (a) (b) (a′) (b′), que les deux rapports $\frac{BK}{BI}$ et $\frac{BK'}{BI'}$ sont égaux ; on aura donc la proportion

$$BK : BI :: BK' : BI'$$

d'où

$$BK + BK' : BI + BI' :: BK : BI$$

Or, on a

$$BK + BK' = KK'$$
$$BI + BI' = II'$$
$$BI = X + KI$$
$$BK = X$$

Si nous remplaçons ces valeurs dans la proportion précédente, et si nous en déduisons la valeur de X, on trouve

$$X = \frac{KK' \cdot KI}{II' - KK'}$$

Comme on le voit, il est facile de construire la valeur de X, puisque cette dernière ligne est une quatrième proportionnelle à trois quantités toutes déterminées : ainsi, au moyen de deux positions arbitraires pour un des points à terre F, on peut facilement arriver à trouver la valeur réelle d'une des stations à la mer, et par suite résoudre le problème proposé. Il existe un moyen plus simple encore de trouver la position véritable du point B sans construire une quatrième proportionnelle : je ferai d'abord remarquer que *les trois points* B, L *et* L' *sont sur une même droite*.

En effet, joignons les deux points L et L' par une ligne droite, elle coupera la ligne DB en un point quelconque que j'appellerai B'. Or, les deux triangles LB'I, L'B'I', et KB'L, K'B'L' seront semblables, on aura donc

$$B'K' : B'K :: B'L' : B'L$$
$$B'I' : B'I :: B'L' : B'L$$

d'où on déduira, à cause du rapport commun ,

$$B'K : B'K' :: B'I : B'I'$$
$$B'K + B'K' : B'I + B'I' :: B'K : B'I$$

de là on tirerait comme précédemment

$$B'K = \frac{KI \cdot KK'}{II' - KK'} = BK$$

Donc, les points B et B' se confondent, et les trois points B, L, L' sont en ligne droite. Dès-lors il suffira, pour construire le point B, de prendre deux points quelconques sur le relèvement AF, de construire les points L et L' comme nous l'avons indiqué, et de joindre ces deux derniers par une droite qui, prolon- longée, ira, par son intersection avec le relèvement D B, déterminer la véritable position du point B.

Le problème que nous venons de résoudre est des plus importants dans les levées sous voiles ; et, bien que la démonstration que nous en avons donnée soit aussi détournée, nous avons cru devoir la conserver et la mettre en première ligne, parce qu'elle s'appuie sur les principes les plus élémentaires de géométrie. Toutefois, il est facile d'arriver aux mêmes conclu- sions presque à priori, et de se rendre compte de cette construction par des considérations de lieux géométriques.

§ 14. — Il résulte de ce que nous avons dit que le lieu géométrique de tous les points tels que L et L', que l'on obtiendrait par des constructions analogues, en faisant successivement occuper à F' tous les points de la droite A F, est une ligne droite. Cette conclusion devient évidente, puisque la ligne passant par L et L′, L et L″, L et L‴, etc., doit toujours passer par le point B. Toutes ces lignes auront donc deux points communs L et B, et se confondront, c'est-à-dire que tous les points L, B, L′, L″, F′ sont en ligne droite. On peut, du reste, voir à priori que les points L, L′, L″, etc., sont en ligne droite; en effet, tous les triangles E L F, E′ L′ F′, etc., sont semblables, comme ayant un angle égal en L, compris entre deux côtés proportionnels. Or, comme tous les sommets en E et en F de ces triangles se trouvent déjà en ligne droite, ceux en L seront aussi en ligne droite.

Or, ceci posé, je dis que la position vraie du point B sera donnée par l'intersection des lignes D B et L L′.

En effet, les points A et D étant les positions vraies, l'un de la première station à la mer, l'autre du premier point à terre, les deuxième et troisième stations à la mer doivent se trouver quelque part sur les relèvements D B et D C, et les points à terre ne peuvent être placés que sur les lignes A E et A F.

Or, si je prends pour un des points à terre un point quelconque, F′, par exemple, j'en déduirai comme précédemment les positions C′ et E′ pour la troisième station à la mer et le deuxième point à terre. Quant à la deuxième station à la mer, elle doit se trouver sur la ligne D B et sur chacune des lignes F′ K et E′ I, dont les directions sont données. Or, si ces droites se coupent en un même point, je serai certain que le point F, choisi arbitrairement, a été en effet bien placé ; si, au contraire, elles ne se coupent pas en un même point, il faut que je cherche la position pour laquelle ces trois points K, I, L se confondront.

Or, le lieu géométrique des points K et I est la ligne droite D B; le point cherché sera donc à l'intersection de cette ligne D B avec le lieu géométrique des points L, ce qui nous fait rentrer dans la construction déjà donnée.

Ces considérations de lieux géométriques nous conduisent encore à la solution d'autres problèmes qui, bien qu'ils n'aient point servi à la construction des cartes du voyage de *l'Astrolabe* et de *la Zélée*, cependant peuvent être utilement employés dans l'hydrographie sous voiles.

Les conditions du problème précédent exigent que de trois stations à la mer on ait pris les relèvements astronomiques sur trois points à terre. Or, ces observations ne sont possibles à la mer qu'autant que le soleil n'est pas masqué par des nuages; lorsque le temps est peu favorable aux observations astronomiques, on est souvent obligé de se contenter de relèvements faits avec la boussole, dès-lors il peut-être utile de pouvoir construire avec le moins d'azimuts possible, et c'est dans ce but que nous donnerons encore ici les moyens d'arriver à la solutiou des deux problèmes suivants.

Si de trois points à la mer, A, B, C, on a pris les distances angulaires entre quatre mêmes points à

terre D, E, F, G ; *si de plus de deux points* (A et B)
(fig. 9) *à la mer on a pris les relèvements astronomi-*
ques sur les quatre points à terre, on demande de
construire sur le papier une figure telle que les huit
lignes invariables de direction partant des points A et
B se coupent deux à deux, et que l'on puisse trouver
un troisième point C *d'où les angles compris entre les*
points de terre D, E, F, G *soient égaux aux angles*
observés.

§ 15. — Soient A et B l'un la première station à la
mer, l'autre le premier point à terre,·fixés d'une
manière invariable la ligne A B étant donnée de direction, les autres points à terre se trouveront nécessairement sur les droites A E, A F, A G dont le
gisement est connu et donné, menons par le point D
la droite passant par la deuxième station à la mer et
dont la direction est déterminée, la deuxième station à la mer se trouvera nécessairement sur cette
droite D B.

Si actuellement nous supposons la position de cette
deuxième station fixée en B′, par exemple, il en ré-
sultera que les deuxième et troisième points à terre
se trouveront fixés en E′ et F′, sur les droites A E, A F,
dont les directions sont données. Si avec les trois points
D, E′, F′, nous construisons la position de la troisième
station à la mer (chap. I, § 4), nous trouvons que
cette station serait en C′ ; or si toutes les positions assignées aux points B′, E′, F′ et C′ étaient bonnes, il
en résulterait que les droites A G, B′ M, et C′ M se

couperaient en un même point, qui serait la véritable position du quatrième point à terre, B′ M étant parallèle à B G, et la droite C′ M faisant avec D C′ un angle défini par les données du problème. Cette position sera donc celle pour laquelle le petit triangle P M N sera nul.

Or, si nous faisons varier B′ nous obtiendrons de nouvelles positions pour les points M, P et N, le lieu géométrique de tous les points P et N sera la droite A G, le quatrième point à terre se trouvera donc à l'intersection de la droite A G avec le lieu géométrique des points M.

Dans cet ouvrage, mon but n'est point de faire un traité complet pour lever sous voiles, mais seulement de faire connaître comment j'ai opéré dans le travail qui m'était confié; aussi je renverrai à un travail complet que je me propose de faire sur l'hydrographie, la recherche de ces lieux géométriques. Si celui qui nous occupe dans ce moment était une ligne droite, cette construction serait assez simple et assez facile pour pouvoir devenir fort utile dans les travaux exécutés sous voiles.

Si le lieu géométrique des points M n'était point une ligne droite, le problème semblerait avoir plus d'une solution, mais il ne faut pas perdre de vue que la courbe représentant le lieu géométrique, pourrait être d'un degré quelconque, et cependant le problème pourrait n'avoir qu'une seule solution, et toujours au moins une si le degré de l'équation de cette courbe est de la forme $2m-1$.

Si de quatre points à la mer on a pris les distances angulaires entre quatre mêmes points de terre, il s'agit de construire sur le papier une figure telle que les seize lignes partant de chacun des points à la mer et allant concourir à chacun des points à terre, se coupent quatre à quatre, de manière à faire entre elles les angles observés, et dans l'ordre où ils ont été observés.

§ 16. — Sur une ligne quelconque A E (*fig.* 10), je fixe la position du premier point à la mer en A, et celle du premier point à terre en E. Du point A j'ai pu observer les distances angulaires des quatre points à terre; si donc au point A je mène des lignes faisant avec A E les angles E A F, E A G, E A H, égaux aux angles observés, je suis sûr d'avance que les trois autres points à terre devront se trouver quelque part sur ces lignes A E, A G, A H.

Par le point E, je mène au hasard une ligne E B, sur laquelle je supposerai d'abord que doit se trouver la deuxième station à la mer; en supposant sa position en B, les deuxième et troisième points à terre seront en F et G, les angles E B F, E B G étant donnés; par suite les troisième et quatrième stations à la mer se placeraient en C et D. Quant au quatrième point à terre, nous savons déjà qu'il doit être placé sur la ligne A H; si aux points B et C nous faisons les angles E B M, E C M égaux aux angles donnés, il devrait être fixé aussi en M, enfin la quatrième station à la mer D, combinée avec la seconde B, le placerait en M'.

Si actuellement nous faisons varier la position du point B sur la ligne B E, et si nous répétons les mêmes constructions que précédemment, les points M, M' et N varieront, et les lieux géométriques de tous les points M, M' et N que l'on obtiendrait ainsi en faisant varier B sur la ligne E B, iront se couper en un ou plusieurs points, tels que K; admettons que ces courbes se coupent en un seul point K (ce qui serait vrai si ces lieux géométriques étaient des lignes droites).

Si nous nous rappelons que la ligne E B a été menée arbitrairement, il sera facile de comprendre que si nous répétons toutes ces mêmes constructions en fixant d'avance le point B en B″ sur une nouvelle ligne E B″, nous obtiendrons en difinitive une nouvelle position pour le point K, qui sera je suppose K', et enfin en faisant prendre à la droite E B toutes les positions possibles autour du point E, on obtiendra une suite de points K, K', etc., formant un lieu géométrique dont les intersections avec la ligne A H fixeront les positions pouvant convenir au quatrième point à terre.

Une fois que le point H sera fixé, on décrira sur E H un segment d'arc de cercle capable de l'angle donné E B M, le deuxième point de station à la mer devant se trouver nécessairement sur cet arc de cercle, on pourra le supposer d'abord en B', par exemple, par suite les deuxième et troisième points à terre viendront en F' et G', et si avec les trois points E, F', G' nous cherchons à fixer les troisième et quatrième stations à la mer, nous aurons les points c et d. Chaque nouvelle position assignée au point B' sur le cercle E B' H donnera aussi de nouvelles positions pour c et d, nous aurons donc deux nouveaux lieux géométriques sur lesquels devront se trouver les troisième et quatrième stations à la mer. Mais d'un autre côté, le point H étant fixé, les stations devront déjà être sur les arcs de cercle décrits sur E H et capables des angles observés E C M, E D M', les intersections de ces cercles avec les lieux géométriques des points c et d, fixeront définitivement les troisième et quatrième stations à la mer, par suite le problème sera résolu.

Au lieu de chercher à la fois les troisième et quatrième stations à la mer et de construire les deux lieux géométriques c et d, on remarquera que la troisième station étant trouvée, tous les autres points s'en déduisent, la position de la quatrième station sera donnée par l'intersection de trois arcs de cercle qui devront se couper en un seul et même point. Cette condition indique que la solution du problème n'est pas toujours possible, c'est-à-dire que si les angles que nous supposons observés aux quatre stations à la mer étaient donnés au hasard, il ne serait pas possible d'assurer d'avance que l'on puisse toujours définir la position de huit points de manière à satisfaire aux données du problème; dans le cas d'observations réelles faites sur le terrain, la condition de ces trois cercles se coupant en un même point, doit être satisfaite, et elle offre une garantie que la construction est bonne et que les angles ont été bien observés.

Je ne m'étendrai pas davantage sur ces constructions graphiques (§§ 15 et 16); la grande quantité de lignes qu'elles exigent en rendront toujours l'épure difficile, et, par suite, l'emploi très-limité dans les levées sous voiles; aussi je croirai m'éloigner des limites que je me suis assignées dans cet ouvrage en recherchant ici la nature des courbes que forment tous ces lieux géométriques.

Les seules constructions qui nous ont servi fréquemment dans les cartes dressées sous voiles, pendant le voyage des corvettes *l'Astrolabe* et *la Zélée*, sont la première et la seconde (§§ 13 et 14) et le plus souvent les deux à la fois. Lorsque le navire défile devant une côte que le plus souvent l'observateur ne doit pas revoir, il est important de recueillir toutes les données possibles qui peuvent aider la construction. Par suite, toutes les fois que deux points de terre vont passer l'un par l'autre, on doit prendre leur relèvement et le noter soigneusement.

§ 17.—Les constructions que nous venons de donner ne sont employées que pour construire un petit nombre de points sur lesquels ensuite s'établira facilement le travail entier à exécuter sur une côte. C'est pour cela que nous les avons appelés points principaux. Nous avons vu dans la deuxième construction (§ 14) que je considérerai seule actuellement, comment, au moyen de relèvements pris de trois stations à la mer sur trois points principaux, on peut facilement arriver à la détermination de ces six points; il est facile de voir que l'on obtiendra de la même manière autant de points que l'on voudra, car si (*fig.* 7) de la troisième station à la mer C, on a relevé non seulement les trois points à terre D, E, F, mais encore les nouveaux points à terre G, H; si de plus de nouvelles stations à la mer A', B', on a pris les relèvements des points F, G, H, on pourra, par une construction identique à celle déjà exposée, trouver la position des points C, A', B', F, G, H. Seulement, au lieu de prendre arbitrairement, comme précédemment, la distance de la première station à la mer au premier point à terre, cette distance sera fixée par la position des points C et F. On peut donc, par ce moyen, obtenir autant de points que l'on voudra.

§ 18.—Si des trois points à la mer A, B, C on a pris des relèvements sur plus de trois mêmes points de terre, on aura plus de données qu'il n'en faut pour la solution du problème, dès-lors on pourra toujours choisir trois points à terre quelconques qui, combinés avec les trois premières stations à la mer, donneront la position relative des six points, et ensuite on essaiera, comme vérification, si les relèvements d'un même point à terre partant de chacune des stations, se coupent en un même point. Souvent dans la construction que nous avons indiquée, il peut arriver que les lignes qui doivent se couper laissent quelque incertitude sur leur point d'intersection, et comme il est toujours difficile de définir à priori sur le terrain quels sont les points qui devront être relevés de pré-

férence pour conduire à une construction satisfaisante, on devra toujours, autant que possible, mesurer plus de distances angulaires que l'on ne croira en
avoir besoin pour sa construction.

Il est encore facile de voir que dans cette série de
constructions, on retrouve à chaque instant les moyens
de vérifier l'exactitude de son travail en multipliant
les relèvements sur un grand nombre de points principaux.

§ 19. — Dès le moment que l'on est parvenu à fixer
un certain nombre de points d'une carte (les points
principaux), il est facile de construire autant de points
de la côte que l'on voudra. Nous avons vu, dans le chapitre Ier, comment, au moyen des angles pris sur trois
points à terre, on pouvait trouver sa position à la
mer ; les points principaux étant une fois établis, on
pourra construire autant de stations à la mer qu'on
le voudra, et à l'aide des relèvements partant de ces
nouvelles stations et se coupant au moins deux à deux,
déterminer de nouveaux points à terre.

Dans les levées sous voiles, on ne peut définir la
forme d'une côte qu'en construisant sa courbe par
points. Le choix de ces derniers points est souvent
difficile, on s'appuie sur une pierre, un arbre, une
tache, la limite d'une plage de sable, etc., tous ces
objets, souvent peu saillants sur la teinte générale
de la côte, ne sont visibles que fort peu de temps pour
l'observateur, et ne sauraient lui être d'aucune utilité pour redresser sa route, mais ils sont importants
pour fixer la forme de la côte, tandis que les points

principaux destinés à fixer les stations à la mer sont souvent des monts élevés dans l'intérieur, qui ne pourraient nullement servir à donner la forme du terrain près de la mer.

CHAPITRE III.

Mesures des bases dans les levées sous voiles. Corrections à faire subir aux relèvements des points à terre et aux distances angulaires observées entre eux, dépendantes de la sphéricité du globe et de la vitesse du navire.

Nous venons de voir, dans le chapitre précédent, comment on peut arriver, par des moyens graphiques, à construire une figure semblable à celle du terrain, en supposant que l'on agit sur un plan, c'est-à-dire en faisant abstraction de la sphéricité de la terre.

Mais dans toutes nos constructions, nous avons pris une première distance arbitraire, celle qui separe la première station du premier point à terre. Il s'agit actuellement de fixer la grandeur de cette ligne, c'est-à-dire de trouver l'échelle de notre plan.

§ 20. — Le gisement des relèvements nous étant donné, nous pouvons immédiatement mener deux lignes perpendiculaires, dont l'une, dans la direction Nord et Sud, et l'autre, dans celle Est et Ouest. Dès-lors nous connaissons la direction de nos méridiens et celle de nos parallèles.

De plus, notre figure étant semblable à celle du terrain, il en résulte que tous les points de notre plan sont bien placés en longitude et en latitude, les uns par rapport aux autres. Lorsque l'on connaîtra la différence de deux méridiens quelconques en secondes de longitude et la latitude d'un point, ou réciproquement les latitudes de deux points quelconques et une longitude, on pourra toujours facilement construire tous les méridiens et les parallèles.

Il suffira en effet de prendre des angles sur les points à terre au moment des observations astronomiques destinées à faire connaître soit la longitude, soit la latitude, de placer ensuite ces stations sur la carte au moyen des constructions du chapitre I", et de mener par ces points de station des lignes Nord et Sud, et Est et Ouest.

Si les observations astronomiques donnent deux latitudes, ce sera la distance entre les deux lignes Est et Ouest passant par les deux stations où les observations ont été faites, qui sera donnée en minutes et secondes, et cette ligne étant connue de grandeur, toutes les autres s'en déduiront. Dans le cas où les observations astronomiques accuseraient une différence en longitude, ce serait la distance des deux méridiens qui deviendrait la base.

§ 21.—Ce moyen d'obtenir une base dans les levées sous voiles par des observations astronomiques, est sans contredit celui qui se présente dans le plus grand nombre de cas; ce serait même toujours le meilleur et le plus commode, si les observations astronomiques n'étaient susceptibles d'aucune erreur; mais on ne doit pas perdre de vue que les longitudes et latitudes que l'on obtient à la mer sont la plupart entachées d'erreurs qui pourraient conduire à des estimations très-fausses lorsque les distances sont très-petites. Nous savons que les longitudes que l'on obtient à la mer peuvent être affectées de 2′ à 3′ d'erreur, il en résulte donc que ces erreurs étant tout-à-fait indépendantes de la distance qui sépare deux lieux d'observations, on sera souvent en droit d'attendre (l'étendue de la côte que l'on étudie étant fort petite) une approximation bien plus grande de la route estimée du navire, corrigée par les relèvements, quant à la direction, plutôt que d'employer deux observations astronomiques très-rapprochées.

M. Chazallon, dans un savant mémoire sur les divers moyens de se procurer une base, résume tous ceux que l'on peut employer à la mer aux trois suivants :

1° Mesurer une petite base;

2° Déterminer, par des observations astronomiques, la latitude ou la longitude de deux points, ainsi que le gisement de la ligne qui les joint.

3° Employer la vitesse de propagation du son.

§ 22. — Lorsque la distance qu'il s'agit de mesurer est très-petite, on peut, dit-il, se servir sur mer de la longueur de la mâture, qui est d'environ 30 à 40 mètres; ou bien, si la mer est belle, sans courants, on peut se procurer une assez bonne base en mouillant deux navires ou bateaux dont on mesure la distance avec une forte ligne de sonde garnie de flotteurs en liége. On prend la longueur exacte de cette corde lorsqu'elle est bien imbibée d'eau; ensuite un ou deux canots la transportent le long de la direction à mesurer, en fixant successivement chaque bout sur la surface de la mer au moyen d'une ancre ou d'un plomb très-lourd : il faut avoir soin que la corde soit toujours tendue. Dès que la mesure sera terminée', il sera nécessaire de vérifier de nouveau, et avec soin, la longueur de la corde, afin de savoir si, pendant l'opération, elle s'est allongée ou raccourcie.

Cette mesure, comme l'ajoute M. Chazallon, ne peut jamais être bien rigoureuse, et ne saurait être bonne que lorsque le plan à lever ne dépasse pas 3 ou 4,000 mètres; elle ne peut donc être d'aucune utilité lorsqu'il s'agit de lever sous voiles une côte d'une grande étendue. S'il est facile de se servir de la longueur de la mâture, il devient difficile de tendre sur la surface de la mer une corde divisée; ce moyen de mesurer une base ne saurait être employé que lorsqu'il s'agit de lever le plan d'une baie sans qu'il soit donné à l'observateur d'y prendre terre.

§ 23.—Le deuxième moyen est, comme nous l'avons déjà dit, celui qui se présente le plus souvent. D'après notre manière de lever sous voiles, il n'est pas nécessaire d'avoir le gisement de la ligne qui joint les deux points où l'on a fait des observations astronomiques pour en conclure la distance; en sorte qu'il est toujours possible à l'observateur placé sur un navire, et qui change constamment de place, d'obtenir une ou plusieurs bases par des mesures de longitude ou de latitude. Lorsque la côte que l'on étudie aura une grande étendue, cette méthode sera toujours la meilleure, parce qu'alors la base obtenue par des observations chronométriques ou de latitude pourra être très-grande et embrasser toute l'étendue du travail. Si la base que l'on veut obtenir par cette méthode n'avait que peu d'étendue, elle pourrait être très-fautive; et, à défaut d'autres moyens, il serait préférable de se servir de la route du navire estimée avec le loch. Quelque imparfait que soit ce dernier instrument destiné à mesurer la vitesse du navire, l'expérience m'a démontré que les résultats que l'on obtient méritent confiance, lorsque la surface de la mer n'est pas sillonnée par des courants, et lorsque la vitesse du navire est au moins de 3 milles marins dans une heure. Dans les temps de calme, et quand la brise n'est pas régulière, les estimations faites avec le loch sont toujours très-fautives.

M. Chazallon conseille de ne jamais se servir des observations astronomiques pour mesurer une base lorsque celle-ci est de moins de 16 milles marins ou 30,000 mètres.

§ 24. — Les causes d'erreur des longitudes que l'on observe à la mer sont dépendantes de l'état du soleil, de celui de l'horizon, et souvent aussi de celui de la mer, qui, en imprimant de forts mouvements au navire, ne permet pas à l'observateur de saisir le con-

tact du disque solaire avec la ligne d'horizon ; mais ,
en outre, on sait que, dans les calculs de longitude
par les chronomètres, la latitude y entre comme un
des côtés du triangle qu'il s'agit de résoudre : on sait,
de plus, que les observations qui servent à faire connaître la longitude ne peuvent point être faites aux
mêmes heures que celles qui donnent la latitude ; il en
résulte que, pour avoir celle-ci au moment des observations d'angles horaires, il faut se servir de l'estime
pour conclure cette latitude de celle observée à midi.
Lorsque de forts courants sillonnent la surface de la
mer, la latitude ainsi conclue peut être très-erro-
née, et par suite entacher la longitude d'erreurs graves. Par notre méthode, pour lever sous voiles, on
peut débarrasser les calculs de longitude de cette dernière cause d'erreur ; en effet, le relevé des côtes étant
tracé sur le papier, on pourra toujours considérer d'a-
bord les longitudes obtenues à la manière ordinaire
comme suffisamment exactes pour construire l'échelle
du plan comme nous l'avons indiqué, afin d'en conclure les latitudes des points d'observations : celles-ci
seront, à très-peu de chose près, exactes ; et alors,
avec ces nouvelles latitudes déduites de la carte, il
sera facile de reprendre les calculs des longitudes, qui
donneront la base définitive.

§ 25. — Lorsque le travail exécuté sous voiles embrasse une grande étendue, la plupart du temps on
peut disposer de plus de deux observations de longitude ou de latitude pour mesurer sa base. Dans ce
cas-là, on doit toujours choisir les observations qui

comprennent le plus grand espace pour fixer la base, et les observations intermédiaires ne sont plus que des vérifications. Comme il est toujours facile de s'assurer, par de nombreux relèvements, de l'exactitude de la triangulation qui sert à fixer les points principaux et sur laquelle s'appuie tout le travail, ces dernières vé-rifications porteront sur les observations astronomi-ques elles-mêmes; car la base une fois déterminée, toutes les positions conclues du travail géodésique doivent toujours s'accorder avec celles déduites des observations astronomiques dans les limites d'erreurs possibles pour ces sortes d'observations.

Dans les levées sous voiles, lorsque l'observateur ne fait que passer devant une côte qu'il ne doit plus ensuite revoir, on ne saurait s'entourer de trop de précautions pour se prémunir contre les erreurs, qu'il est toujours difficile de reconnaître lorsque en-suite on n'a plus le terrain sous les yeux au moment de la construction de la carte. Aussi doit-on faire le plus d'observations possible de longitude et de latitude. Souvent les positions extrêmes, et qui seraient les plus propres à servir de bases, peuvent être erronées, et par cette raison doivent être rejetées; les observa-tions intermédiaires seront destinées à le faire recon-naître, et à guider l'hydrographe sur le choix des positions qui doivent lui donner la meilleure base pour sa carte. A bord des corvettes *l'Astrolabe* et *la Zélée* on n'observait la latitude que vers les approches de midi; mais, lorsque le temps le permettait, la lon-gitude était calculée pour quatre heures et souvent six heures différentes de la journée : de plus, les observations étaient également suivies à bord de chacun de nos navires, et les résultats étaient constamment comparés entre eux pour s'assurer de leur exactitude.

§ 26. — Le troisième moyen, qui a pour but d'utiliser la loi connue de la vitesse de propagation du son pour mesurer une base, pourrait être utilement employé à la mer dans les levées sous voiles. Pour cela il faudrait avoir deux navires ou deux embarcations sur chacune desquelles se tiendraient deux observateurs : des angles pris sur les principaux points à terre, au moment de l'explosion des bouches à feu, serviraient à fixer les positions des observateurs, et la distance en serait donnée par le temps que mettrait le son à se propager à travers l'espace qui les sépare.

M. Chazallon, dans son mémoire, a examiné les erreurs que l'on peut commettre sur une base mesurée par ce moyen, et il a trouvé que l'on pouvait avantageusement l'employer pour des distances comprises entre 3,000 et 50,000 mètres.

La vitesse du son, dans un air parfaitement calme, est donnée par la formule suivante :

$$V = 341^m,3 + 0^m,6058 \ (t.-15) + 0^m,085 \ f.$$

V indique la vitesse du son ou l'espace parcouru par le son dans l'espace d'une seconde de temps.

t indique le nombre de degrés du thermomètre centigrade; et f la tension de la vapeur aqueuse mélangée à l'air.

Comme on le voit, cette vitesse du son est indépendante de la pression atmosphérique ; le terme dépendant de f est toujours très-petit. Si l'on calcule f lorsque la température à laquelle la vapeur contenue dans l'atmosphère se condense est de —20° centigrades, on trouve $f = 0^m,0013$; lorsque cette température atteint + 40° centigrades, $f = 0^m,053$: ainsi le dernier terme est le plus souvent négligeable.

Lorsque l'air sur lequel on agit est en mouvement, il devient nécessaire d'avoir égard à la vitesse du vent, ou d'opérer de manière à s'en rendre indépendant. S'il était possible de mesurer exactement la vitesse du vent et sa direction, en appelant ω cette vitesse ou l'espace parcouru pendant une seconde de temps, et α l'angle que fait la direction du vent avec la ligne qu'il s'agit de mesurer, on aurait, pour la formule générale de la vitesse du son, en ayant égard à toutes les circonstances atmosphériques :

$$V = 341^m,3 + 0^m,6058 (t.—15) + 0^m,085 f. + \omega \cos. \alpha$$

Mais la vitesse du vent n'est jamais uniforme ; le plus souvent sa direction varie à chaque instant, et enfin il n'existe encore aucun moyen de mesurer ces deux quantités d'une manière rigoureuse ; aussi il est préférable de se rendre indépendant de l'action du vent sur la vitesse du son plutôt que de chercher à en calculer les effets. On y parviendra facilement en tirant des coups de canon *réciproques et simultanés,* et en prenant la moyenne des observations recueillies à bord de chacun des navires.

Les erreurs qui pourraient alors se glisser dans la

mesure d'une base par cette méthode proviendraient surtout de l'incertitude sur la mesure du temps de propagation du son d'une station à l'autre, et on pourra les atténuer en répétant les expériences un grand nombre de fois.

Ce moyen pour mesurer une base est expéditif, commode, et, je le répète, je crois qu'il peut être très-utilement employé à la mer dans les levées sous voiles; je regrette vivement que la nécessité à laquelle devaient obéir nos deux corvettes de ne pas trop s'éloigner l'une de l'autre pour ne pas se séparer, ne nous ait pas permis de l'essayer à bord de *l'Astrolabe* et de *la Zélée*. Pour faire des observations de ce genre, il suffit d'avoir des compteurs à stopeur, tels que l'observateur qui a les yeux fixés sur le point d'où il doit voir jaillir l'éclair du canon puisse en même temps stoper une des aiguilles, et s'occuper immédiatement de compter les secondes sur la deuxième aiguille qui continue sa route jusqu'à ce que le bruit de la détonation vienne frapper son oreille.

§ 27. — Jusqu'ici nous avons raisonné comme si nous agissions sur un plan, ce qui est sensiblement vrai lorsque la côte que l'on étudie a une petite étendue. Mais lorsque l'on embrasse un long espace dans ses levées sous voiles, on s'exposerait à des erreurs graves si on ne tenait compte de la sphéricité du globe.

Dans le système de projection des cartes marines, on sait que tous les méridiens et les parallèles se développent suivant des lignes droites parallèles; toutes les parties de parallèles comprises entre les mêmes méridiens sont représentées par des lignes de même longueur; et les parties de méridien comprises entre différents parallèles sont données par la formule suivante :

$$y' - y = \log.\frac{\text{tang. } (45 + \frac{\lambda'}{2})}{\text{tang. } (45 + \frac{\lambda}{2})}$$

Dans laquelle y' et y sont les ordonnées des parallèles dont λ' et λ, sont les latitudes, l'unité linéaire étant la grandeur de l'arc d'une minute de l'équateur.

Dans les cartes plates, on suppose, comme dans la projection de Mercator, les méridiens et les parallèles développés suivant des droites parallèles, mais de plus toutes les minutes de latitude sont supposées égales entre elles, et égales à la grandeur de la minute du parallèle moyen, aussi plus on s'éloigne du parallèle moyen plus les terres se trouvent déformées, car, d'un côté, en remontant vers l'équateur, les minutes de latitude deviennent trop grandes par rapport à celles de longitude sous le même parallèle, tandis que c'est l'inverse quand on s'éloigne du parallèle moyen dans le sens contraire. Enfin, tandis que, suivant le système de projection adopté pour les cartes marines, les côtes conservent parfaitement leurs formes, elles seraient fortement altérées si l'on projetait de longs espaces suivant le système des cartes plates.

Pour bien saisir le système de projection des cartes plates, il suffit de se représenter sur le globe un plan tangent à la surface de la terre et au point à peu près central de l'espace que l'on veut projeter, supposons ensuite que ce plan, qui n'a réellement qu'un seul point de tangence, se confonde avec une zone assez étendue du globe; enfin admettons que la surface du globe soit divisée en fuseaux très-petits par des arcs de méridien et que l'on ait rabattu chacun d'eux sur ce plan de tangence; chacun des méridiens formant ces fuseaux se projettera suivant deux lignes qui se confondant sur le parallèle moyen, iront en s'éloignant de plus en plus; on ne saurait donc se servir de ce système que dans les limites où l'on peut considérer ces deux lignes, projections d'un même méridien, comme se confondant sensiblement, et en restant dans ces limites, tout se passe comme si la surface du globe était un plan, ainsi que nous l'avons supposé dans nôs constructions. Il s'agit actuellement de savoir dans quelles limites d'étendue on doit rester pour pouvoir se servir sans erreur sensible du système des cartes plates au lieu de la projection de Mercator.

§ 28. — Supposons un instant que λ et λ' soient les limites extrêmes de notre travail; λ et λ', indiquant les latitudes des points extrêmes exprimées en minutes de l'équateur, il est facile de voir que ε, représentant la grandeur de la minute du parallèle moyen et α celle de la minute de l'équateur, ou d'un méridien quelconque, R le rayon de la terre, on aura

$$\varepsilon = \alpha \frac{\cos. \frac{1}{2} (\lambda' + \lambda)}{R}$$

La distance linéaire comprise entre nos deux parallèles extrêmes dans le système des cartes plates serait

$$(A) \quad M = \frac{\alpha \cos . \frac{1}{2}(\lambda' + \lambda)}{R} (\lambda' - \lambda)$$

Si actuellement nous cherchons cette même grandeur M, en tenant compte de la loi d'accroissement des latitudes, adoptée dans le système de projection des cartes marines on aura

$$(B) \quad M = \alpha \log . \frac{\text{tang.} (45° + \frac{\lambda'}{2})}{\text{tang.} (45 + \frac{\lambda}{2})}$$

Rappelons-nous maintenant les formules connues

$$(1) \quad \text{arc } x = \frac{\sin . x}{1} + \frac{\sin .^3 x}{1 \cdot 2 \cdot 3} + \frac{\sin .^5 x}{1 \cdot 2 \cdot 3 \cdot 4 \cdot 5} + \text{etc.}$$

$$(2) \quad \log . \frac{a}{b} = 2\left[\frac{a-b}{a+b} + \frac{1}{3}\left(\frac{a-b}{a+b}\right)^3 + \frac{1}{5}\left(\frac{a-b}{a+b}\right)^5 + \text{etc.}\right]$$

$$(3) \quad \frac{\text{tang.} a - \text{tang.} b}{\text{tang.} a + \text{tang.} b} = \frac{\sin . (a-b)}{\sin . (a+b)}$$

Remplaçons dans l'équation (A) l'arc $\frac{1}{2}(\lambda' - \lambda)$ d'après la série (1), il viendra en faisant $R = 1$,

$$(C) \quad M = \frac{2 \alpha \cos . \frac{1}{2}(\lambda' + \lambda)}{1} \left[\frac{\sin . \frac{1}{2}(\lambda' - \lambda)}{1} + \right.$$
$$\left. \frac{\sin .^3 \frac{1}{2}(\lambda' - \lambda)}{1. 2. 3} + \frac{3 \sin .^5 \frac{1}{2} (\lambda' - \lambda)}{1. 2. 4. 5.} + \text{etc.}\right]$$

Développons maintenant l'équation (B) d'après les formules (2) et (3), remarquant que l'on a

$$\sin . (45° + \frac{\lambda'}{2} + 45° + \frac{\lambda}{2}] = \cos . \frac{1}{2} (\lambda' + \lambda)$$

il viendra

$$(D) \quad M = 2. \alpha\left[\frac{\sin . \frac{1}{2}(\lambda' - \lambda)}{\cos . \frac{1}{2}(\lambda' + \lambda)} + \frac{1}{3} \frac{\sin .^3 \frac{1}{2}(\lambda' - \lambda)}{\cos .^3 \frac{1}{2}(\lambda' + \lambda)} + \text{etc.}\right]$$

En comparant les deux seconds membres des équations (D) et (C) on voit que la différence qui existe devient d'autant plus grande qu'on s'éloigne davantage de l'équateur; en effet, cette différence serait représentée par la série

$$2\,\alpha\sin.^{3}\tfrac{1}{2}(\lambda'-\lambda)\left[\frac{1^{2}-\cos.^{2}\tfrac{1}{2}(\lambda'+\lambda)}{\cos.\tfrac{1}{2}(\lambda'+\lambda)}\right]$$

$$+\tfrac{2}{3}\,\alpha\sin.^{3}\tfrac{1}{2}(\lambda'-\lambda)\left[\frac{1.2.-\cos.^{4}\tfrac{1}{2}(\lambda'-\lambda)}{1.2\cos.^{3}\tfrac{1}{2}\lambda'+\lambda)}\right]+\text{etc.}$$

Or, à mesure que l'on s'éloigne de l'équateur $\tfrac{1}{2}(\lambda'+\lambda)$ tend à se rapprocher de 90, par suite son cosinus qui entre en dénominateur tend vers 0 et les fractions de la forme

$$\left[\frac{1^{2}-\cos.^{2}\tfrac{1}{2}(\lambda'+\lambda)}{\cos.\tfrac{1}{2}(\lambda'+\lambda)}\right]$$

croissent rapidement.

Il est rare que l'on ait des travaux hydrographiques à exécuter au-delà du 60° degré, et même sous ce parallèle on peut considérer comme plane, sans s'exposer à de trop grandes erreurs, la calote sphérique que l'on étudie, si elle ne dépasse pas un degré ou 20 lieues marines.

§ 29.—Lorsque l'on dispose d'une grande quantité d'observations astronomiques, et lorsque l'on est sûr de leur exactitude, comme, par exemple, lorsque la côte que l'on suit court Nord et Sud et que les bases sont données par de bonnes observations méridiennes de latitude sur lesquelles on n'a que de faibles erreurs à redouter, on peut s'éviter de perdre beaucoup de temps dans la construction, et cependant tenir compte de la sphéricité du globe en employant le moyen suivant.

On divise toute l'étendue de la côte en petites portions n'excédant pas vingt lieues dans les hautes latitudes, près de l'équateur cette limite peut beaucoup s'étendre. On considère chacune de ces parties comme si elles étaient isolées, et on les construit comme si elles étaient planes, en y appliquant l'échelle suivant le système adopté pour les cartes plates. On suppose toujours que l'on a assez d'observations astronomiques pour construire séparément l'échelle de chacune de ces cartes plates que l'on considère isolément.

On pourra donc, d'après ce que nous avons vu, considérer toutes les positions données par ces petites cartes plates comme exactes, les plus grandes erreurs se trouveraient vers les parallèles limites, et deviendraient surtout sensibles vers les points qui seraient communs à deux de ces petites cartes plates, c'est-à-dire aux points de raccord. Si on trouve des différences assez notables entre les positions de ces points extrêmes, on prendra pour chacun d'eux une moyenne entre les deux déterminations données par chacune des cartes plates, et ensuite on considérera ces dernières comme de nouvelles données sur lesquelles s'appuieront de nouvelles échelles qui seront celles qui fixeront irrévocablement les positions sur chacune d'elles.

La réduction de toutes ces petites cartes plates à une même échelle donnera, avec beaucoup d'exactitude, l'étendue de la côte entière, que l'on reportera sur une même projection, suivant le système adopté pour les cartes marines.

Cette construction exige un grand nombre d'observations de latitude ou de longitude ; or il arrive souvent que ces données manquent, et que l'on est obligé d'embrasser dans une même triangulation à la mer un long espace avant de pouvoir obtenir des observations sûres pour sa base ; toutes les fois que la côte court Est et Ouest, on n'est jamais assez sûr des observations de longitude pour perdre l'occasion de les vérifier ; il faut donc trouver le moyen de construire une figure semblable à celle du terrain, mais de la modifier en même temps pour la projeter suivant le système des cartes marines. C'est ce que nous allons examiner.

§ 30. — On sait que dans le système de projection de Mercator, tout grand cercle de la sphère autre que les méridiens et les parallèles ne saurait se projeter suivant une ligne droite. Or, s'il s'agissait de construire de prime abord la carte levée sous voiles, en projetant suivant le système des cartes marines, il faudrait pour chaque relèvement que l'on aurait pris sur les différents points de la côte, tracer non point une ligne droite, faisant avec le méridien l'angle azimutal observé, mais bien la courbe représentant la projection du grand cercle azimutal passant par le point où se trouve l'observateur et celui qu'il a relevé : dès-lors la construction deviendrait non-seulement

très-longue, mais elle présenterait des difficultés in-
surmontables, car la projection de tout grand cercle
autre que les méridiens et l'équateur, est une courbe
transcendante.

Nous savons que toute courbe loxodromique tracée sur le globe fait un angle constant avec les méridiens, et par suite se projette suivant une ligne droite.
Si donc nous pouvions avoir l'angle que la loxodromie
passant par le pied de l'observateur et le point de côte
observé, fait avec les méridiens, et si, de plus, nous
avions cet angle en fonction de l'angle azimutal observé, nous aurions un moyen bien simple de construire notre carte, car nous n'aurions plus que des
lignes droites à tracer.

Soient λ et λ' les latitudes du lieu de l'observation et
du point de côte observé, soit d la différence en longitude de ces deux points, M étant la distance linéaire qui, sur la projection, mesure la distance des
deux parallèles dont les latitudes sont λ et λ', on aura

$$M = \log. \frac{\tang. \left(45 + \frac{\lambda'}{2}\right)}{\tang. \left(45 + \frac{\lambda}{2}\right)}$$

(la grandeur de l'arc d'une minute de l'équateur étant
prise pour unité).

Au moyen des formules connues (1) (2) (3), cette
valeur de M deviendra

$$M = 2 \left[\frac{\sin. \frac{1}{2}(\lambda' - \lambda)}{\cos. \frac{1}{2}(\lambda' + \lambda)} + \frac{1}{3} \frac{\sin.^3 \frac{1}{2}(\lambda' - \lambda)}{\cos.^3 \frac{1}{2}(\lambda' + \lambda)} + \text{etc.} \right]$$

Or, si nous appelons X l'angle loxodromique que

nous cherchons, il est facile de voir que l'on aura

$$\text{tang. } X = \frac{d}{M} \quad \text{d'où cot. } X = \frac{M}{d}$$

Remplacons M par sa valeur, on en déduira

$$(E) \;\; \tfrac{1}{2} d \cot. X = \frac{\sin. \frac{1}{2}(\lambda' - \lambda')}{\cos. \frac{1}{2}(\lambda' + \lambda)} + \tfrac{1}{3}\frac{\sin.^3 \frac{1}{2}(\lambda' - \lambda)}{\cos.^3 \frac{1}{2}(\lambda' + \lambda)} + \text{etc.}$$

D'un autre côté, A étant l'angle azimutal observé, et A' un angle auxiliaire, les analogies de Néper donnent

$$\text{tang. } \frac{A + A'}{2} = \cot. \tfrac{1}{2} d \frac{\cos. \frac{1}{2}(\lambda' - \lambda)}{\sin. \frac{1}{2}(\lambda' + \lambda)} \qquad (4)$$

$$\text{tang. } \frac{A - A'}{2} = \cot. \tfrac{1}{2} d \frac{\sin. \frac{1}{2}(\lambda' - \lambda)}{\cos. \frac{1}{2}(\lambda' + \lambda)} \qquad (5)$$

Cette première formule démontre que A + A' diffère peu de 180°. Si nous posons $A + A' = 180 - \varepsilon$, nous en déduirons $\dfrac{A - A'}{2} = 90 - A - \tfrac{\varepsilon}{2}$ et, par suite, les deux équations (4) (5) donneront

$$\text{tang. } \frac{A + A'}{2} = \cot. \tfrac{\varepsilon}{2},$$

D'où

$$\text{tang. } \tfrac{1}{2}\varepsilon = \text{tang. } \tfrac{1}{2} d \frac{\sin. \frac{1}{2}(\lambda' + \lambda)}{\cos. \frac{1}{2}(\lambda' - \lambda)} \qquad (6)$$

$$\text{tang. } \frac{A - A'}{2} = \cot. (A + \tfrac{\varepsilon}{2}),$$

D'où

$$\text{tang.} \tfrac{1}{2} d \cot. (A + \tfrac{\varepsilon}{2}) = \frac{\sin. \tfrac{1}{2} (\lambda' - \lambda)}{\cos. \tfrac{1}{2} (\lambda' + \lambda)} \qquad (7)$$

Remplaçons dans l'équation (E) $\dfrac{\sin. \tfrac{1}{2} (\lambda' - \lambda)}{\cos. \tfrac{1}{2} (\lambda' + \lambda)}$ par

sa valeur déduite de (7), il viendra

$$\tfrac{1}{2} d \cot. X = \text{tang.} \tfrac{1}{2} d \cot. (A + \tfrac{\varepsilon}{2})$$
$$+ \tfrac{1}{3} \text{tang.}^3 \tfrac{1}{2} d \cot.^3 (A + \tfrac{\varepsilon}{2}) + \text{etc.}$$

Cette dernière équation démontre *à priori* que la valeur de X doit très-peu différer de $A + \tfrac{\varepsilon}{2}$.

Au moyen des formules connues

$$\cot. X = \frac{1}{\text{tang. } X},$$

$$\cot. (A + \tfrac{\varepsilon}{2}) = \frac{1}{\text{tang. } (A + \tfrac{\varepsilon}{2})},$$

elle se transforme en celle-ci :

$$\text{tang.} (A + \tfrac{\varepsilon}{2}) = \frac{\text{tang.} \tfrac{1}{2} d}{\tfrac{1}{2} d} \text{tang. } X +$$

$$\tfrac{1}{3} \frac{\text{tang.}^3 \tfrac{1}{2} d}{\tfrac{1}{2} d} \cot.^2 (A + \tfrac{\varepsilon}{2}) \text{ tang. } X + \text{etc.}$$

Si nous remplaçons tang. $\tfrac{1}{2} d$ par sa valeur

$$\tfrac{1}{2} d + \tfrac{1}{3} \text{tang.}^3 \tfrac{1}{2} d - \tfrac{1}{5} \text{tang.}^5 \tfrac{1}{2} d + \text{etc.}$$

déduite de la formule connue

$$\tfrac{1}{2} d = \text{tang.} \tfrac{1}{2} d - \tfrac{1}{3} \text{tang.}^3 \tfrac{1}{2} d + \text{etc.},$$

nous aurons, en nous arrêtant aux termes qui contiennent tang. $\frac{1}{2}d$ à la troisième puissance

$$(F) \quad \tan. (A + \tfrac{\iota}{2}) = \tan. X \left[1 + \right.$$

$$\left. \tfrac{1}{5} \frac{\tan.^3 \tfrac{1}{2} d}{\tfrac{1}{2} d} (1 + \cot.^2 (A + \tfrac{\iota}{2})) + \text{etc.} \right]$$

Actuellement on sait que l'on a généralement

$$x = \tan. x - \frac{\tan.^3 x}{3} + \frac{\tan.^5 x}{5} + \text{etc.}$$

$$\tan. y = y + \tfrac{1}{5} y^3 + \tfrac{2}{15} y^5 + \text{etc.}$$

Si l'on a tang. $x = (1 + q)$ tang. y, on en déduira facilement

$$x = (1 + q) y + \frac{(1 + q)(2q + q^2)}{3} y^3 + \text{etc.}$$

ou encore

$$x = y + q \tan. y - \frac{\tan.^3 y}{3} \left[3q + 3q^2 + q^3 \right] + \text{etc.} \quad (8)$$

Actuellement posons

$$q = \tfrac{1}{5} \frac{\tan.^3 \tfrac{1}{2} d}{\tfrac{1}{2} d} (1 + \cot.^2 (A + \tfrac{\iota}{2})) + \text{etc.}$$

faisons dans l'équation (8) $x = A + \tfrac{\iota}{2}$, $y = X$, et remplaçons, nous aurons

$$A + \tfrac{\iota}{2} = X +$$

$$\text{tang. } X \left[\tfrac{1}{3} \frac{\text{tang.}^3 \tfrac{1}{2} d}{\tfrac{1}{2} d} (1 + \cot.^2 (A + \tfrac{\iota}{2})) + \text{etc.} \right]$$
$$- \text{etc.}$$

d'où l'on tire

$$X = A + \tfrac{\iota}{2} -$$

$$\text{tang. } X \left[\tfrac{1}{3} \frac{\text{tang.}^3 \tfrac{1}{2} d}{\tfrac{1}{2} d} (1 + \cot.^2 (A + \tfrac{\iota}{2})) + \text{etc.} \right]$$
$$- \text{etc.}$$

remplaçons d'abord $\tfrac{1}{2} \varepsilon$ par sa valeur

$$\text{tang. } \tfrac{1}{2} \varepsilon - \tfrac{1}{3} \text{tang.}^3 \tfrac{1}{2} \varepsilon + \text{etc.}$$

et ensuite tang. $\tfrac{1}{2} \varepsilon$ par sa valeur tirée de l'équation (6), nous aurons

$$X = A + \text{tang. } \tfrac{1}{2} d \, \frac{\sin. \tfrac{1}{2} (\lambda' + \lambda)}{\cos. \tfrac{1}{2} (\lambda' - \lambda)}$$

$$- \tfrac{1}{3} \text{tang.}^3 \tfrac{1}{2} d \, \frac{\sin.^3 \tfrac{1}{2} (\lambda' + \lambda)}{\cos.^3 \tfrac{1}{2} (\lambda' - \lambda)} + \text{etc.}$$

$$- \frac{\tfrac{1}{3} \text{tang.}^3 \tfrac{1}{2} d}{\tfrac{1}{2} d} \text{tang. } X \, (1 + \cot.^2 (A + \tfrac{\iota}{2})) + \text{etc.}$$

On pourrait encore remplacer tang. $\tfrac{1}{2} d$ par $\tfrac{1}{2} d$ $+ \tfrac{1}{3} (\tfrac{1}{2} d)^3 + \text{etc.}$, et alors l'équation précédente deviendra

$$X = A + \tfrac{1}{2} d \, \frac{\sin. \tfrac{1}{2} (\lambda' + \lambda)}{\cos. \tfrac{1}{2} (\lambda' - \lambda)} + (\text{une suite de termes}$$

renfermant $\frac{1}{2}d$ ou sin. $\frac{1}{2}(\lambda'-\lambda)$ élevés au moins à la deuxième puissance).

Or, d et sin. $\frac{1}{2}(\lambda'-\lambda)$ étant toujours fort petits, on peut s'arrêter au premier terme de cette série. M. Bravais, qui en a calculé le second terme, a démontré que, par une latitude de 75°, il ne dépasse pas 40″; sous l'équateur, cette valeur ne serait que de 2″,5. Dès-lors la formule pour ramener un azimut vrai à un azimut loxodromique, serait

$$X = A + \frac{1}{2}d\,\frac{\sin.\,\frac{1}{2}(\lambda'+\lambda)}{\cos.\,\frac{1}{2}(\lambda'-\lambda)}$$

ou plutôt $X - A = \frac{1}{2}d$ sin. $\frac{1}{2}(\lambda'+\lambda)$, car on peut supposer cos. $\frac{1}{2}(\lambda'-\lambda) = 1$ à cause de la petitesse de $(\lambda'-\lambda)$.

Cette valeur approchée de la correction à faire subir à l'azimut observé, est suffisante dans les levées sous voiles et pour les constructions graphiques, mais si l'on voulait résoudre par le calcul les triangles formés par les points trigonométriques sur la carte réduite, il faudrait tenir compte des autres termes de la série qui exprime cette valeur.

§ 31.—M. Givry, qui le premier a fait sentir l'importance de cette correction, a donné pour sa valeur

$$X - A = \frac{1}{2}d \sin. \frac{1}{2}(\lambda'+\lambda)$$
$$-\frac{1}{12}d \sin. d \cot. A \left[1-3\cos.^2\frac{1}{2}(\lambda'+\lambda)\right]$$
$$+\frac{1}{24}d \sin.^2 d \sin. \frac{1}{2}(\lambda'+\lambda) \cot.^2 A \left[1-6\cos.^2\frac{1}{2}(\lambda'+\lambda)\right]$$
$$-\dots \text{ etc.}$$

M. Bravais, qui a repris ces calculs, est arrivé à une autre formule, facile du reste à obtenir, et dans laquelle le second terme est très-simple et très-facile à calculer. Il a

$$X - A = \tfrac{1}{2} d \sin. \tfrac{1}{2}(\lambda' + \lambda) - \tfrac{1}{12} d^2 \cot. A + \text{etc.}$$

M. Bravais a en outre démontré que l'excentricité de la terre ne saurait apporter à la valeur de cette correction aucune modification dont on aurait à tenir compte.

§ 32. — Comme on le voit, cette valeur de X—A dépend de la distance qui sépare les deux points, et de la latitude sous laquelle on opère ; le plus généralement cette correction est négligeable, surtout sous les latitudes peu élevées, mais lorsque le travail hydrographique porte sur une longue étendue de côtes, elle ne saurait être négligée, car les erreurs iraient en s'accumulant, et finiraient par devenir considérables. Il est préférable de s'en garantir, lorsqu'on le peut, par de nombreuses observations astronomiques qui permettent de construire le travail par parties séparées, comme nous l'avons précédemment indiqué. On évite de perdre du temps à des calculs de correction, et l'on arrive à la même exactitude.

Dans tous les cas, lorsqu'on est obligé de faire usage de cette correction, on en obtient les éléments facilement. Une première construction dans laquelle les angles azimutaux seront portés tels qu'ils ont été observés, servira à faire connaître d'une manière suffisamment approchée la valeur de $\tfrac{1}{2} d$ qui, introduite dans le calcul, donnera des corrections qui se viront à une nouvelle construction. Du reste, quant le navire défile devant la côte, l'observateur doit toujours, autant que possible, noter l'heure du passage du vaisseau dans le méridien de chaque point (ce passage est suffisamment accusé par les relèvements faits à la boussole) ; et dès-lors l'estime peut donner la valeur de $\frac{1}{2} d$ suffisamment approchée pour calculer les corrections azimutales. Les tables donnent la grandeur des sinus naturels de tous les degrés de latitude.

§ 33. — Dans les levées sous voiles, l'observateur se trouve sur le navire, qui est constamment animé d'une certaine vitesse, ce qui fait qu'il n'occupe le même point que pendant un laps de temps trop petit pour permettre une observation qui a toujours une certaine durée. Par suite, l'angle que font deux objets terrestres, varie à chaque instant, et l'on doit tenir compte du mouvement du navire pendant le temps que dure chaque station. On peut y arriver en cherchant quel est le point occupé par l'observateur au moment où chacun des angles a été observé. Pour cela, il suffirait de tracer la route du navire pendant le temps employé à faire sa station, de diviser cet espace en autant de parties que l'on aurait pris d'angles, et si l'on suppose que l'on met toujours le même temps à faire une observation de même genre, on sera assuré que chaque division indiquée sur la ligne qui représente cette route ainsi partagée, sera le sommet de l'angle observé. Quand un des points sur lesquels l'observation a porté, aura déjà été fixé sur le papier, il n'y aura plus de difficulté à tracer l'angle observé; l'estime donnera cette route toujours très-petite, avec une approximation suffisante pour cela. Lorsque au contraire la station à la mer est une station principale, c'est-à-dire lorsque elle a pour but la détermination des points principaux, alors elle se compose en général de l'observation azimutale d'un point, et au moins de deux ou trois angles pris entre ce point et d'autres points de la côte, on pourrait encore se mettre en partie à l'abri de toute erreur, en prenant pour départ des angles un point dont on calculera l'azimut, qui sera à peu près dans la direction suivie par le navire; il faudra ensuite répéter après l'opération l'observation azimutale par laquelle on aura commencé, et adopter pour l'azimut cherché le résultat moyen des deux observations par lesquelles on aura commencé et terminé la station.

Il est évident que cet azimut n'aura varié que d'une quantité fort petite, et à peu près toujours négligeable, si la direction que suit le navire se rapproche beaucoup de celle du point choisi pour départ des angles, et surtout si ce point se trouve très-éloigné. Il est à peu près toujours possible de choisir un point qui soit dans ces conditions, et de se mettre par-là à l'abri des erreurs provenant du mouvement que conserve le navire pendant une station de très-peu de durée.

§ 34. — Les levées sous voiles ne permettent pas de saisir d'un premier coup d'œil, et dans un temps très-limité, les détails minutieux de la côte ; il serait dès-lors inutile de chercher à construire sa carte sur une échelle par trop grande. La plupart du temps on n'a aucun compte à tenir des petites différences que pourrait introduire dans les relèvements, la vitesse du navire, et pour ne pas perdre de temps, il est toujours préférable de ne pas embrasser une trop grande quantité de points à relever ; il vaut beaucoup mieux répéter souvent ses observations de distances angulaires entre les points à terre, plutôt que d'avoir à tenir compte dans la construction de sa carte de l'espace parcouru par le navire, pendant le temps des stations.

Dans la construction des cartes du voyage, j'avais adopté à peu près un centimètre pour représenter un mille marin. La vitesse du navire devant une côte excédait rarement six nœuds, c'est-à-dire six milles marins dans une heure. Je ne mettais jamais plus de une minute pour une station à la mer, en sorte que la ligne représentant l'espace parcouru par le navire pendant ma station ne pouvait avoir plus de un millimètre. L'expérience m'a prouvé que dans cet espace de temps on peut, avec de l'habitude, arriver à saisir et à lire, à la demi-minute près, environ 18 angles différents.

CHAPITRE IV.

Expressions analytiques des coordonnées rectangulaires des différents points qui composent le canevas trigonométrique d'une
carte levée sous voiles.

Nous venons d'exposer les procédés graphiques
qui servent à la construction des cartes hydrographiques levées sous voiles. Nous allons rechercher actuellement comment le calcul pourrait conduire aux
mêmes solutions : ces questions, traitées par l'analyse, nous conduiront encore à la connaissance des
conditions nécessaires pour reconnaître les cas les
plus avantageux pour nos constructions graphiques.

§ 35. — Lorsque (*fig.* 7) de trois points à la mer,
A, B, C, on a observé les relèvements astronomiques
des trois points à terre, D, E, F; si l'on prend pour origine des coordonnées rectangulaires le premier point
à la mer A, pour axe des Y la ligne qui court nord
et sud, ou la projection du méridien de ce premier
point, l'axe des X sera représenté par la perpendiculaire à la méridienne de ce premier point, c'est-à-dire
par la projection de l'arc de grand cercle passant par

ce point, et qui est perpendiculaire au plan de son méridien.

Les équations des projections loxodromiques conclues des relèvements astronomiques, ainsi qu'il à été dit dans le chapitre précédent, seront, pour la station A, origine des coordonnées :

$$(1) \quad y = a\,x$$
$$(2) \quad y = a'\,x$$
$$(3) \quad y = a''\,x$$

Pour la station B :

$$(4) \quad y = b\,x + c$$
$$(5) \quad y = b'\,x + c'$$
$$(6) \quad y = b''\,x + c''$$

Pour la station C :

$$(7) \quad y = v\,x + d$$
$$(8) \quad y = v'\,x + d'$$
$$(9) \quad y = v''\,x + d''$$

Dans ces équations, $a\ a'\ a''$, $b\ b'\ b''$, $v\ v'\ v''$ sont les tangentes des angles que ces diverses projections loxodromiques font avec l'axe des x, ou les cotangentes des angles azimutaux observés, corrigés ainsi que nous l'avons dit lorsqu'il s'est agi de tracer les relèvements astronomiques sur la carte (chapitre III). Ces valeurs étant toujours données par l'observation, les quantités $c\ c'\ c''$, $d\ d'\ d''$, restent seules à déterminer, de manière à satisfaire aux conditions du problème suivant, savoir, *que les neuf relèvements, invariables de direction, se coupent trois à trois, et dans l'ordre où ils ont été observés.*

Si l'on assujettit toutes ces lignes à se couper trois à trois, et dans l'ordre défini par les conditions du problème, on aura cinq équations de condition pour les cinq points B, C, D, E, F; savoir :

pour B.
$$\frac{c'-c}{c''-c}=\frac{b-b'}{b-b''} \qquad (10)$$

pour C.
$$\frac{d'-d}{d''-d}=\frac{v-v'}{v-v''} \qquad (11)$$

pour D.
$$\frac{c}{d}=\frac{a-b}{a-v} \qquad (12)$$

pour E.
$$\frac{c'}{d'}=\frac{a'-b'}{a'-v'} \qquad (13)$$

pour F.
$$\frac{c''}{d''}=\frac{a''-b''}{a''-v''} \qquad (14)$$

§ 36. — La forme des équations (1) (2) (3) indique que la sixième condition du problème est satisfaite, c'est-à-dire que trois relèvements[1] se coupent au point A, choisi pour origine des coordonnées.

Ces cinq équations, les seules qui soient données par les conditions posées du problème, sont insuffi-

---

[1] Par le mot relèvement nous entendrons dire dorénavant la ligne donnée de direction, et qui est la projection loxodromique dont l'angle est calculé au moyen de l'azimut ou relèvement vrai observé.

santes pour accuser la valeur absolue des six quantités
inconnues. Le problème a donc une infinité de solutions, puisque l'on peut d'avance se donner une valeur quelconque pour une des quantités à déterminer,
et en déduire celle des autres inconnues; mais leur
forme, en indiquant aussi des rapports constants entre ces indéterminées, nous fait voir que toutes les
figures que l'on pourrait faire avec ces neuf relèvements se coupant trois à trois dans un ordre déterminé seraient semblables entre elles. Ce résultat était
facile à prévoir, si l'on se rappelle ce que nous avons
dit dans la solution de ce problème par la géométrie.

§ 37. — Du reste, toutes les fois que l'on donnera
à une de ces quantités, c, par exemple, une valeur
finie, on obtiendra pour $c'\,c''$, $d\,d'\,d''$, de nouvelles
valeurs qui pourront elles-mêmes varier entre 0 et
l'infini, suivant les grandeurs de $a\,a'\,a''$, $b\,b'\,b''$, $v\,v'\,v''$.
Ces quantités indiquent, en effet, la distance à l'ori-
gine à laquelle chaque relèvement vient rencontrer
l'axe des Y; elles pourront donc devenir infinies pour
les relèvements qui seraient parallèles à l'axe des Y :
elles seraient égales à 0 pour les relèvements qui vien-
draient à passer par l'origine. Ce dernier cas, d'après
les données mêmes du problème, ne saurait exister
sans indiquer que deux des six points se confondent,
ou que trois d'entre eux se trouvent sur une même
ligne droite.

§ 38. — Il est facile de voir, d'après ces équations,
que, quels que soient les angles azimutaux, il y a généralement six positions pour les points A, B, C, D, E, F,

répondant aux conditions imposées. Le seul cas où une ou plusieurs des équations (10) (11) (12) (13) et (14) se présenteraient sous la forme de $\frac{0}{0}$, indiquerait aussi *à priori* que deux ou plusieurs des points A, B, C, D, E, F, se confondraient en un seul ; dans ce dernier cas, le problème resterait indéterminé, à moins qu'aux conditions déjà énoncées on joigne d'autres données, telles que celle de la détermination du gisement de deux stations à la mer ou de deux points à terre.

§ 39. — Le calcul nous indique encore comment on peut reconnaître s'il y a eu erreur commise dans l'observation des angles azimutaux, et comment on peut, dans ce cas, corriger cette erreur, si toutefois on a les données suffisantes. Supposons, en effet, qu'outre les stations principales A, B, C, on fasse d'autres stations intermédiaires dans lesquelles on relèvera les trois points à terre D, E, F, chacune de ces stations auxiliaires donnera trois équations pour chacun des trois relèvements pris sur les points D, E, F. Les équations de la forme

$$(15) \qquad y = f x + e$$
$$(16) \qquad y = f' x + e'$$
$$(17) \qquad y = f'' x + e''$$

étant celles des lignes données de direction par les angles azimutaux observés, ne contiennent que trois nouvelles quantités, $e\ e'\ e''$, indéterminées.

Or, si on assujettit ces lignes aux conditions de pas-

ser successivement par les points D, E, F, déjà déterminés, on aura par cela même fixé les valeurs de
e e' e'' ; il restera encore à exprimer que ces trois
droites (15) (16) (17) partent d'un même point à la
mer, celui de la station ; par suite, on aura une
équation de condition entre des quantités toutes déterminées, et qui devra être satisfaite si tous les angles
à la mer ont été bien observés.

§ 39. — Une deuxième station auxiliaire donnerait
une nouvelle équation de condition. Si, la première
n'étant point satisfaite, la seconde l'était, on en conclurait qu'il y a eu une erreur, et qu'elle porte sur les
angles observés lors de la première station auxiliaire.
Si aucune des deux n'était satisfaite, il y aurait erreur
dans une des stations principales ; il serait facile de
voir par différentes combinaisons où serait cette erreur, et de rejeter la station qu'elle affecte, pour ne
plus s'appuyer que sur les autres.

§ 40. — On arriverait à des résultats tout-à-fait analogues, si, au lieu de faire plusieurs stations auxiliaires,
on relevait plus de trois points à terre à chacune des
stations principales. Ces considérations font ressortir
combien il est important de relever dans son travail
un grand nombre de points comme points principaux ;
car sans cela il serait impossible, après avoir trouvé
l'erreur, de construire sa carte, si l'on ne s'était mé-
nagé la ressource de s'appuyer sur de nouveaux
points, au cas où l'on aurait commis des erreurs dans
les relèvements de ceux sur lesquels on compait.

§ 41. — Les considérations précédentes suffiraient

au besoin pour nous conduire aux valeurs numériques des coordonnées rectangulaires de chacun des six points A, B, C, D, E, F.

Une simple remarque, tout en faisant ressortir du calcul la construction géométrique que nous avons donnée précédemment, nous y conduira plus facilement.

Il suffira, en effet, de chercher par le calcul le lieu géométrique de tous les points L, L′, L″, etc. (*fig.* 7), la position du point B sera donnée par l'intersection de ce lieu géométrique avec la droite D B.

Rappellons-nous la construction géométrique au moyen de laquelle nous avons obtenu les points L, L′, L″; appelons X_3 Y_3 les coordonnées du point arbitaire F′, l'équation de la droite A F étant $y = a'' x$, on aura

$$Y_3 = a'' X_3$$

L'équation de la droite F′ C′ passant par F′ sera

$$(18) \quad y = v'' x + X_3 (a'' - v'')$$

En désignant par X_1 Y_1 les coordonnées du point D, l'équation de la droite D C sera

$$(19) \quad y = v x + X_1 (a - v)$$

Par suite, en représentant par X'_3 Y'_3 les coordonnées du point C′, on en déduira, par l'élimination de y et de x entre les équations (18) et (19),

$$(20) \quad X'_3 = \frac{X_3\,(a'' - v'') - X_1\,(a - v)}{v - v''}$$

$$(21) \quad Y'_3 = \frac{v\,X_3\,(a'' - v'') - v''\,X_1\,(a - v)}{v - v''}$$

L'équation de la droite C′ E′ passant par le point C′ sera

$$(22) \quad y = v'\,x + (Y'_3 - v'\,X'_3)$$

qui, combinée avec $y = a'\,x$, équation de la droite A E, afin d'obtenir les coordonnées du point E′, que j'appellerai X_2 et Y_2, donnera

$$(23) \quad Y_2 = \frac{a'\,(Y'_3 - v'\,X'_3)}{(a' - v')}$$

$$(24) \quad X_2 = \frac{Y'_3 - v'\,X'_3}{a' - v'}$$

Par suite, les équations des deux lignes droites E′ I et F′ K, passant, l'une par le point E′, dont les coordonnées sont Y_2 et X_2, et l'autre par le point F′, dont les coordonnées sont Y_3 et X_3, seront :

$$(25) \quad y = b'\,x + \frac{(Y'_3 - v'\,X'_3)}{a' - v'}\,(a' - b')$$

$$(26) \quad y = b''\,x + X_3\,(a'' - b'')$$

Si nous remplaçons Y'_3 et X'_3, par leurs valeurs tirées de (20) et (21), ces deux équations ne seront plus fonction que de X_1 et X_3. Or si nous donnons à la droite A D une grandeur arbitraire mais dé–

terminée, X_1 sera une quantité finie et constante, et X_3 seul restera dans les équations (25) et (26), variable avec la position du point E' ou F'. Or, chaque fois que nous assignerions à ces points E' ou F' une position nouvelle, nous aurions aussi un nouveau point L, dont les coordonnées déduites des équations (25) et (26), seraient différentes et dépendantes de X_3 qui varie avec le point E' ou F'. Si donc nous voulons avoir le lieu géométrique des points L, il nous suffira d'éliminer X_3 entre les équations (25) et (26), ce qui, les calculs effectués, conduit à l'équation finale

$$(27) \qquad y = x \left[\frac{b' \, P - b'' \, Q}{P - Q} \right] + X_1 \frac{S}{P - Q}$$

dans laquelle on aurait

$$P = (a' - v')(v - v'')(a'' - b'')$$
$$Q = (a' - b')(v - v')(a'' - v'')$$
$$S = (a' - b')(a - v)(v' - v'')(a'' - b'')$$

Tel est le lieu géométrique cherché. Sa forme indique que c'est une ligne droite, ce qui nous fait rentrer dans la construction graphique déjà donnée chap. II.

§ 42. — On voit de plus que si l'on donne à la ligne A D une autre grandeur, le lieu géométrique des nouveaux points tels que L que l'on obtiendra, par une construction semblable à la précédente, sera encore une ligne droite *parallèle à la première*. C'est-à-dire

que toutes les figures que l'on obtiendra pour le polygone formé par les six points A, B, C, D, E, F, seront semblables entre elles. Il en résulte que les lieux
géométriques des points B et C, que l'on formerait
en donnant successivement à D A toutes les grandeurs
possibles, seraient aussi des lignes droites.

Je désignerai la ligne L L' sous le nom de *ligne de
construction.*

§ 43. — Actuellement rien n'est plus facile que de
trouver les coordonnées rectangulaires de chacun des
six points A, B, C, D, E, F, représentons en effet par
$X'_1 Y'_1, X'_2 Y'_2, X'_3 Y'_3$ les coordonnées rectangulaires
des trois stations à la mer A, B, C, on aura

$$X'_1 = 0 \qquad Y'_1 = 0$$

Les coordonnées $X'_2 Y'_2$ du point B seront données
par l'élimination successive de x et de y, entre l'équation de la droite B D et celle de la ligne de construction; or X_1 et Y_1 étant les coordonnées du point D et
par suite des quantités déterminées, lorsque l'on se
donne la grandeur de A D; on aura $Y_1 = a X_1$; l'équation de la droite B D sera

$$(28) \qquad y = b x + X_1 (a - b)$$

Cette équation combinée avec celle (27) donnera
pour le point B

$$(29) \qquad X'_2 = X_1 \left[\frac{S - (a - b)(P - Q)}{(b - b') P - (b - b'') Q} \right]$$

$$(30) \qquad Y'_2 = X_1 \left[\frac{b\,S - b'\,(a - b)\,P + b''\,(a - b)\,Q}{(b - b')\,P - (b - b'')\,Q} \right]$$

Pour obtenir les coordonnées du troisième point à la mer on pourrait employer des calculs analogues, mais on remarque que pour passer du point B au point C il suffit de changer dans les valeurs de X'_2 et Y'_2, $b\ b'\ b''$ en $v\ v'\ v''$, et réciproquement.

Si actuellement nous cherchons les coordonnées $X_1\ Y_1$, $X_2\ Y_2$, $X_3\ Y_3$, des trois points à terre D, E, F, nous aurons en appelant δ la distance A D et α l'angle dont la tangente est a

pour le point D
$$\begin{aligned} X_1 &= \delta \cos. \alpha \\ Y_1 &= \delta \sin. \alpha \end{aligned} \qquad (31)$$

Les coordonnées du point E seront données par l'intersection des deux lignes A E et B E; l'équation de la première sera $y = a'\,x$, celle de la seconde passant par le point B dont les coordonnées sont Y'_2 et X'_2 sera

$$y = b'\,x + (Y'_2 - b'\,X'_2)$$

Si nous éliminons successivement y et x entre ces deux équations, nous obtiendrons en remplaçant Y'_2 et X'_2 par leurs valeurs trouvées précédemment

$$(32) \qquad X_2 = X_1 \left[\frac{(b - b')\,S - (a - b)\,(b' - b'')\,Q}{(a' - b')\,(b - b')\,P - (a' - b')\,(b - b'')\,Q} \right]$$

$$(33) \qquad Y_2 = X_1 \left[\frac{a'\,(b - b')\,S - a'\,(a - b)\,(b' - b'')\,Q}{(a' - b')\,(b - b')\,P - (a' - b')\,(b - b'')\,Q} \right]$$

On obtiendra de même les valeurs des coordonnées du point F (X_3 et Y_3), en changeant dans les valeurs obtenues pour X_2 et Y_2 a' en a'' et Y'_2 et X'_2 en Y'_3 et X'_3 c'est-à-dire en remplaçant $b\ b'\ b''$ par $v\ v'\ v''$ et réciproquement.

Si on désigne par $\alpha\ \alpha'\ \alpha''$, $6\ 6'\ 6''$, $\gamma\ \gamma'\ \gamma''$, les angles dont les tangentes sont $a\ a'\ a''$, $b\ b'\ b''$, $v\ v'\ v''$, et si on pose

$$A = \sin.(\gamma'-\gamma'')\sin.(\alpha''-6''')\sin.(\alpha'-6')\sin.(\alpha-\gamma)$$
$$B = \sin.(\gamma-\gamma'')\sin.(\alpha''-6'')\sin.(\alpha'-\gamma')\sin.(\alpha-6)$$
$$C = \sin.(\gamma-\gamma')\sin.(\alpha''-\gamma'')\sin.(\alpha-6)\sin.(\alpha'-6')$$
$$E = \sin.(6-6')\sin.(\alpha'-\gamma')\sin.(\gamma-\gamma'')\sin.(\alpha''-6'')$$
$$F = \sin.(6-6'')\sin.(\alpha'-6')\sin.(\gamma-\gamma')\sin.(\alpha''-\gamma'')$$

on verra facilement que les valeurs des coordonnées des points B, C, F, E, peuvent s'écrire sous la forme beaucoup plus simple savoir :

pour B
(35)
$$X'_2 = \frac{\delta\,[A\cos.6 - B\cos.6' + C\cos 6'']}{E-F}$$
$$Y'_2 = \frac{\delta\,[A\sin.6 - B\sin.6' + C\sin.6'']}{E-F}$$

pour E
(36)
$$X_2 = \frac{\delta\cos.\alpha'\,[A\sin.(6-6') - C\sin.(6-6'')]}{(E-F)\sin.(\alpha'-6')}$$
$$Y_2 = \frac{\delta\sin.\alpha'\,[A\sin.(6-6') - C\sin.(6-6'')]}{(E-F)\sin.(\alpha'-6')}$$

pour C
(37)
$$X'_3 = \frac{\delta\,[A'\cos.\gamma - B'\cos.\gamma' + C'\cos.\gamma'']}{F-E}$$
$$Y'_3 = \frac{\delta\,[\sin.\gamma - B'\sin.\gamma' + C'\sin.\gamma'']}{F-E}$$

$$\text{pour F} \begin{cases} X_3 = \dfrac{\delta \cos.\alpha'' \, [A' \sin.(\gamma\!-\!\gamma')\!-\!C' \sin.(\gamma\!-\!\gamma'')]}{(F\!-\!E) \sin.(\alpha''\!-\!\gamma'')} \\[4mm] Y_3 = \dfrac{\delta \sin.\alpha'' \, [A' \sin.(\gamma\!-\!\gamma')\!-\!C' \sin.(\gamma\!-\!\gamma'')]}{(F\!-\!E) \sin.(\alpha''\!-\!\gamma'')} \end{cases}.$$

(38)

A' B' C' se déduisent facilement de A B C en changeant δ δ' δ'' en γ γ' γ'' et réciproquement. Dans toutes ces valeurs il ne reste plus que δ qui a été pris comme distance arbitraire et qu'il s'agit de déterminer, au moyen des observations astronomiques qui servent de base à la carte et qui en donnent l'échelle.

§ 44. — Je suppose que par des observations astronomiques on ait obtenu les longitudes de deux stations à la mer, A et C par exemple; X'_3 représentant la différence en longitude de ces deux points, sera donné en secondes de longitude; si on voulait avoir cette quantité en mètres, il suffirait de la multiplier par R cos. λ sin. 1", R étant le rayon de la terre exprimé en mètres, λ la latitude du point A que l'on peut toujours conclure par l'estime d'après la station la plus rapprochée pour laquelle la latitude aura été observée.

En effet, la longueur en mètres d'un arc de l'équateur d'une seconde, en considérant cet arc comme une ligne droite, serait R sin. 1". La grandeur linéaire d'un arc d'équateur d'un nombre de secondes égal à X'_3 serait donc X'_3 R sin. 1"; or si on veut actuellement avoir la grandeur métrique d'un arc de parallèle dont la latitude est λ et qui soit compris entre les mêmes méridiens, il faudra remplacer R par R cos. λ qui est le rayon du parallèle dont λ est la latitude. La grandeur métrique d'un arc de parallèle dont X'_3 indique le nombre de secondes sera donc X'_3 R cos. λ sin. $1''$.

Si actuellement dans les équations (37) nous remplaçons l'abscisse X'_3 par sa valeur métrique, nous aurons

$$X'_3 \, R \cos. \lambda \sin. 1'' = \frac{\delta [A' \cos. \gamma - B' \cos. \gamma' + C' \cos \gamma']}{F - E}$$

d'où

$$(40) \quad \delta = \frac{X'_3 \, R \cos. \lambda \sin. 1'' \, (F - E)}{A' \cos. \gamma - B' \cos. \gamma' + C' \cos. \gamma''}$$

Par suite on connaîtra toutes les distances des points B, C, D, E, F, par rapport à la méridienne et à la perpendiculaire du point A pris pour origine. Si la base, au lieu d'être donnée par deux observations de longitudes, eût été donnée par deux observations de latitude, c'eût été une des ordonnées Y'_3 par exemple qui eût été exprimée en secondes de degré. Pour avoir sa grandeur en mètres, il eût suffi de multiplier Y'_3 par R sin. $1''$, puis remplacer comme précédemment dans l'équation (37) et on eût déduit

$$(41) \quad \delta = \frac{Y'_3 \, R \sin. 1'' \, (F - E)}{A' \sin. \gamma - B' \sin. \gamma' + C' \sin. \gamma''}$$

Lorsque toutes les observations auront été bien faites, toutes les valeurs de δ devront être identiques, et offriront un moyen bien simple de vérification pour le travail entier. Toutes les fois que, par les observations astronomiques, on se sera procuré deux longitudes ou deux latitudes, on aura aussi la possibilité de calculer une valeur pour δ.

§ 45.—La grandeur de δ étant une fois déterminée, on a toutes les distances de tous les points, soit de terre, soit de mer par rapport à la méridienne et à la perpendiculaire du point d'origine. Pour obtenir ensuite la longitude et la latitude d'un point quelconque M dont les coordonnées rectangulaires sont X et Y, on emploiera les formules suivantes, qu'il est facile de déduire d'après ce que nous avons déjà dit :

$$(42) \qquad M = \frac{X}{R \cos. \lambda \sin. 1''}$$
$$\lambda - \lambda' = \frac{Y}{R \sin. 1''}$$

M indique la différence des longitudes entre l'origine et le point dont les coordonnées rectangulaires sont X et Y, R est le rayon de la terre exprimé en mètres, λ la latitude de l'origine et λ' celle cherchée. R, X, Y expriment des mètres, M, λ, λ' des secondes de degré.

§ 46. —Si au lieu d'obtenir sa base par des observations astronomiques, elle était déduite de mesures directes ou par la vitesse du son, on obtiendrait encore la valeur de δ facilement. X' Y', X'' Y'' étant en effet les coordonnées des deux positions extrêmes dont on aurait mesuré la distance θ, on aurait

$$\theta = \sqrt{(X' - X'')^2 + (Y' - Y'')^2}$$

Or X', X'', Y', Y'' seront exprimées en fonction de δ; li suffira donc de déduire de cette équation la valeur de δ qui reste seule indéterminée.

§ 47.—On a considéré la terre comme sphérique, il serait facile de rendre tous ces calculs plus rigoureux en tenant compte de la forme ellipsoïdale du globe, mais si l'on considère combien de causes d'erreur viennent toujours indispensablement affecter les résultats tant à cause de la nature des instruments à réflexion, les seuls dont on puisse se servir à la mer, que du manque de mires dont on puisse toujours viser le centre lors d'une observation azimutale, on reconnaîtra facilement l'inutilité de vouloir tenir compte, dans le calcul, de quantités qui ne sauraient modifier les résultats obtenus que de valeurs, toujours très-petites par rapport aux erreurs probables provenant des moyens donnés pour opérer.

Ce sont les mêmes raisons qui nous ont fait considérer tous les triangles formés à la surface du globe comme des triangles rectilignes. L'excès sphérique est en effet une quantité toujours fort petite. Pour se convaincre de la petitesse des erreurs que l'on commet lorsque l'on considère comme plane la petite partie de la calotte terrestre que l'on étudie, il suffira de rappeler que l'excès sphérique d'un des plus grands triangles géodesiques que l'on ait formé ne dépasse pas 40 secondes.

§ 48.—Toutes les fois que l'on opérera sous voiles, il sera presque toujours inutile de recourir au calcul pour obtenir les longitudes et les latitudes des différents points du travail. Les procédés graphiques conduiront à une exactitude suffisante et par suite devront être préférés comme étant plus prompts, plus simples et plus faciles. Aussi nous n'insisterons pas davantage sur ces considérations analytiques. Sans doute on arriverait rapidement à trouver des formules plus simples et auxquelles pourraient s'appliquer les règles des calculs logarithmiques; mais pour le moment cette recherche serait pour le moins déplacée, jusqu'à ce que les observations angulaires et azimutales faites à la mer puissent devenir assez précises pour que, dans la construction, on ait recours aux données exactes du calcul plutôt qu'aux constructions graphiques. Nous recommandons seulement de toujours commencer sa construction en prenant l'échelle le plus grande possible, sauf à réduire ensuite son travail suivant les procédés connus.

La construction graphique indiquée dans le chapitre II (*fig.* 7), devient donc la base de toutes nos opérations sous voiles, comme étant la plus simple et d'une application plus facile. A ce titre il sera bon de rechercher quelles sont les conditions qui donneront les constructions les plus avantageuses; nous rechercherons aussi quels sont les cas où les données sont insuffisantes, et ceux dans lesquels les procédés graphiques ne conduisent à aucun résultat satisfaisant.

CHAPITRE VI.

Discussion relative à la construction graphique qui est le plus généralement employée dans les levées sous voiles.

§ 49. — Nous savons que la position du point B (*fig.* 7) est donnée par l'intersection des deux lignes droites B L et D B. Or, comme le point B étant une fois déterminé, on en déduit facilement les points C, E et F, il en résulte que la construction donnée (chap. II) sera toujours possible lorsque les deux droites B L et D B se couperont. La solution du problème qu'elle est destinée à résoudre sera impossible lorsque la ligne de construction B L sera parallèle, ou bien se confondra avec la ligne B D. Ainsi, toutes les conditions d'impossibilité pour trouver la position du point B, par la construction indiquée, doivent être contenues dans cette équation

$$\text{tang. } K B L = 0$$

§ 50. — Toutes les fois que cette tang. K B L sera

égale à une quantité finie, il y aura une position pour
B qui satisfera aux conditions du problème, et par
suite il y aura une solution et il n'y en aura qu'une.
Enfin la condition tang. KBL=l'infini, indiquera que
la droite BL coupe à angle droit la droite D B, c'est
le cas le plus favorable pour la détermination du point
B; car plus l'angle K B L sera grand, moins il restera
d'incertitude sur l'intersection des deux lignes D B et
B L, et par conséquent sur la position exacte du
point B.

§ 51. — On sait que si a et a' sont les tangentes des
angles que deux lignes droites qui se coupent font
avec l'axe des x, on aura pour la tangente de l'angle
que ces deux droites font entre elles, la valeur $\dfrac{a - a'}{1 + a\,a'}$

Or, la droite D B fait avec l'axe des x un angle
dont la tangente est b, la droite B L dont nous avons
l'équation (27), fait avec l'axe des x un angle dont la
tangente est

$$(43) \qquad T = \frac{b'\,P - b''\,Q}{P - Q}$$

Nous aurons donc tang. $KBL = \dfrac{T - b}{1 + b\,T}$, d'où,
remplaçant T par sa valeur et réduisant, l'on déduira
pour la valeur de la tangente de l'angle K B L

$$(44) \qquad \text{tang. en B} = \frac{(b - b')\,P - (b - b'')\,Q}{(1 + b\,b')\,P - (1 + b\,b'')\,Q}$$

On obtiendra facilement pour les autres points C

et A des valeurs analogues, en changeant $b\,b'\,b''$ en $v\,v'\,v''$ ou $a\,a'\,a''$, et on aura

$$(45) \qquad \text{tang. en C} = \frac{(v-v')\,\text{P}' - (v-v'')\,\text{Q}'}{(1+v\,v')\,\text{P}' - (1+v\,v'')\,\text{Q}'}$$

$$(46) \qquad \text{tang. en A} = \frac{(a-a')\,\text{P}'' - (a-a'')\,\text{Q}''}{(1+a\,a')\,\text{P}'' - (1+a\,a'')\,\text{Q}''}$$

§ 52.—S'il arrivait que la tangente en B, par exemple, fût nulle, les tangentes en A et en C ne l'étant point, on serait en droit d'en conclure que la construction géométrique indiquée, non applicable à la construction du point B, pourrait cependant faire connaître le point A ou le point C, et par suite donner une solution. Ainsi, les cas impossibles à construire seront donnés par la simultanéité des équations

$$
\begin{aligned}
& \text{tang. en A} = 0 \\
(47) \quad & \text{tang. en B} = 0 \\
& \text{tang. en C} = 0
\end{aligned}
$$

Or, pour que ces équations soient satisfaites, il faudra que les numérateurs des fractions indiquant les valeurs de ces tangentes, soient nuls, et qu'en même temps les dénominateurs soient des quantités finies. Les conditions analytiques indiquant les cas d'insuffisance de notre construction graphique pour la solution du problème fondamental, seront donc exprimées par les équations et les inégalités suivantes :

$$(48) \quad (b-b')\,(a'-v')\,(v-v'')\,(a''-b'') = (b-b'')\,(a'-b')\,(a''-v'')\,(v-v')$$

$$(49) \quad (v-v')\,(a'-b')\,(b-b'')\,(a''-v'') = (v-v'')\,(a'-v')\,(a''-b'')\,(b-b')$$

$$(50) \quad (a-a')\,(b'-v')\,(v-v'')\,(b''-a'') = (a-a'')\,(b'-a')\,(b''-v'')\,(v-v')$$

$$(51) \quad (1+bb')\,(a'-v')\,(v-v'')\,(a''-b'') \gtrless (1+bb'')\,(a'-b')\,(a''-v'')\,(v-v')$$

$$(52) \quad (1+vv')\,(a'-b')\,(b-b'')\,(a''-v'') \gtrless (1+vv'')\,(a'-v')\,(a''-b'')\,(b-b')$$

$$(53) \quad (1+aa')\,(b'-v')\,(v-v'')\,(b''-a'') \gtrless (1+aa'')\,(b'-a')\,(b''-v'')\,(v-v')$$

Des équations (48) (49) (50) combinées avec les inégalités (51) (52) et (53) on déduit :

$$\frac{b-b'}{b-b''} > \frac{1+bb''}{1+bb'} \qquad \frac{v-v'}{v-v''} > \frac{1+vv''}{1+vv'} \qquad \frac{a-a'}{a-a''} > \frac{1+aa''}{1+aa'}$$

Si actuellement, dans ces dernières inégalités, nous remplaçons $b\,b'\,b''$, $v\,v'\,v''$, $a\,a'\,a''$ par les valeurs

$$\frac{\sin.\,6}{\cos.\,6}\;,\; \frac{\sin.\,6'}{\cos.\,6'}\;,\; \frac{\sin.\,6''}{\cos.\,6''}\;,\; \frac{\sin.\,\gamma}{\cos.\,\gamma}\, \text{etc.}$$

et si nous réduisons en nous rappelant les formules connues

$$\sin.\,(A-B) = \sin.\,A\cos.\,B - \cos.\,A\sin.\,B$$
$$\cos.\,(A-B) = \cos.\,A\cos.\,B + \sin.\,A\sin.\,B$$
$$\cos.\,2A = 2\sin.\,A\cos.\,A$$

on verra facilement que les inégalités précédentes deviendront

$$(54) \quad \sin.\,2\,(6-6') \gtrless \sin.\,2\,(6-6'')$$

$$(55) \qquad \sin. 2 \left(\gamma - \gamma' \right) \gtrless \sin. 2 \left(\gamma - \gamma'' \right)$$

$$(56) \qquad \sin. 2 \left(\alpha - \alpha' \right) \gtrless \sin. 2 \left(\alpha - \alpha'' \right)$$

Telles sont les inégalités qui, combinées avec les équations (48) (49) (50), indiquent tous les cas d'impossibilité du problème. Or, ces inégalités seront satisfaites toutes les fois que, des stations à la mer, on aura pu relever les points à terre sous des angles différents, ce qui aura toujours lieu, excepté dans le cas particulier où les trois points à terre ou au moins deux d'entre eux, se touveront dans le même alignement. Nous reviendrons plus tard sur ce cas particulier, et nous verrons comment l'analyse conduit à la construction graphique qui, comme on le sait, se trouve bien simplifiée. Les conditions d'impossibilité sont donc exprimées par la simultanéité des équations (48) (49) (50), qui se réduisent à deux, les deux premières étant identiques.

§ 53.—Par-là, il nous est déjà démontré que toutes les fois que la construction graphique sera insuffisante pour la détermination d'une des stations à la mer, B par exemple, elle le sera encore pour la troisième station C. Il restera à l'essayer pour la détermination du point A qui avait été fixé d'avance, et dès-lors la distance arbitraire à prendre devra être la distance d'un des points B ou C à un des trois points à terre.

Or, si dans les équations qui indiquent qu'il y a impossibilité à se servir des procédés graphiques indiqués, nous remplaçons a a' a'', b b' b'', v v' v'' par leurs valeurs

$$\frac{\sin.\ \alpha}{\cos.\ \alpha}\ ,\ \frac{\sin.\ \alpha'}{\cos.\ \alpha'}\ ,\ \frac{\sin.\ \alpha''}{\cos.\ \alpha''}\ ,\ \frac{\sin.\ \mathcal{6}}{\cos.\ \mathcal{6}}\text{etc.}$$

et, si nous réduisons, elles deviendront

$$\sin.\ (\mathcal{6}-\mathcal{6}')\ \sin.\ (\alpha'-\gamma')\ \sin.\ (\gamma-\gamma'')\ \sin\ (\alpha''-\mathcal{6}'') =$$
$$\sin.\ (\mathcal{6}-\mathcal{6}'')\ \sin.\ (\alpha'-\mathcal{6}')\ \sin.\ (\alpha''-\gamma'')\ \sin.\ (\gamma-\gamma')$$

$$\sin.\ (\alpha-\alpha')\ \sin.\ (\mathcal{6}'-\gamma')\ \sin.\ (\gamma-\gamma'')\ \sin.\ (\alpha''-\mathcal{6}'') =$$
$$\sin.\ (\alpha-\alpha'')\ \sin.\ (\mathcal{6}'-\alpha')\ \sin.\ (\mathcal{6}''-\gamma'')\ \sin.\ (\gamma-\gamma')$$

qui elles-mêmes peuvent se réduire aux équations suivantes :

$$(57)\quad \frac{\sin.(\alpha''-\mathcal{6}'')\sin.(\gamma-\gamma'')}{\sin.(\mathcal{6}-\mathcal{6}'')\sin.(\alpha''-\gamma'')} = \frac{\sin.(\alpha'-\mathcal{6}')\sin.(\gamma-\gamma')}{\sin.(\mathcal{6}-\mathcal{6}')\sin.(\alpha'-\gamma')}$$

$$(58)\quad \frac{\sin.(\alpha''-\mathcal{6}'')\sin.(\gamma-\gamma'')}{\sin.(\alpha-\alpha'')\sin.(\mathcal{6}'-\gamma'')} = \frac{\sin.(\alpha'-\mathcal{6}')\sin.(\gamma-\gamma')}{\sin.(\alpha-\alpha')\sin.(\mathcal{6}'-\gamma')}$$

§ 54. — Or, nous avons trouvé, chapitre II, pour les valeurs des lignes B K et B I :

$$BK = CC'\frac{\sin.\ KF'F\ \sin.\ CC'F'}{\sin.\ BKF'\ \sin.\ FF'C'} = CC'\frac{\sin.\ (\alpha''-\mathcal{6}'')\ \sin.\ (\gamma-\gamma'')}{\sin.\ (\mathcal{6}-\mathcal{6}'')\ \sin.\ (\alpha''-\gamma'')}$$

$$BI = CC'\frac{\sin.\ IE'E\ \sin.\ CC'E'}{\sin.\ BIE'\ \sin.\ EE'C'} = CC'\frac{\sin.\ (\alpha'-\mathcal{6}')\ \sin.\ (\gamma-\gamma')}{\sin.\ (\mathcal{6}-\mathcal{6}')\ \sin.\ (\alpha'-\gamma')}$$

L'équation (57) qui indique l'impossibilité de construire les points B et C, en se donnant d'avance A et D implique, lorsqu'elle est satisfaite, l'égalité des deux droites B K et B I. Dans ce cas-là, en effet, la ligne de construction se confond avec la ligne D B.

Nous concluons de ce qui précède que la construction graphique est insuffisante pour la détermination de la position d'une station, les deux points A et D étant fixés d'avance lorsque la ligne de construction se confond avec un des relèvements, B D par exemple. Dès-lors, il est facile aussi de comprendre que les équations de la ligne B D et celle de la ligne de construction doivent être identiques, et que l'on peut poser

$$c = \frac{X_1\,(a'-b')\,(a-v)\,(v'-v'')\,(a''-b'')}{(a'-v')\,(v-v'')\,(a''-b'')-(a'-b')\,(a''-v'')\,(v-v')}$$

et

$$b = \frac{b'(a'-v')(v-v'')(a''-b'')-b''(a'-b')(a''-v'')(v-v')}{(a'-v')\,(v-v'')\,(a''-b'')-(a'-b')\,(a''-v'')\,(v-v')}$$

Cette dernière égalité elle-même n'est autre que l'équation de condition (48). Comme on le voit, les cas pour lesquels la construction graphique est insuffisante sont nombreux.

§ 54. — Si, actuellement que l'on connaît les valeurs de c et d, c' et d', on voulait, par le calcul, rechercher toutes les circonstances particulières pour lesquelles les équations (48) (49) (50) sont satisfaites à la fois, on verrait que la construction graphique indiquée est insuffisante pour fixer la position des points B et C, lorsque les trois points M, N, P (fig. 11) sont en ligne droite. Pour cela, il suffirait de chercher les valeurs des coordonnées de ces trois points, et de voir si elles satisfont aux conditions suivantes : x' y' étant les coordonnées de M, x'' y'' celles de N, et enfin x''' y''' celles du point P, on devrait avoir

$$\frac{y' - y''}{x' - x''} = \frac{y' - y'''}{x' - x'''}$$

Or, les coordonnées x' y' seront données par les équations

$$
\begin{aligned}
y' &= b\,x' + c \\
y' &= a'\,x'
\end{aligned}
\qquad \text{d'où} \qquad
\begin{aligned}
y' &= \frac{a'\,c}{a' - b} \\
x' &= \frac{c}{a' - b}
\end{aligned}
$$

x'' y'' se déduiront de

$$
\begin{aligned}
y'' &= v\,x'' + d \\
y'' &= a''\,x''
\end{aligned}
\qquad \text{d'où} \qquad
\begin{aligned}
y'' &= \frac{a''\,d}{a'' - v} \\
x'' &= \frac{d}{a'' - v}
\end{aligned}
$$

x''' y''' seront le résultat de l'élimination dans les équations

$$
\begin{aligned}
y''' &= b''\,x''' + c'' \\
y''' &= v'\,x''' + d'
\end{aligned}
\qquad \text{d'où} \qquad
\begin{aligned}
y''' &= \frac{b''\,d' - c''\,v''}{b'' - v''} \\
x''' &= \frac{d' - c''}{b'' - v''}
\end{aligned}
$$

Enfin, pour exprimer la condition que ces trois points se trouvent sur une même droite, on aurait l'équation suivante :

$$\frac{a'\,c\,(a'' - v) - a''\,d\,(a' - b)}{c\,(a'' - v) - d\,(a' - b)} =$$

$$\frac{a'\,c\,(b'' - v'') - b''\,d'\,(a' - b) + c''\,v''\,(a' - b)}{c\,(b'' - v'') - d'\,(a' - b) + c''\,(a' - b)}$$

§ 55. — Nous n'entrerons point dans la discussion de cette équation pour démontrer que *toutes les fois que les trois points* M, N, P *se trouvent sur une même droite, la construction graphique est insuffisante pour faire connaître la position des points* B *et* C, *et que, réciproquement, lorsque la ligne de construction* L L' *se confond avec le relèvement* B D, *les trois points* P, M, N *se trouvent sur une même droite.* Ce théorème ressort suffisamment des considérations géométriques suivantes, auxquelles nous nous arrêterons.

Si les trois points M, N, P sont en ligne droite, je puis sur cette droite M P prendre un point quelconque, P' par exemple, et par ce point faire passer deux lignes B' F' et C' E' parallèles à B F et C E; si je joins ensuite B' E' et C' F' par des droites, je dis que ces lignes seront parallèles à B E et C F, on aura en effet, par suite du parallélisme de B' F' à B F

$$B'\,P' : B\,P :: M\,P' : M\,P :: P'\,E' : P\,E$$

Les deux triangles B P E, B' P' E' sont donc semblables, comme ayant un angle égal compris entre deux côtés proportionnels, donc B' P' est parallèle à B P. On prouverait de même que C' F' est parallèle à C F; il en résulte donc évidemment que la ligne de construction donnée par les intersections B' se confond avec la ligne de construction.

§ 56. — *Réciproquement*, je dis que lorsque la ligne de construction coïncidera avec le relèvement B D, les trois points M, N, P seront en ligne droite. En effet, si par un point F" quelconque je mène une droite F" C" parallèle à F C, et si j'achève la construction, il devient évident que tous les triangles C P F, C' P' F', et B P E, B' P' E' étant semblables, le lieu géométrique de tous leurs sommets P P' sera une ligne droite. Or, cette ligne devra passer par le point N pour lequel le triangle C P F devient nul, elle devra encore passer par le point M pour lequel le triangle B P E devient nul; donc ces points M, N, P seront sur une même ligne droite.

Il est du reste facile de voir que toutes les fois que les points M, N, P sont en ligne droite, les points Q, R, S sont aussi sur une même droite.

§ 57. — On peut déduire comme conséquence de ce que nous venons de dire, que le point où la ligne de construction vient rencontrer le relèvement A E, les points N et P sont toujours sur une même ligne droite; ainsi, pour avoir un des points de la ligne de construction, il suffira (*fig.* 7) de mener la droite N P et de la prolonger jusqu'à ce qu'elle vienne rencontrer la droite A E en K. Cette droite elle-même sera le lieu géométrique des points P, P', P" etc., qui viendra toujours passer par le point N, de là il sera facile de conclure aussi que plus le point M s'éloignera de la ligne N P, plus la construction sera favorable. En effet, la ligne de construction et le relèvement D B formeront un angle d'autant plus grand qu'elles couperont la droite A E en des points différents et très-distincts l'un de l'autre.

Toutes les fois que les six points se trouveront sur une même circonférence, la construction graphique sera insuffisante pour indiquer une station quelconque, les conditions du problème seront en effet insuffisantes ; il est facile de voir que, dans ce cas, toutes les équations (57) et (58) sont satisfaites.

§ 58. — Dans tout ce qui précède sur les cas d'insuffisance de la construction graphique (§ 13), nous avons supposé qu'aucun des points à terre ne s'étaient trouvés l'un par l'autre au moment des stations, c'est-à-dire que les inégalités (54) (55) (56) étaient toujours satisfaites. Il reste à examiner ce que devient la construction graphique lorsque trois ou un plus grand nombre des six points sont sur le même alignement.

Lorsque les trois points à terre ou les trois points à la mer se trouvent sur la même ligne, ça ne change rien à notre construction, mais il en est autrement lorsqu'un des points à la mer et deux points à terre se trouvent sur la même ligne, ou réciproquement. Nous savons déjà que la construction graphique devient très-simple, elle est toujours possible, et même les données fournissent des vérifications. Il reste à voir ce que deviennent, dans ce cas-là, les ordonnées des points. Or, toutes les suppositions que l'on peut faire sur les gisements de ces points, les uns par rapport aux autres, seront contenues dans les cas suivants.

On supposera que les trois points à terre se trouvent sur un même alignement passant par la deuxième station à la mer.

Dans ce cas-là, on a $6 = 6' = 6''$, les équations (44) (45) (46) deviennent

$$\text{tang. en B} = \frac{o}{o}$$

$$\text{tang. en C} = \frac{o}{o}$$

$$\text{tang. en A} = \frac{o}{o}$$

Si dans ces équations (44) (45) (46), après avoir posé $6' = 6''$, on débarrasse les valeurs des tangentes en B, en C et en A du facteur commun $(6 - 6'')$, on on aura, en faisant ensuite $6 = 6''$,

$$\cdot \;\text{tang. en B} = \frac{o}{o}$$

(59) $\text{tang. en A} = \dfrac{(a'-a)\,(v'-b)\,(v''-a'')-(a''-a)\,(v'-a')\,(v''-b)}{1+aa')\,(v'-b)\,(v''-a'')-(1+aa'')\,(v'-a')\,(v''-b)}$

(60) $\text{tang. en C} = \dfrac{(v'-v)\,(a'-b)\,(a''-v'')-(v-v'')\,(a'-v')\,(a''-b)}{(1+vv')\,(a'-b)\,(a''-v'')-(1+aa'')\,(v'-a')\,(v''-b)}$

Nous savons, en effet, que le point B ne saurait être déterminé. Quant aux deux autres stations, l'une d'elles est parfaitement inutile pour la détermination des trois points à terre; car, après nous être donné la première station à la mer et le premier point à terre, les autres points à terre seront entièrement dé-

terminés par l'intersection des divers relèvements
partant de cette première station avec la ligne qui joint
les trois points à terre, dont l'un est fixé d'avance. La
deuxième station à la mer ne peut donc plus servir
que comme vérification : les relèvements pris de cette
deuxième station sur les trois points à terre doivent,
en effet, se couper en un même point, et nous devons
avoir une équation de condition.

Si, en effet, remontant aux équations (10) (11) (12)
(13) (14), on y fait $b = b' = b''$, et si on élimine
$d\, d'\, d''$, on arrivera à cette relation :

$$\left[1 - \frac{a-b}{a-v}\right]\left[(a'-v')(v-v'')(b-a'') - (v''-a'')(b-a')(v-v')\right] = 0$$

Or, on ne peut supposer que l'on a $\dfrac{a-b}{a-v} = 1$, car ce
serait admettre que $b = v$, et que la troisième station se
trouve sur le même alignement que B et les trois points
à terre, sans admettre aussi que l'on a $v = v' = v''$;
l'équation de condition sera donc

$$(a'-v')(v-v'')(b-a'') = (v''-a'')(b'-a')(v-v')$$

Par suite de cette équation de condition, l'égalité
(60) devient

$$\text{tang. en C} = \frac{o}{o}$$

Si l'on débarrasse de nouveau cette équation des

facteurs communs à son numérateur et à son dénominateur, on obtient

$$\text{tang. en C} = \frac{l\,l''}{l''-l'}$$

l' et l'' sont les tangentes des angles DCE et DCF, on a

$$l' = \frac{v-v'}{1+v\,v'},\ l'' = \frac{v-v''}{1+v\,v''}$$

On obtiendrait, par un raisonnement analogue,

$$\text{tang. en A} = \frac{m'\,m''}{m''-m'}$$

m' et m'' étant les tangentes des angles DAE, DAF,
on aurait

$$m' = \frac{a-a'}{1+a\,a'}\ m'' = \frac{a-a''}{1+a\,a''}$$

Ainsi, dans ce cas-là, la construction graphique
peut accuser les positions des stations à la mer,
A et C, il sera facile de déduire des formules précédemment trouvées la valeur des coordonnées rectangulaires de ces points.

§ 59. — Dans le cas où on aurait $\gamma = \gamma' = \gamma''$ en
même temps que $\delta = \delta' = \delta''$, on conclurait que $\delta = \gamma$;
les trois points à terre et deux stations à la mer se trouveraient sur le même alignement. On pourrait fixer
la position de quatre points, et le calcul ferait connaître leurs coordonnées; mais les deux stations B et
C ne pourraient être placées.

§ 60. — Soit $\alpha = 6 = \gamma$: ces conditions indiquent que les trois stations à la mer se trouvent sur le même alignement avec le point D. Dans ce cas, il y a une solution et une équation de condition. Si l'on prend, en effet, arbitrairement la position de deux stations à la mer, les relèvements partant de ces deux stations suffiront pour déterminer les positions des points E et F ; et dès-lors les relèvements observés de la troisième station, et passant par ces deux points, devront venir se couper sur le gisement commun aux points A, B, C, D. Les équations (35) (36) (37) (38) feront connaître les valeurs des ordonnées de ces points, en débarrassant les quantités qui les expriment des facteurs qui sont communs à leurs numérateurs et à leurs dénominateurs. Le point D seul ne pourra pas être fixé avec les données du problème ; la distance de la première station à la mer au premier point à terre ne saurait, en effet, être définie, et tout point pris au hasard sur l'alignement des trois points A, B, C, satisferait également aux données du problème.

§ 61. — Enfin, les conditions que l'on ait à la fois

$$\alpha'' = 6'' \qquad \alpha' = 6' \qquad \alpha = 6$$

ou bien

$$\alpha'' = \gamma'' \qquad \alpha' = \gamma' \qquad \alpha = \gamma$$

ou encore

$$6'' = \gamma'' \qquad 6' = \gamma' \qquad 6 = \gamma$$

indiquent que les trois stations à la mer se réduisent à deux. Dès-lors le problème a une infinité de solutions, c'est-à-dire que les données ne sont point suffisantes pour placer ces cinq points d'une manière semblable à la position qu'ils occupent réellement sur le terrain. Dans ce cas-là, le calcul indique aussi l'insuffisance des données : car toutes les valeurs représentant les ordonnées des points qu'il s'agit de déterminer se présentent sous la forme $\frac{0}{0}$, excepté toutefois celles des points A et D, que l'on se donne d'avance.

Dans la construction géométrique qui sert à donner les positions des six points A, B, C, D, E, F (*fig. 7*), on peut indifféremment prendre pour point d'origine un des points de stations à la mer, et pour premier point à terre un point quelconque des points D, E, F. Le choix de ces points n'est pas indifférent; il sera toujours difficile de reconnaître de prime-abord quel sera le point, soit à la mer, soit à terre, pour lequel on devrait de préférence rechercher la ligne de construction : toutefois j'ai cru devoir donner ici les expressions analytiques qui expriment ces conditions. C'est ce qui va nous occuper.

§ 62. — Un point donné par l'intersection de deux lignes est d'autant mieux défini que les deux droites qui se coupent font entre elles un angle plus grand. Or, la deuxième station B est donnée par l'intersection du relèvement B D avec la ligne L B L' : telle construction sera donc d'autant plus avantageuse que l'angle K B L sera plus grand, et le point qui devra être choisi parmi A, B, C, pour le déterminer le premier, sera celui pour lequel la ligne de construction fera avec le relèvement passant par D l'angle le plus grand.

Nous savons que, dans les limites de 0° à 90°, plus un angle est grand, plus sa tangente est grande, et réciproquement; le point de station que l'on devra choisir pour en construire la ligne de construction sera donc celui pour lequel cette valeur de tangente K B L sera la plus grande. Or, nous avons trouvé (44) :

$$\text{tang. en B} = \frac{(b-b')\,P - (b-b'')\,Q}{(1+bb')\,P - (1+bb'')\,Q}$$

Posons

$$K' = \text{tang. DBE} = \frac{b-b'}{1+bb'} \quad K'' = \text{tang. DBF} = \frac{b-b''}{1+bb''}$$

d'où l'on tire

$$1 + bb' = \frac{b-b'}{K'} \quad 1 + bb'' = \frac{b-b''}{K''}$$

Faisons actuellement

$$N = (b-b')\,(a'-v')\,(v-v'')\,(a''-b'') = (b-b')\,P$$

$$M = (b-b'')\,(a'-b')\,(a''-v'')\,(v-v') = (b-b'')\,Q$$

et nous déduirons en remplaçant

$$(61) \qquad \text{tang. en B} = \frac{K'K''\,(M-N)}{MK'-NK''} = \frac{K'K''\,(N-M)}{K''N-K'M}$$

Nous remarquerons dès à présent que les valeurs M — N et N — M restent les mêmes lorsque l'on remplace $b\,b'\,b''$ par $v\,v'\,v''$; seulement elles changent de signe, car M se change en N, et réciproquement. Ainsi l'on aura encore

$$\text{tang. en } C = \frac{l'\,l''\,(M-N)}{l''\,M - l'\,N} = \frac{l'\,l''\,(N-M)}{l'\,N - l''\,M}$$

Les valeurs de M et de N sont telles, du reste, que l'on ne saurait avoir $M = N$ et $K' \gtreqless K''$. Sans cela on voit que l'équation d'impossibilité dans la construction pour le point B (48) serait satisfaite, et la construction ne pourrait plus avoir lieu en se donnant d'avance les points A et D.

Des égalités précédentes (61) on en déduit, en opérant la division,

$$(62) \qquad \text{tang. en } B = K'' - (K' - K'') \frac{N\,K''}{M\,K' - N\,K''}$$

$$(63) \qquad \text{tang. en } B = K' - (K' - K'') \frac{M\,K'}{M\,K' - N\,K''}$$

Si les valeurs M et N pouvaient être affectées de signes différents (K' et K'' ayant le même signe), on en conclurait que la tangente en B serait toujours comprise entre les valeurs K' et K''. Si l'on pose

$$N' = \sin. (6 - 6') \sin. (\alpha' - \gamma') \sin. (\gamma - \gamma'') \sin. (\alpha'' - 6'')$$
$$M' = \sin. (6 - 6'') \sin. (\alpha' - 6') \sin. (\alpha'' - \gamma'') \sin. (\gamma - \gamma')$$

on verra, en remplaçant dans M et N, $a\,b\,c\ldots$ par

$$\frac{\sin.\ \alpha}{\cos.\ \alpha},\ \frac{\sin.\ 6}{\cos.\ 6},\ \text{etc.}$$

ʝue les équations (62) (63) deviendront

$$\text{tang. en B} = K'' - (K' - K'')\,\frac{N'\,K''}{M'\,K' - N'\,K''}$$

$$\text{tang. en B} = K' - (K' - K'')\,\frac{M'\,K'}{M'\,K' - N'\,K''}$$

Or, les valeurs de M′ et N′ n'étant composées que d'un produit de quatre sinus d'angles qui ont leurs sommets aux quatre points B, C, E, F, elles ne pourront être de signes contraires qu'autant que les sinus qui entrent comme facteurs dans ces valeurs de M′ et N′ seront affectés de signes différents, en nombre pair dans l'un de ces produits, et en nombre impair dans l'autre. Il faudra donc que, dans l'une de ces quantités, il y ait un nombre pair d'angles dont les sinus entrent comme facteurs qui soient plus grands que 180°, et un nombre impair dans l'autre.

Tant que K′ et K″ conserveront les mêmes signes, et si M′ et N′ sont affectés de signes différents, la tangente en B sera comprise entre K′ et K″; elle sera plus grande ou plus petite que K′ et K″ si M′ et N′ sont affectés du même signe. Si K′ et K″ sont affectés de signes différents, M′ et N″ conservant les mêmes signes, la tangente en B sera comprise entre K′ et K″ ; elle sera plus grande ou plus petite que K′ et K″ si M′ et N′ sont affectés de signes différents.

§ 63.—Le rapport des deux tangentes en B et C sera

$$\frac{\text{tang. en B}}{\text{tang. en C}} = \frac{K' K'' (l'N - l''M)}{L' l'' (K''N - K'M)}$$

D'où l'on déduira, tangente en B $\gtrless$ tangente en C suivant que l'on aura

$$K' K'' (l' N - l'' M \gtrless l' l' (K'' N - K' M)$$

D'où l'on tire

$$\frac{M}{N} \gtrless \frac{K' l'' (K'' - l')}{K'' l' (K' - l')}$$

D'où enfin, en remplaçant K′ K″ l' l' par leurs valeurs $\frac{\text{sin. D B E}}{\text{cos. C B E}}$ etc., on déduit :

$$\frac{\text{sin.} (\alpha' - \delta') \, \text{sin.} (\alpha'' - \gamma'')}{\text{sin.} (\alpha' - \gamma') \, \text{sin.} (\alpha'' - \delta'')} \gtrless \frac{\text{sin.} (D B F - D C E)}{\text{sin.} (D B E - D C F)}$$

Nous n'insisterons pas davantage sur ces résultats de l'analyse : la discussion de toutes ces équations et inégalités nous forcerait à sortir du cadre que nous nous sommes proposé.

§ 64. — Lorsque l'hydrographe chargé d'un travail de longue haleine voudra avoir des données positives sur les constructions les plus avantageuses pour fixer la position de ses points principaux, il aura généralement plus d'avantages à essayer plusieurs constructions sur le papier, jusqu'à ce que, par le tâtonnement, il ait reconnu celle qui peut répondre au but qu'il se propose. Un tableau préparé d'avance, et dans lequel il aurait réuni toutes les constructions graphiques que l'on peut faire d'après les données du chapitre II, § 11, en faisant prendre à ses six points toutes les positions possibles les uns par rapport aux autres, servirait tout aussi bien que le calcul à lui faire reconnaître *à priori* quelle sera pour chaque cas la construction la plus avantageuse. Les considérations précédentes seront suffisantes pour déduire du calcul toutes les phases du théorème qui fait la base de notre méthode pour le lever sous voiles.

§ 65. — Quant aux limites des erreurs que l'on peut commettre en opérant dans les levées sous voiles par les méthodes que nous venons d'exposer, nous savons déjà que nous n'en avons que de très-faibles à attendre de la mesure de la base, qui peut toujours être prise le plus grande possible, et de manière à embrasser dans ses limites toute l'étendue du travail. Nous avons vu que deux moyens se présentent pour mesurer une base à la mer : les observations astronomiques, qui ont toujours servi à donner l'échelle des cartes construites pendant le voyage des corvettes *l'Astrolabe* et *la Zélée*, et les mesures déduites de la vitesse du son. Je ne parle point des mesures directes faites avec une corde tendue sur l'eau par des moyens artificiels ; elles ne sauraient convenir pour des travaux embrassant une grande étendue de côte. M. Chazallon a discuté tout le degré d'exactitude que comportent ces diverses mesures, et nous renverrons le lecteur à son mémoire : on pourra toujours opter entre tous ces divers moyens suivant les circonstances, lorsque le choix est possible.

§ 66. — Quant aux erreurs que l'on est en droit d'attendre de celles qui peuvent affecter, soit la mesure des angles terrestres. soit les relèvements astronomiques, nous avons vu qu'il est toujours facile de les reconnaître et de les atténuer graphiquement par des stations auxiliaires. On pourrait rechercher quelles sont les conditions pour que les erreurs résultant d'une erreur première dans un relèvement soient un *minima* : pour cela il suffirait de différencier les valeurs des coordonnées des différents points A, B, C, D, E, F, par rapport à un des angles azimutaux observés, α, par exemple, et de chercher ensuite quelle devrait être la position relative de ces points pour que ces différentielles soient des minima. Nous ne donnerons point ici ces calculs. Les conditions de minima sont très-compliquées, et comme généralement le choix des points principaux n'est pas possible, il serait très-inutile d'indiquer ici quelle doit être leur position pour que les erreurs soient le plus petites possible; nous dirons seulement que le calcul conduit aux conditions principales suivantes, tendant à diminuer beaucoup les erreurs probables : 1° la base devra toujours être prise dans le sens de la plus grande largeur, Est et Ouest, ou bien Nord et Sud du polygone formé par les stations à la mer; 2° il faudra, autant que possible, que, parmi les lignes qui, par leur intersection, viennent déterminer la position des différents points, deux se coupent à angle droit; il en résulte conséquemment que l'on devra toujours choisir les deux points A et D, que l'on fixe d'avance parmi ceux dont les angles qui y appuient leurs sommets sont les plus petits (ces angles n'étant jamais plus grands que 90°).

CHAPITRE VI.

Avantages des stations faites à terre dans les travaux hydrographiques exécutés sous voiles.—Mode d'opération de M. Dortet de Tessan sur les côtes de l'Algérie.

§ 67. — Dans tout ce qui précède, nous avons toujours supposé que le travail de la carte se faisait entièrement de la mer, sans qu'il fût possible à l'observateur de faire une seule station à terre. Il est facile, d'après ce que nous avons dit, de voir tout le parti que l'on peut tirer d'observations faites à terre, en les combinant avec celles faites à la mer. Il est souvent possible à l'observateur de descendre à terre ; mais rarement, dans les pays habités par des sauvages, il lui est loisible de choisir convenablement le lieu de sa station, de manière à obtenir d'importants résultats pour la construction de sa carte ; le plus souvent il est obligé de s'établir sur le rivage, afin de trouver un lieu assez dégagé pour voir les principaux points qu'il a observés de la mer. Dans ce cas-là, le lieu qu'il a choisi pour établir son observatoire ne peut plus lui servir dans le travail qu'il fait ensuite à la mer, car il manque d'une mire fixe et facile à reconnaître à de grandes distances. Rarement il lui est permis de se transporter dans un lieu suffisamment élevé pour qu'il puisse plus tard reconnaître de la mer son centre de station. Les plus grandes difficultés se présentent toutes les fois que l'on cherche à pénétrer dans l'intérieur des terres dont une végétation active recouvre le sol ; et souvent, lorsque l'observateur arrive sur le sommet qu'il a choisi, il le trouve envahi par des arbres élevés qui ne lui permettent pas de rien voir. Aussi, généralement, il n'est pas possible d'utiliser les stations faites à terre autrement que les stations principales faites à la mer, qui servent à fixer les points principaux ; mais comme dans ces stations on peut toujours remplacer le cercle à réflexion par le théodolite pour avoir et les relèvements astronomiques et les distances angulaires des différents points, il sera toujours bon de les employer de préférence à celles faites à la mer, lorsque, par leur position, elles pourront servir à la détermination des points principaux.

§ 68. — Quand bien même on aurait pu faire plusieurs stations à terre, si on n'a pas pu les relever les unes des autres, elles ne sauraient avoir d'autre usage dans la construction de la carte que celui des stations ordinaires faites à la mer ; mais lorsque l'on aura deux ou un plus grand nombre de stations à terre tellement placées entre elles que, se trouvant suffisamment éloignées pour former une grande base, elles seront encore visibles l'une de l'autre, on pourra former des triangles dont on aura observé deux angles seulement, et dont on conclura le troisième ; et dès-lors tous les points principaux pourront être déterminés par une triangulation véritable, et d'une exactitude bien supérieure à celle que l'on peut espérer d'observations entièrement faites à la mer. M. Dortet de Tessan, qui a fait une si belle application de cette méthode d'opérer sur les côtes de l'Algérie, a publié une note explicative des procédés qu'il a employés ; nous la reproduirons ici en entier, d'autant mieux que la plupart du temps elle pourra avoir une application immédiate dans les travaux à exécuter pendant les voyages de long cours destinés à faire les grandes reconnaissances de terres peu encore explorées, et qui ne sont point assez fréquentées pour exiger des travaux hydrographiques détaillés. Il s'agit ici de la reconnaissance de la côte de l'Algérie, qui, faite sur une grande échelle, devait donner lieu à des cartes générales et à de nombreuses cartes particulières.

§ 69. — « On tracera d'abord sur une carte routière les divisions des plans, des cartes particulières et des cartes générales que l'on aura à lever, et l'on verra par-là vers quels points de la côte doivent se trouver placés ceux dont il faudra déterminer les positions par des observations astronomiques faites à terre. Pour les cartes particulières de peu d'étendue, il suffira, en général, de déterminer deux points placés chacun vers l'une des extrémités de la carte. Pour les cartes d'une plus grande étendue, il sera souvent nécessaire et toujours utile d'en déterminer en outre un troisième vers le milieu ; car s'il ne sert pas à fixer les positions des objets remarquables intermédiaires, il servira à les vérifier. Pour les cartes générales, le nombre des points à déterminer devra être encore plus considérable, et leur position dépendra de la configuration des côtes et de la nature du pays; ils devront être aussi éloignés que possible les uns des autres, et cependant être assez rapprochés pour qu'on puisse, au moyen de relèvements pris en ces points, déterminer les positions d'un nombre suffisant d'objets remarquables intermédiaires. Ce n'est toutefois que sur les lieux mêmes qu'on pourra se fixer définitivement sur le point précis où les observations astronomiques doivent être faites.

« Outre la longitude et la latitude, il faudra déterminer encore, en chacun de ces points, l'azimut d'un objet terrestre.

« Je conseillerais de procéder à ces déterminations astronomiques immédiatement et sans interruption, en ne s'arrêtant sur chaque point que le temps nécessaire aux observations. Les positions ainsi obtenues, résultant de la même marche des montres, et vérifiées d'ailleurs par le retour au point de départ, seront mieux coordonnées entre elles que si elles étaient déterminées isolément et à de grands intervalles de temps les unes des autres. Par ces deux traversées on acquerra la connaissance de la côte, de son aspect, des ressources qu'elle présente. On pourra comparer les anciennes cartes à la réalité, et voir s'il n'y a pas lieu à modifier les projets que l'on avait formés pour la distribution et les limites des cartes.

« Si l'hostilité des habitants ou toute autre circon-
stance locale empêchait de faire les observations au
point même qui paraîtrait le plus convenablement
placé, on chercherait dans le voisinage quelque îlot,
rocher, ou point isolé, sur lequel on observerait, soit
de jour, soit de nuit, à l'insu des habitants. Nous verrons tout-à-l'heure comment on peut éluder la difficulté qui naît de la situation souvent défavorable de
ce point.

« Les longitudes et latitudes de tous ces points étant
connues, ainsi que l'azimut d'un objet terrestre pris
en chacun d'eux, on s'occupera de déterminer les positions des objets remarquables intermédiaires de la côte;
ce qui exige pour chaque carte un travail particulier.

« Si les points fixés astronomiquement sont favora-
blement situés, et qu'on puisse y observer pendant le
jour, on fera sur chacun d'eux une bonne station de
relèvements au théodolite, en ayant bien soin de placer
l'instrument au point même où l'azimut a été observé.
On prendra les angles de tous les objets remarquables
de la côte à celui dont l'azimut est connu, et l'on aura
par-là des données nécessaires pour déterminer les positions des objets relevés, communs à deux stations.

« Si le point n'est pas dans une situation favorable,
ou bien encore si l'on ne peut y observer que de nuit,
il faudra substituer à la station au théodolite dont je
viens de parler, une station faite à bord du bâtiment
avec un cercle à réflexion.

« On mouillera pour cela le bâtiment dans une position convenable; on prendra l'azimut de la ligne qui

le joint au point déterminé, et l'on mesurera sa distance à ce point, au moyen d'une bonne observation micrométrique. Mais cela ne suffit pas, il faut en outre avoir exactement l'azimut d'un des objets relevés dans la station faite à bord. Cet azimut se déduira facilement de celui qu'on aura pris au point déterminé, si l'on peut y observer pendant le jour; car il suffira qu'au moment de faire la station, à un signal convenu, deux observateurs, placés l'un sur le point et l'autre à bord, se relèvent mutuellement, puisque l'azimut de la ligne qui les joint sera exactement donné par l'observation faite à terre.

« Si l'on peut observer de jour sur un point déterminé, on y réglera les montres la nuit, afin d'avoir l'heure avec la plus grande exactitude; et le lendemain matin, quand l'instant favorable sera venu, on fera la station du bord, en prenant en même temps l'angle du soleil à l'un des objets relevés très-éloignés, ainsi que sa hauteur et celle de l'objet au-dessus de l'horizon. L'heure de l'observation étant connue avec précision, on en déduira l'azimut du soleil, qui fera connaître d'une manière suffisamment exacte celui de l'objet terrestre.

« Dans la station faite à bord, il faut avoir bien soin de prendre pour départ des angles un objet très-éloigné, afin que les petites variations inévitables dans la position du bâtiment ne produisent pas d'erreur sensible sur les relèvements.

« On portera sur une projection préparée d'avance, les positions des points déterminés par les observations astronomiques, ainsi que celle du bâtiment dans lesquelles on a fait les stations de relèvement.

« Avant d'y porter les relèvements eux-mêmes, il est nécessaire de leur faire subir une correction due à ce que, sur les cartes réduites, les arcs de grand cercle de la sphère (les méridiens exceptés) ne sont pas représentés par des lignes droites, mais bien par des courbes sinueuses.

« Cette correction, dont M. l'ingénieur-hydrographe Givry a le premier fait sentir toute l'importance et déterminé la valeur, est égale à la différence en longitude entre le point relevé et le point de station, multipliée par la moitié du sinus de la latitude du lieu ; elle doit s'appliquer toujours de manière à obtenir, pour le point relevé, une position moins haute en latitude, que si l'on n'eût pas corrigé les relèvements. (Chap. III, § 30.)

« La correction à faire subir à l'angle observé entre deux objets est égale à la différence ou à la somme des corrections à faire aux azimuts de chacun de ces objets, suivant qu'ils se trouvent du même côté ou de côtés différents du méridien. Elle peut s'élever à plusieurs degrés dans les hautes latitudes, et n'est par conséquent pas à négliger. Elle est nulle dans le voisinage de l'équateur.

« Comme on a pour ainsi dire à chaque instant besoin de faire cette correction, il sera bon de former un petit tableau des valeurs de la moitié du sinus naturel de la latitude de degré en degré pour l'étendue que doit embrasser le travail général. Les nombres de cette table, multipliés par la différence en longitude exprimée en minutes, feront connaître le nombre de minutes dont se composera la correction. Cette multiplication se fait à vue; et bientôt même, lorsque la latitude du lieu ne varie pas beaucoup, on n'a plus besoin de consulter le tableau.

« Pour avoir la différence en longitude qui sert à déterminer la valeur de la correction, on placera provisoirement les points relevés sur la carte, en employant les azimuts tels qu'on les a obtenus, et l'on prendra à vue les différences en longitude de ces points, ce qui suffira en général pour obtenir la correction à une minute près, et placer définitivement les points avec toutes la précision que l'on peut attendre d'une construction graphique.

« Ayant ainsi obtenu les positions exactes d'un certain nombre de points remarquables de la côte, on pourra voir quels sont à la mer les endroits où l'on devra faire des stations de relèvements pour qu'elles puissent se déterminer avec précision, et servir en même temps à fixer les positions de nouveaux points remarquables. Cette première série de stations doit, si les terres sont hautes, être faite à 10 ou 15 milles au large.

« Une deuxième série de stations, faite à 3 ou 4 milles de la côte, servira à déterminer les points secondaires plus rapprochés du rivage, sur lesquels s'appuieront les détails hydrographiques.

« On pourrait craindre que les erreurs assez considérables qu'on ne peut éviter de commettre sur les angles, à cause du mouvement du bâtiment pendant les stations et de la grosseur des objets relevés (ce sont ordinairement des sommets de montagnes, de grandes taches, des caps, etc.), ne produisent à leur tour de très-fortes erreurs sur les positions des divers points. Mais en suivant la marche des opérations successives, on voit facilement qu'il ne peut en être ainsi. On part, en effet, d'une grande base qui occupe à peu près toute l'étendue qui embrasse la carte, pour déterminer d'autres bases de plus en plus petites. On peut, par conséquent, choisir les points de station, de manière que les arcs de cercle et les relèvements se coupent sensiblement à angle droit; et l'on sait qu'alors des erreurs de plusieurs minutes dans les angles influent très-peu sur l'exactitude des positions. Il faut observer en outre que l'erreur absolue commise sur la base première, c'est-à-dire sur la distance des deux points déterminés par les observations astronomiques, se subdivise continuellement au lieu de s'accroître, comme il arrive quand on part d'une petite base pour parvenir à une grande.

« On doit mouiller, pour faire les stations, toutes les fois que la chose est possible; quand elle ne l'est pas, ce qui arrive le plus souvent, on est obligé de faire les stations sous voiles; mais alors il faut, pour parvenir à de bons résultats, prendre une foule de petites précautions que je vais faire connaître. Quoique ces détails puissent paraître trop minutieux, je crois devoir les donner ici, parce qu'ils peuvent faire éviter une grande perte de temps, et qu'en définitive le succès des opérations dépend du soin qu'on apporte à ces stations de relèvements.

« Quand on est arrivé sur un des points convenablement choisis, on met le bâtiment en panne, de manière à rendre la dérive aussi faible que possible. On trace rapidement, sur un grand cahier disposé pour cela, un croquis de vue de toute la partie visible de la côte. Pendant ce temps, chaque observateur prépare son cercle et son petit cahier particulier, et va reconnaître sur la vue le point qui doit servir de départ et ceux qu'il aura plus particulièrement à relever; il les note sur son cahier qu'il remet à une personne chargée d'écrire les angles au fur et à mesure qu'ils seront lus, il se poste à l'endroit le plus convenable pour voir ses points et se tient prêt à commencer à un signal convenu. On dresse le compas azimutal dont on dirige la pinnule sur le point de départ des angles, afin que la rose ait le temps d'arriver au repos; enfin on prépare la ligne de sonde.

« Tous les points à relever étant distribués et tous les observateurs étant prêts, on donne le signal; et en deux ou trois minutes tous les angles sont pris et écrits : chaque observateur se hâte de reprendre son premier angle et de le comparer à celui qu'il a d'abord obtenu. Si la différence qui doit être en général d'un petit nombre de minutes, se trouvait plus considérable, ce serait une preuve que son instrument s'est dérangé, et il devrait reprendre bien vite ses angles avec un instrument rectifié.

« On porte immédiatement tous les angles sur le

cahier de vue, chacun à côté du point auquel il correspond, et si l'on s'aperçoit de quelque oubli ou de quelque erreur, on sera encore à temps à les réparer. On écrit le mot *après* à côté des angles pris après la station.

« On porte aussi sur la vue les angles de hauteur des sommets dont on veut déterminer la hauteur absolue, et l'on note l'élévation particulière de l'œil de l'observateur au-dessus du niveau de la mer. On inscrit le relèvement du point de départ des angles pris au compas azimutal, ainsi que la date et l'heure de la station, son numéro d'ordre de la journée, le brassiage obtenu, et la qualité de fond, s'il y a lieu.

« Il est bon qu'un même angle soit pris pour tous les observateurs, parce qu'on voit ainsi si tous les instruments étaient bien rectifiés et bien d'accord entre eux, et s'il n'y a pas eu d'erreur commise sur le point de départ commun de tous les angles.

« Il est bon aussi que les objets principaux dont les relèvements doivent servir à placer la station, et ceux qu'on a plus particulièrement en vue de déterminer soient relevés par plusieurs observateurs, afin qu'il ne puisse exister aucune incertitude sur ces angles.

« On adoptera, pour désigner chaque observateur, un signe abréviatif que l'on mettra à côté des angles qu'il a pris. C'est une donnée utile, pour faire un choix entre plusieurs relèvements qui ne s'accordent pas, que de savoir de quel observateur ils proviennent : c'est d'ailleurs un assez bon moyen d'exciter l'émulation ;

et le travail y gagne en exactitude. Dans toutes les stations faites à la mer, on doit toujours prendre pour
départ des angles un objet très-éloigné et très-dis-
tinct, afin de diminuer autant que possible les erreurs
provenant de la dérive du bâtiment.

« Lorsque les points qui doivent servir à placer la
station sont peu nombreux ou mal disposés, ce qui
peut arriver surtout vers les extrémités de la carte, il
faut prendre en même temps que les angles l'azimut
astronomique d'un des points relevés. On aura ainsi
beaucoup plus de facilité pour construire la station,
et si l'observation est faite le matin ou le soir, au moment favorable, le relèvement ainsi obtenu aura sensiblement le même degré de précision que les angles
terrestres observés.

« On se dispensera de mettre des ombres et des ha-
chures sur la vue, à moins qu'elle ne soit destinée à
être gravée ; mais on s'attachera à bien rendre le profil de chaque montagne dont on fera sentir les différents plans, en variant simplement la force du trait.

« Les vues sont très-utiles pour la confection des
cartes, en ce qu'elles rappellent toujours fidèlement
l'aspect que présentait la côte au moment de la station ; elles guident pour rendre en topographie le relief du terrain, et sont indispensables lorsqu'on veut
joindre la projection verticale du relief de la côte à
l'espèce de projection horizontale que présente la carte.

« L'expérience n'a pas encore prononcé sur le mé-
rite de ces projections verticales ou vues orthogonales ; mais c'est, je crois, un document précieux qui

facilitera beaucoup et la reconnaissance des côtes dans les attérages et l'intelligence des cartes. J'engagerai donc à réunir tous les matériaux nécessaires à leur construction.

« Dans la série des stations les plus rapprochées de terre, on fera, outre les vues, des croquis de plans pour les parties les plus voisines de la côte dont on aura ainsi le figuré général, le travail des embarcations ne pouvant en faire connaître le détail.

« Pendant que le bâtiment se transporte d'un point à l'autre, il faut suivre constamment des yeux les objets relevés, afin de les reconnaître toujours malgré leur changement continuel d'aspect. On ne saurait apporter à cela trop de vigilance et de soins, si l'on veut s'éviter une foule d'erreurs et de tâtonnements dans la construction des cartes.

« Les positions des points principaux et des points secondaires étant déterminées et placées sur la carte, il reste à faire le travail des sondes et de la topographie. On emploiera les embarcations du bord à cette opération, pour toutes les parties importantes de la côte qui demandent à être connues avec beaucoup d'exactitude, telles que les mouillages, les passes, les dangers, etc.; mais pour les autres parties, il vaut mieux employer de petits bateaux pontés assez solides pour pouvoir supporter le mauvais temps, et cependant assez légers pour pouvoir aller à l'aviron quand le vent leur manque ou leur est contraire. On pourrait aussi à la rigueur faire ce travail avec les embarcations du bord; mais cela ferait perdre inutilement un

temps très-considérable : elles sont en général si faibles et si légères qu'elle ne peuvent travailler en
pleine côte que par un temps presque calme ; elles ne
peuvent pas d'ailleurs s'écarter beaucoup du bâtiment,
qui doit toujours être à même de leur porter secours
ou d'en recevoir d'elles. Or, par un temps calme, si le
bâtiment ne peut mouiller, il doit prendre le large
pour ne pas courir le risque d'être jeté à la côte par
les courants. Il doit encore prendre le large toutes les
fois que le vent bat en côte, que le temps est incer-
tain, que les nuits sont obscures, etc. ; et l'on perd
ainsi bien des journées avant d'en rencontrer une qui
réunisse toutes les circonstances nécessaires.

« On trouvera souvent dans le pays des bateaux
qu'on pourra louer pour cette opération ; mais
comme ils sont en général construits pour un usage
tout différent de celui auquel on veut les employer,
ils seront très-peu propres à ce nouveau genre de
service. Il vaudrait mieux, et il serait souvent plus
économique d'emporter, en partant de France, un
ou deux de ces bateaux en pièces, et de les faire
monter par les charpentiers du bord, une fois qu'on
serait arrivé sur les lieux.

« Dans la reconnaissance des mouillages, des passes,
des dangers, etc., il faudra suivre scrupuleusement
les préceptes donnés par M. Beautemps-Baupré, dans
les ouvrages spéciaux qu'il a publiés ; mais on pourra
opérer plus largement dans le travail fait en bateau.
L'observateur qui y sera placé devra se bien pénétrer
de la grandeur de l'échelle à laquelle son travail doit

être construit, afin de lever tous les détails nécessaires et ne pas perdre un temps précieux à en lever d'inutiles qui ne pourraient être portés sur les cartes. Il devra faire les croquis de plans sur une échelle qui lui paraisse au moins le double de celle de la carte de construction, à cause des erreurs énormes que l'on est exposé à commettre sur les distances estimés. Il fera aussi un grand nombre de vues, principalement dans les stations les plus éloignées de la côte; elles serviront à lier son travail de détail aux croquis d'ensemble faits à bord du bâtiment, et en outre à dessiner le relief du terrain sur les cartes. Si dans quelques parties voisines de la côte il n'apercevait pas assez d'objets déterminés pour pouvoir fixer sa position, il s'en créerait de visibles au moyen de stations faites plus au large dans des points convenablement choisis.

« Cet observateur ayant non-seulement à sonder, mais encore à déterminer les contours de la côte et les divers accidents un peu remarquables qu'elle présente, disposera une partie de ses stations de manière à pouvoir déterminer, au moyen des relèvements qu'il aura pris, les positions d'un très-grand nombre de points du rivage et de l'intérieur. Comme il ne lui est pas toujours possible de mouiller, et qu'il a d'ailleurs à chaque station un très-grand nombre de points à relever, il est indispensable qu'il soit accompagné d'une personne pour tenir le cahier.

«Si, dans son exploration, il trouvait quelque point important qui parût mériter un travail particulier, il le signalerait, afin qu'on pût, avec les embarcations du bord, en faire une reconnaissance plus détaillée.

« Aussitôt qu'il sera de retour à bord du bâtiment, il s'empressera de construire sur la carte les détails qu'il aura levés; il s'assurera par-là si le travail est complet; et s'il s'apercevait de quelque lacune, il faudrait la faire disparaître avant de quitter les lieux : il s'évitera d'ailleurs, par cette construction provisoire, une grande perte de temps et de peine; car on lève facilement une foule de petites difficultés, alors qu'on a la mémoire encore toute fraîche, tandis que plus tard cela devient excessivement long et pénible, et quelquefois impossible. S'il trouvait, en construisant, quelque erreur sur les cahiers, il mettrait la correction à côté sans jamais effacer ce qu'il croit être l'erreur.

« Il faut pendant tout le cours de la campagne, tant à bord du bâtiment que dans les embarcations et les bateaux, recueillir soigneusement tous les renseignements nécessaires à la description nautique de la côte. Il faut avoir grand soin de les consigner sur les cahiers ou sur les journaux; car on peut regarder comme à peu près certain que, si l'on n'a pas eu cette précaution, on aura tout oublié lors de la rédaction définitive des cartes et des instructions nautiques.

« Si l'on pouvait toujours effectuer les opérations dans l'ordre où nous les avons décrites, rien ne serait plus simple et plus facile à faire que la reconnaissance détaillée d'une côte; mais ordinairement cet ordre est impossible à garder quand on emploie un bâtiment à voiles pour faire ce travail : alors on ne peut plus construire tandis qu'on est sur les lieux et que la mémoire est encore toute fraîche. On ne peut par conséquent s'assurer si l'on possède tous les matériaux nécessaires; ce qui oblige d'en recueillir beaucoup plus qu'il ne faudrait, et fait par conséquent perdre beaucoup de temps; encore est-on exposé à manquer d'une donnée indispensable ou à faire usage d'une donnée douteuse. La rédaction du travail devient alors longue, pénible et laborieuse, quand on n'est pas forcé de la laisser incomplète. Aussi, y aurait-il de très-grands avantages sous tous les rapports, même sous celui de l'économie, à faire ces opérations sur un bâtiment à vapeur. »

§ 70. — Dans sa note, M. de Tessan suppose que l'observateur a pu disposer d'un temps considérable pour étudier à loisir le terrain sur lequel il doit opérer. Nous avons cru devoir reproduire son mode d'opération dans son entier, parce que les marins y trouvent énumérées toutes les précautions à prendre lorsque l'on fait des travaux de détail. Il sera facile de comprendre actuellement comment on devra opérer dans les travaux de reconnaissance, suivant le temps que l'on pourra y consacrer, suivant les ressources que présentera le terrain et le nombre des stations à la mer dont on pourra disposer. Souvent, lorsqu'il s'agit de lever un archipel dominé par des montagnes, un seul triangle suffit pour lier un grand nombre de points principaux, et assurer un travail facile et exact. Alors, bien que souvent une seule station nécessite un temps long pour l'atteindre et y faire des observations, on ne doit pas hésiter; car une fois les points principaux bien placés, les sondes et les détails topographiques peuvent s'obtenir presque à la fois avec beaucoup d'exactitude et de rapidité.

Tout ce que nous avons dit suffira, je l'espère, pour guider le navigateur sur ce qu'il doit faire suivant les moyens dont il pourra disposer. Je n'aurai plus que quelques mots à ajouter sur la détermination de la longitude et de la latitude d'un point isolé au milieu de la mer, tel qu'un îlot, un rocher, un brisant, ou une montagne qui apparaît seule au-dessus des terres plus basses qu'elle domine, et qui disparaissent à la distance où se trouve le navire qui porte l'observateur.

§ 71. — Quand il s'agit de déterminer la position d'un point isolé, on prend de nombreux relèvements sur ce point à des heures différentes; on construit ensuite la route du navire, en la corrigeant avec les observations astronomiques, et on trace tous les relèvements pris sur le point dont on cherche la position. Ces différentes lignes devraient toutes se couper en un même point, qui serait le point cherché; mais ordinairement il en est autrement, parce que le plus souvent la route tracée avec l'aide de l'estime est fautive (on admet que les angles azimutaux sont exacts) et les intersections de tous ces relèvements donnent un grand nombre de points entre lesquels il faut opter pour fixer définitivement la position cherchée. Il est facile de se rendre compte que les relèvements les plus propres à accuser soit la longitude, soit la latitude du point, sont ceux qui se rapprochent le plus des lignes Nord et Sud, et Est et Ouest; de telle sorte que, pour la détermination du point cherché, on devrait se placer sur son méridien pour observer sa longitude, et sur son parallèle pour obtenir sa latitude. Dans tous les cas, ce seront les relèvements se rapprochant le plus de ces conditions que l'on devra choisir; c'est-à-dire que, si l'on n'a aucune raison pour croire que telle position du navire obtenue par la construction de la route est mieux définie que telle autre, ce sera à l'intersection des deux relèvements se rapprochant le plus des directions Est et Ouest et Nord et Sud que l'on devra fixer la position du point cherché. L'erreur qui viendra affecter la position du point sera toujours au moins égale à celle qui viendrait affecter soit la latitude soit la longitude observée. Or, comme les observations astronomiques faites à la mer ne donnent jamais simultanément et la longitude et la latitude, il en résulte que l'une de ces deux données étant conclue de l'estime, est toujours fautive lorsque l'estime est mauvaise, et que par suite elle introduit une erreur dans le calcul de la seconde. Il en résulte donc que, lorsque l'estime est fautive, quand bien même on serait arrivé à se placer et sur le méridien et sur le parallèle du point pour observer sa longitude et sa latitude, on a toujours une erreur à redouter dans la position cherchée. M. de Tessan a fait à cet égard une remarque importante, c'est que, *même avec des positions fautives, on peut obtenir*

la longitude et la latitude exacte du point en question,
si, pour les positions du navire où l'on a fait des obser-
vations astronomiques, le relèvement de l'objet était
perpendiculaire à celui du soleil.

§ 72. — Soit, en effet, H l'angle horaire, E la hauteur du soleil, L la latitude, et D la déclinaison ; on
sait que l'on a

$$\cos. H = \frac{\sin. E - \sin. L \sin. D}{\cos. L \cos. D}$$

d'où l'on tire

$$\cos. H \cos. L \cos. D = \sin. E - \sin. L \sin. D$$

Supposons actuellement que, dans le calcul de la
longitude, on se serve d'une latitude fautive d'une
quantité dL, et cherchons quelle sera l'erreur dH qui
viendra affecter l'angle horaire, et par suite la longitude. Nous aurons, en différenciant l'expression précédente, les deux variables étant H et L,

$$\sin. H \cos. L \cos. D \, d H + \cos. H \sin. L \cos. D \, d L =$$
$$\cos. L \sin. D \, d L.$$

d'où l'on tire

$$\frac{d L}{\cos. L \, d H} = \frac{\sin. H}{\cos. L \, \tan g. D - \cos. H \sin. L}$$

Soit actuellement A le complément de l'angle azimutal du soleil, ou bien l'angle que son relèvement fait avec la ligne Est et Ouest, on sait que l'on a

$$\text{tang. A} = \frac{\text{tang. D cos. L} - \text{cos. H sin. L}}{\text{sin. H}}$$

L'on aura donc

$$\text{tang. A} = \frac{\text{cos. L } d\,\text{H}}{d\,\text{L}}$$

En appelant A' l'angle que le relèvement de l'objet fait avec la ligne Est et Ouest, la condition que ce relèvement est perpendiculaire au relèvement du soleil sera

$$\text{tang. A tang. A}' = 1$$

d'où l'on tire

$$\text{tang. A}' = \frac{1}{\text{tang. A}} = \frac{d\,\text{L}}{\text{cos. L } d\,\text{H}}$$

et enfin

$$d\,\text{L} = \text{tang. A}' \text{ cos. L } d\,\text{H}$$

Soit actuellement (*fig. 12*) un point isolé **M**, supposons le navire placé en **O**, le relèvement du point **M** sera O M, et supposons de plus que ce relèvement soit perpendiculaire à celui du soleil O S, on aura

$$\text{tang. M O X} = \frac{d\,\text{L}}{d\,\text{H cos. L}}$$

Or d H cos. L représente précisément *la ligne suivant laquelle se projette l'erreur que l'on obtient dans la longitude*, lorsque celle-ci est calculée avec une latitude fautive d'une quantité d L. Si le point réel où se trouve le navire est O, et si O' P représente l'erreur en latitude, P O sera l'erreur en longitude, car l'on aura

$$\frac{O'\,P}{P\,O} = \text{tang. M O X}$$

Ainsi, dans ce cas particulier, la position fautive que l'on obtient pour position du navire se trouve sur le relèvement O M; il en résulte donc que si l'on fixe la position du point M au moyen de deux stations pour lesquelles le relèvement de l'objet était perpendiculaire à celui du soleil, le point M sera bien déterminé, quand bien même des erreurs assez graves auraient pu affecter chacune des coordonnées des points de stations.

Cette remarque est précieuse lorsqu'il s'agit de fixer la position d'un point isolé, car lorsque le navire peut faire le tour du point qu'il s'agit de déterminer, on peut toujours choisir l'instant où le vertical du soleil et celui de l'objet sont perpendiculaires pour faire des observations astronomiques, et lorsqu'on réunit deux stations de ce genre, on peut obtenir d'une manière très-exacte la position du point relevé.

CHAPITRE VII.

Mesures de l'action des courants ; vues orthogonales ; calcul des
hauteurs des différents points de la côte au-dessus du niveau
de la mer.

Nous savons actuellement que la route estimée du
navire ne peut être que d'une très-médiocre importance pour la construction d'une carte levée sous
voiles. Il est rare que l'hydrographe ait besoin d'en
faire usage autrement que pour des approximations
qui aident le travail, sans être indispensables. Cependant nous croyons devoir recommander aux marins
qui fréquentent des parages peu explorés, de mesurer
leur route avec beaucoup de soin, et de prendre en
même temps des relèvements sur les différents points
de la côte, afin de pouvoir construire leur route indépendamment de l'estime, et mesurer la force et la
direction des courants.

§ 73. — Presque sur toutes les eaux qui baignent
des côtes un peu étendues, on rencontre en outre des
courants généraux, d'autres courants occasionnés par
les marées dont la vitesse et la direction varient suivant

le gisement des terres et l'âge de la lune. La connaissance de ces courants est souvent une nécessité pour
le navigateur qui veut aborder un point de la côte,
ou qui au moins doit combiner sa route de manière
a se prémunir contre leur effet.

On sait que les moyens employés pour estimer la
route d'un navire ne sauraient tenir compte de l'action qu'exercent les courants sur son mouvement.
il en résulte que si le loch et la boussole accusaient
exactement l'un la vitesse, l'autre la direction du navire, la différence existant après un certain temps
entre la position du navire déduite de l'estime et sa
position vraie résultant d'opérations trigonométriques, serait due entièrement à l'action des courants.
La ligne qui joindrait les deux points indiquerait donc
réellement, par sa grandeur et son gisement, la force
et la direction des courants pendant cet intervalle de
temps. Bien que l'estime ne soit point suffisante
pour faire connaître l'action des courants d'une manière exacte, nous recommandons ce genre d'observations aux marins. Il reste bien des remarques
neuves et très-importantes à faire dans cette direction; dans tous les cas le navigateur lui-même aura
souvent besoin de connaître l'action générale des courants sur la côte où il se trouve; il lui sera toujours
possible de les déterminer, et même de reconnaître
l'instant du revirement de la marée, s'il multiplie suffisamment ses stations à la mer.

§ 74. — Pour mesurer l'action des courants pendant un intervalle de temps donné, il suffira de cher

cher graphiquement le point estimé et la position
vraie du navire pour les heures entre lesquelles on
voudra observer les courants; la ligne qui joindra les
deux positions différentes pour le navire, résultant
de l'estime et d'observations géodésiques, indiquera
par son gisement la *direction* et par sa grandeur la
vitesse du courant. Je suppose que l'on veuille connaître l'action des courants, de 9 à 10 heures du matin, par exemple, on prendra des relèvements à 9 et
10 heures du matin sur trois points à terre que l'on
aura fixés d'avance par des observations trigonométriques, ensuite on fixera sur sa carte les deux
stations de 9 et 10 heures, ainsi qu'il a été dit chapitre II; à partir de la station de 9, on construira ensuite la route estimée de 9 à 10 heures; on obtiendra
pour la position du navire à 10 heures un point que
l'on joindra à la station déjà trouvée : la ligne qui
joindra ces deux points sera *la ligne de courant.*

§ 75. — Si on voulait appliquer le calcul à cette
sorte de recherche, après avoir trouvé, comme nous
l'avons indiqué, les coordonnées des stations de 9 et
10 heures du matin, on chercherait les différences en
longitude et latitude de ces deux stations d'après l'estime, et on déduirait par le calcul la force et la direction
du courant d'après les règles connues de la navigation.

§ 76. — J'ai déjà dit que dans les stations à la mer
l'observateur devait prendre non-seulement les distances angulaires horizontales, mais encore les distances angulaires verticales des principaux points. Ces
derniers angles du reste varient si lentement avec la

distance que l'on pourra les prendre avant ou plutôt après chaque station, et les considérer toujours comme s'ils avaient été pris au moment même de la station ; ils serviront plus tard, et à calculer les hauteurs des points relevés, et à construire des vues exactes de la côte.

On concevra parfaitement en effet que si, au moyen du croquis pris sur les lieux, on veut faire une vue de la côte, on devra placer les points principaux de manière à ce que leurs distances horizontales étant proportionnelles aux distances angulaires observées, leurs hauteurs soient aussi proportionnelles aux angles verticaux observés. MM. Berard et de Tessan, dans leur travail sur l'Algérie, ont substitué aux vues de côte des projections verticales ou vues orthogonales, indiquant successivement, pour ainsi dire, le profil du terrain et son aspect pour un observateur qui longe la côte, et qui relève successivement au Sud chacune des portions représentées sur la vue orthogonale. Pour bien faire ressortir l'utilité de ces vues orthogonales et leurs avantages sur les vues ordinaires que l'on est dans l'habitude de placer sur la plupart des cartes, nous ne croyons pas mieux faire que de reproduire ici en entier la note de M. de Tessan à ce sujet. Les marins en déduiront facilement comment on doit s'y prendre pour construire sur la carte la vue exacte d'une portion de terrain sur laquelle on a pris d'une station à la mer les distances angulaires horizontales et verticales entre ses différents points.

« Les personnes peu familiarisées avec les conventions topographiques se rendent difficilement compte

de l'aspect que doit présenter une montagne, d'après
la connaissance de sa projection horizontale telle que
les cartes la donnent. En général, pour qu'une figure
puisse faire reconnaître un objet, il faut qu'elle le représente sous un point de vue peu différent de celui
sous lequel on l'aperçoit. Il est donc nécessaire, pour
faire reconnaître une montagne, de donner sur les
cartes son profil en même temps que sa projection
horizontale.

« Les panoramas, ou vues que l'on place ordinairement sur les cartes, ne remplissent qu'imparfaite-
tement cet objet ; car, pour le point d'où la vue a été
prise, il y a eu exubérance de données, tandis que
plus loin celles-ci manquent tout-à-fait, à moins qu'on
ne multiplie outre mesure le nombre de vues. Les
vues orthogonales ou projections verticales n'ont pas
cet inconvénient ; car, en quelque point que l'on soit
placé, on trouve toujours une portion de la vue qui
représente fidèlement l'aspect de la partie de côte qu'on
relève dans une certaine aire de vent connue. On peut,
en effet, considérer une projection de ce gence comme
l'assemblage d'une infinité de petites portions de vues
prises de tous les points où l'on peut se trouver placé.

« Les vues orthogonales ou projections verticales
données sur les cartes générales des côtes d'Alger sont
disposées de manière à présenter le profil de chaque
montagne tel qu'il paraît lorsqu'on la relève au Sud
du monde. Les points homologues de la vue et de la
carte sont placés exactement sur le même méridien ;
chaque sommet est placé au-dessus de la ligne d'ho-

rizon à une hauteur proportionnelle à son élévation absolue au-dessus du niveau de la mer; *mais l'échelle de hauteur est double de l'échelle des distances horizontales.*

« Deux raisons principales ont engagé à prendre ce rapport double : la première est que l'on se rapproche ainsi de l'effet que la vue des terres produit sur l'observateur placé à la mer; car, à l'aspect d'une montagne, on est plus frappé de sa hauteur que de ses autres dimensions : celles-ci doivent donc paraître proportionnellement plus petites. Cet effet est si constant que, sur deux cents et quelques vues que nous avons prises, il n'y en a pas où l'échelle de hauteur soit moindre que le double de l'échelle des distances horizontales, tandis qu'il y en a beaucoup où elle est plus que le triple. Or, quand on a pour but de faire reconnaître un objet, on doit le représenter tel qu'il paraît plutôt que tel qu'il est : il faut examiner les formes caractéristiques qui frappent le plus la vue; on peut même aller très-loin dans cette exagération sans nuire à la ressemblance. Il était donc nécessaire que, dans les vues orthogonales, l'échelle de hauteur fût au moins le double de l'échelle des distances horizontales.

« La seconde raison qui exigeait ce rapport double, est que la hauteur des montagnes est si peu de chose auprès de l'étendue qu'embrasse une carte générale, que la vue eût été presque linéaire, et pour ainsi dire microscopique; ce qui en eût rendu l'usage très-incommode et en eût restreint beaucoup l'utilité.

« Ces vues étant destinées à servir dans les attérages, on doit toujours chercher à donner aux terres
la teinte qu'elles présentent quand elles sont vues de
loin.

« Lorsqu'on arrive du large, le plus souvent on n'a-
perçoit d'abord que les sommets les plus élevés des
terres, dont le profil est alors sensiblement le même
que celui de la vue. On découvre ensuite des hauteurs
moins considérables, plus voisines du rivage : celles-ci
paraissent grandir à mesure que l'on s'approche de la
côte, tandis que les sommets de l'intérieur paraissent
relativement s'abaisser. Dans ce mouvement relatif
d'élévation et d'abaissement, qui peut aller jusqu'à
faire disparaître complétement les sommets les plus
élevés de l'intérieur, le profil général des terres varie ;
mais chaque plan de montagne en particulier conserve
toujours sensiblement le même aspect. On doit donc,
lorsqu'on est près de la côte, s'attacher surtout au
profil de chaque plan de montagne en particulier,
dans la comparaison que l'on fait de la vue avec la
réalité, et faire abstraction de leur position relative
en hauteur.

« Il ne faut, en général, comparer aux vues orthogonales des cartes que les points de la côte relevés à
moins d'un quart ou quinze degrés de part et d'autre
du méridien ; car le profil des objets plus éloignés peut
déjà être sensiblement changé, et leur situation relative être considérablement altérée, à cause de l'obli-
quité des rayons visuels : mais, dès qu'on a reconnu
un point, il est facile, en combinant les données de la

carte avec celles de la projection verticale, de reconnaître tous ceux qui sont en vue.

« Pour pouvoir construire une vue orthogonale ou
projection verticale, on voit qu'il faut avoir déterminé
la position sur la carte des sommets principaux, connaître leur hauteur au-dessus du niveau de la mer,
et avoir pris un très-grand nombre de vues tout le
long de la côte à diverses distances. Il est évident, en
effet, que cela suffit pour assigner à chaque montagne
sa position sur la vue, son élévation, sa forme et la
teinte qu'on doit lui donner. »

§ 77. — Pour calculer les hauteurs absolues des
sommetsau-dəs sus du niveau de la mer, on emploie
la formule

$$ H = 2\,R\ \text{tang.}\,\frac{D}{2}\ \text{tang.}\,\left(A + \frac{D}{2}\right) + E $$

dans laquelle H est la hauteur cherchée, A l'angle
de hauteur observé, corrigé de la dépression et de
l'effet de la réfraction terrestre. D est la distance en
minutes et secondes du point de station à la verticale
du sommet, on la déduit de la construction de la
carte. E est l'élévation de l'œil de l'observateur au-
dessus du niveau de la mer; enfin R est le rayon de
la terre exprimé en mètres.

Cette formule ne donne point la valeur exacte de
la hauteur cherchée, mais il est facile de voir que les
quantités que l'on néglige en posant l'égalité précédente, sont trop petites pour en tenir compte.

Soit en effet (*fig.* 13) Z H la hauteur verticale d'une montagne qu'il s'agit de mesurer, S le point de station, S A la tangente au point de station, l'angle H S A sera l'angle vertical observé A, Z O S sera égal à l'angle D qui est donné par la distance prise sur la carte entre l'observateur et la montagne; l'angle Z S B sera égal à la moitié de D, l'angle A S B sera égal à D, enfin O S = R.

Or, dans le triangle rectangle H B S on aura

$$H B = S B \text{ tang. } (H S A + A S B) = S B \text{ tang. } (A + D)$$

Dans les triangles rectangles Z B S et B S O on aura

$$Z B = S B \text{ tang.} \frac{D}{2}$$

$$S B = R \sin. D = 2 R \sin. \tfrac{1}{2} D \cos. \tfrac{1}{2} D$$

On déduira donc

$$H = H B - Z B$$
$$= 2 R \sin. \tfrac{1}{2} D \cos. \tfrac{1}{2} D \left(\text{tang. } (A + D) - \text{tang. } \tfrac{1}{2} D \right)$$

Or, on a

$$\text{tang. } (A + D) - \text{tang. } \tfrac{1}{2} D = \frac{\sin. (A + \frac{D}{2})}{\cos. (A + D) \cos. \tfrac{1}{2} D}$$

nous déduirons

$$H = \frac{2 R \sin. \tfrac{1}{2} D \sin. (A + \frac{D}{2})}{\cos. (A + D)}$$

Or, nous pouvons remplacer cos. $(A + D)$ par sa valeur

$$\cos. (A+D) = \cos. (A+\frac{D}{2}+\frac{D}{2}) = \cos. (A+\frac{D}{2}) \cos. \frac{D}{2} -$$

$$\sin. (A+\frac{D}{2}) \sin. \tfrac{1}{2} D$$

d'où nous déduirons en opérant la division

$$H = 2 R \ \text{tang.} \ \tfrac{1}{2} D \ \text{tang.} \ (A+\frac{D}{2}) +$$

$$2R \frac{\sin.^2 \tfrac{1}{2} D \sin.^2 (A+\frac{D}{2})}{\cos. \tfrac{1}{2} D \cos. (A+\frac{D}{2})} + 2R \frac{\sin.^3 \tfrac{1}{2} D \sin.^3 (A+\frac{D}{2})}{\cos. \tfrac{1}{2} D \cos. (A+\frac{D}{2})} + \text{etc.}$$

Or, les angles A et D seront toujours fort petits, leurs sinus seront donc très-petits, par suite les termes qui contiennent ces valeurs à la deuxième et troisième puissance seront toujours négligeables. Pour les hautes montagnes qui souvent paraissent à de grandes distances, D est assez grand; mais alors A est fort petit.

§ 78. — Pour faire à l'angle de hauteur observé la correction relative à la réfraction terrestre, on en retranche les $\frac{8}{100}$ de D. « Cette méthode est très-imparfaite, dit M. Dortet de Tessan dans ses notes sur l'Algérie, à cause des grandes variations que subit le coefficient de la réfraction terrestre. On pourrait avoir une valeur plus approchée de ce coefficient pour le moment de l'observation, en mesurant d'un point élevé de la mâture la dépression de l'horizon avec beaucoup d'exactitude : car en désignant par δ la dépression observée, par d la dépression calculée et par n le coefficient cherché, on a

$$n = \frac{d - \delta}{d}$$

d est donné par la formule

$$\tan. \; d = \sqrt{\frac{2\,E}{R}}$$

dans laquelle E est la hauteur de l'œil de l'observateur au-dessus du niveau de la mer, et R le rayon de la terre.

« L'imposibilité d'obtenir à la mer l'angle A et la distance D avec beaucoup de précision, ne permet pas d'attendre une grande exactitude de ce mode de détermination des hauteurs des montagnes; mais, tout imparfait qu'il est, il donne des résultats suffisamment exacts pour servir à la construction des vues orthogonales ou projections verticales. En effet, la comparaison de plusieurs déterminations obtenues pour le même sommet, par M. le commandant Bérard, donne pour le plus grand écart des résultats extrêmes les $\frac{5}{100}$ de la hauteur, quantité trop petite pour être sensible sur la vue.

§ 79. — «Si on voulait déterminer la distance du bâtiment à une montagne, d'après l'angle de hauteur sous lequel on la voit, et d'après sa hauteur absolue portée sur la carte ; ce qui, du reste, n'est susceptible d'aucune précision, on corrigerait l'angle observé de la dépression et de l'effet de la réfraction terrestre, en le désignant alors par A, et conservant aux autres lettres la même signification que précédemment, on aurait

$$\sin. (A + D) = \sqrt{\sin.^2 A + 2\frac{H}{R}}$$

Cette formule fera connaître A + D et par conséquent D. On la rend calculable par logarithme en posant

$$\frac{\sqrt{\dfrac{2H}{R}}}{\sin. A} = \text{tang. } z$$

ce qui donne

$$\sin. A + D) = \frac{\sin. A}{\cos. z}$$

§ 80. — « Dans toutes les formules précédentes, on devrait prendre pour R le rayon de courbure de la terre pour la latitude à laquelle on se trouve, et pour l'azimut dans lequel on observe ; mais, vu le peu de précision des données de l'observation, on peut se contenter de prendre pour R le rayon de la terre supposée sphérique; la plus grande erreur que cela puisse faire commettre n'étant que d'environ un demi-centième de la hauteur de la montagne. »

§ 81. — On remarquera que la valeur de H n'est fonction que des deux quantités variables A et D. Il est donc facile de construire une table à double entrée au moyen de laquelle on trouverait immédiatement l'altitude de la montagne, lorsque l'on connaîtrait sa hauteur angulaire verticale et sa distance, ou bien la distance de l'observateur à la montagne dont l'altitude serait connue et dont on observerait l'angle vertical. J'avais commencé à calculer cette table, mais depuis la mort de M. Dumont-d'Urville, mes travaux ont considérablement augmenté et il m'a été impossible de l'achever. La personne qui accomplira cette tâche rendra un véritable service et aux marins et aux sciences géographiques. Les navigateurs, en effet, auront souvent à la consulter pour connaître aproximativement la distance qui les sépare des terres dont leurs devanciers auront fixé les hauteurs. La science s'enrichira bientôt d'un grand nombre de données de ce genre qui manquent aujourd'hui, parce que le plus grand nombre des marins reculent encore devant les calculs, quoique fort simples, qui pourraient leur faire connaître avec une approximation suffisante la hauteur des points culminant qu'ils sont seuls appelés à visiter. Dans les cartes hydrographiques qui composent l'atlas du voyage, nous avons dû renoncer à tracer des vues ou des projections orthogonales, parce que la somme allouée par le gouvernement pour la gravure de l'atlas ne nous en a pas laissé le loisir. Quant aux hauteurs des montagnes, nous les calculerons toutes à la fois, afin d'abréger nos calculs. Sur la petite carte qui nous servira plus tard de type, on ne trouvera pas les chiffres qui expriment les hauteurs des terres, mais nous les porterons sur les cartes de notre atlas.

CHAPITRE VIII.

Des plans.

§ 82. — Les plans des différents points visités par les corvettes l'*Astrolabe* et la *Zélée* ont été levés et dressés par MM. les officiers de l'expédition. Les moyens qu'ils ont employés sont ceux connus de toutes les personnes s'occupant d'hydrographie. Mon intention n'est point de détailler dans ce chapitre toutes les précautions à prendre lorsque, maître de son temps et ayant toute possibilité d'établir des signaux à terre, il s'agit de lever le plan d'une localité avec toute la précision dont sont susceptibles les méthodes aujourd'hui employées par les ingénieurs hydrographes. MM. Beautemps-Beaupré et Daussy, dans l'ouvrage intitulé *Exposé des travaux relatifs à la reconnaissance hydrographique des côtes occidentales de France, suivi d'un précis des opérations géodésiques*, ont traité à fond cette matière, ils ont énuméré toutes les précautions qu'il est nécessaire de prendre pour arriver à un travail aussi parfait que possible ; je ne saurais mieux faire que d'y renvoyer le leceur.

§ 83. — Pendant un voyage du genre de celui que vient d'exécuter M. le contre-amiral Dumont-d'Uurville, l'officier chargé de lever le plan d'une localité est toujours limité par le temps ; le plus souvent il ne peut établir de signaux à terre, quelquefois il ne lui est permis de débarquer que sur peu de points ; il peut arriver même que toute relation avec la terre lui soit interdite, et alors c'est de la mer qu'il doit entièrement exécuter son travail. Suivant les circonstances, l'officier chargé de ce travail doit laisser de côté certaines précautions recommandées dans les ouvrages spéciaux pour s'occuper de réunir les données essentielles.

La levée d'un plan quelconque se compose nécessairement toujours de quatre parties distinctes, qui sont :

1° Une triangulation générale destinée à lier entre eux tous les points principaux ;

2° La mesure d'une base ;

3° Le sondage, c'est-à-dire la détermination des différentes sondes destinées à faire connaître la profondeur de l'eau et la qualité du fond ;

4° La topographie de la côte.

§ 84. — La première chose dont on devra s'occuper, sera de mesurer sa base et de déterminer les points principaux ; la mesure d'une base est toujours une opération très-délicate et qui exige beaucoup de temps et de très-grandes précautions, lorsqu'on veut l'obtenir avec beaucoup d'exactitude. Dans la navigation, la mesure rigoureuse des distances n'est point assez importante pour qu'un plan, s'appuyant sur une mesure de ce genre faite à la hâte, ne soit point suffisant pour le navigateur. Lorsque le temps presse, l'on devra se contenter, la plupart du temps, d'une mesure rapide devant donner la base du plan d'une manière très-approchée, en employant, suivant les circonstances, un des moyens dont nous parlerons plus tard.

§ 85.—La partie importante et sur laquelle l'observateur doit principalement fixer son attention, a pour but la détermination des points principaux sur lesquels s'appuie tout le travail. Généralement, un petit nombre de points de cette espèce sont suffisants pour la construction du plan; lorsque la baie dont on veut opérer la reconnaissance est très-petite, il suffit, le plus souvent, de trois points bien déterminés, pour pouvoir se placer à peu près dans toute son étendue; mais alors ces points doivent être choisis de telle manière que le cercle passant par ces trois points ne coupe nulle part l'espace dans lequel on doit opérer. Toutefois il sera toujours prudent d'en fixer un plus grand nombre, d'autant mieux que ça allongera de fort peu le travail, et que ça donnera toute facilité pour les vérifications.

§ 86.—Généralement, les marins appelés à faire le plan d'une baie, se contentent de mesurer une base souvent fort petite, et de prendre des deux extrémités de cette base, les distances angulaires entre le signal placé à l'autre extrémité de la base et les points principaux devant servir au travail ; ça n'est point suffisant, car alors les triangles ainsi formés ont un côté très-petit qui est la base mesurée, et pour peu que l'on ait commis des erreurs souvent fort minimes sur la mesure des angles, on en obtient de fort grandes sur les positions des points ainsi déterminés. Il sera toujours nécessaire de choisir deux points assez éloignés pour y faire deux stations, et former des triangles dont les côtés et les angles se rapprocheront le plus possible d'être égaux entre eux, on pourra ensuite mesurer la distance entre ces deux stations au moyen d'une petite base, dont une des extrémités s'appuiera sur une de nos deux stations. On aura peut-être des erreurs à redouter sur la mesure de la distance de ces deux stations, et par suite sur toutes les distances ; mais on sera sûr au moins que tous les points déterminés sont bien placés les uns par rapport aux autres.

§ 87. — Quant au sondage, nous croyons devoir recommander aux marins chargés de les exécuter, de se bien pénétrer des préceptes qui sont donnés dans les ouvrages spéciaux ; nous ne saurions trop recommander l'emploi des *lances* pour faire connaître la qualité du fond. Généralement, les officiers chargés de ce travail, au lieu de prendre des alignements à terre sur des points qui peuvent être quelconques, se contentent, pour fixer la direction de leur ligne de sonde, de faire gouverner au compas suivant une aire de vent déterminée, par-là ils s'exposent à des déviations très-grandes dans la direction de leur embarcation, et par suite à de très-graves erreurs s'ils n'ont pas le soin de fixer à chaque instant leur position en observant des distances angulaires entre les points déterminés par la triangulation. Le travail ne devient pas plus long en se conformant aux règles établies par les ingénieurs hydrographes, et il a tout à gagner sous le point de vue de l'exactitude. Généralement aussi, MM. les officiers se contentent de faire sonder à des intervalles de temps égaux, sans faire jeter le plomb continuement. Dans ce cas-là, ils arrêtent l'aire de leur embarcation pour sonder, sauf ensuite à lui imprimer la plus grande vitesse possible lorsque la sonde est déterminée. Sans doute, lorsque le fond a une grande profondeur, c'est là la méthode à suivre; mais dans les rades où l'eau est généralement peu profonde, il est bien préférable de faire comme MM. les ingénieurs hydrographes, de sonder continuement; pour cela, on modère la vitesse à donner à l'embarcation, de manière à ce que le sondeur jetant son plomb en avant du canot, puisse avoir la ligne à pic à peu près en même temps que le plomb touche le fond; l'embarcation est animée d'une vitesse bien moindre, il est vrai, mais elle n'a besoin d'être arrêtée que très-rarement et seulement pour prendre des angles destinés à fixer les stations; on obtient une bien plus grande quantité de sondes et l'on est moins exposé à laisser échapper les bas-fonds que la sonde seule peut faire découvrir. Les hommes qui nagent dans l'embarcation se fatiguent moins et peuvent continuer leur œuvre pendant plus longtemps; enfin on peut en distraire un ou deux destinés à mouiller la lance dont chaque embarcation doit être munie, lorsqu'elle a pour mission de sonder une rade. Pour les stations, il sera rarement nécessaire de mouiller le grapin; à moins que de très-forts courants ne viennent agiter les eaux, il est toujours facile de fixer sa position au moyen de deux ou trois angles, sans que le canot prenne un mouvement dont il faille tenir compte; il suffira de mouiller ou la lance ou le plomb, et de faire nager ou scier, de manière que la ligne du plomb ou de la lance reste bien à pic pendant tout le temps que dure la station. Pour ce genre de travail, il faut avoir, pour sondeur et patron de canot, des hommes déjà habitués à cette manœuvre; aussi nous croyons que toutes les fois qu'un navire sera destiné à un voyage pendant lequel il devra exécuter des travaux de ce genre, le commandant devra toujours affecter les mêmes hommes pour sonder et diriger l'embarcation que monte l'observateur.

§ 88. — Quant aux détails topographiques, c'est toujours la partie secondaire dans les travaux faits à la hâte. Lorsque l'on peut disposer de son temps l'on ne doit point négliger de donner avec exactitude tous les détails de la côte; mais lorsque le temps presse, ou lorsqu'il n'est pas loisible de faire par terre une levée exacte à la planchette ou au théodotite, on peut mener de front le travail du sondage

et de la topographie de la côte. Pour cela, à l'extrémité de chaque ligne de sonde partant de la côte, on
fera une station dans laquelle on relèvera non-seulement les points nécessaires à la construction de la
station, mais encore les détails de la côte; on pourrait
même marquer à l'avance, avec de la chaux, des
points à terre suffisamment rapprochés, pour que ces
points étant une fois fixés sur le papier, on pût, au
moyen des croquis pris aux stations faites très-près
du rivage, achever le contour de la baie assujetti à
passer par ces points. Ces taches blanches seront
relevées elles-mêmes des différentes stations faites à
la mer, de manière à ce que, en construisant ces relèvements, leurs intersections fixent leur position; au
besoin, lorsque les points principaux ne seront pas suffisants pour se placer, ces points particuliers serviront à déterminer les positions des sondes, pourvu
que par d'autres stations faites à la mer ils aient été
suffisamment déterminés.

§ 89. — Je n'insisterai pas davantage sur ces considérations que je suppose être connues de toutes les
personnes qui s'occupent d'hydrographie, tous les
conseils que l'on peut donner à cet égard se trouvent
publiés dans les ouvrages spéciaux. Toute la difficulté de la levée des plans consiste principalement,
dans la mesure de la base et la détermination des
points principaux, pour lesquels on doit opérer différemment suivant les circonstances qui se présentent.
Je vais actuellement m'occuper des moyens que l'on
doit de préférence employer dans ces déterminations,

suivant que l'observateur peut faire ses observations à terre, ou bien que la côte est tout-à-fait inabordable.

§ 90.—Lorsque l'officier qui veut lever le plan d'une baie a toute possibilité de descendre à terre, il doit commencer par chercher, si c'est possible, un terrain plat dégagé, tel qu'une plage de sable, pour y mesurer sa base ; si cette base est assez grande pour servir de côté aux triangles de sa grande triangulation (ce qui est bien rare), il pourra, au moyen d'angles pris aux deux extrémités, fixer non-seulement tous ses points principaux, mais encore tous les points particuliers pouvant l'aider dans son travail, il sera bon en outre, s'il en a le temps, qu'il fasse une troisième station en un point visible des deux extrémités de sa base, et d'où il relèvera, en outre des deux extrémités de la base, tous les points déjà relevés ; par-là il aura un triangle dont il aura mesuré les trois angles et dont il pourra vérifier l'exactitude, et de plus il aura une vérification pour chacun de ses autres points principaux. Le plus ordinairement, la base que l'on peut mesurer est très-petite ; alors elle doit servir seulement à en conclure une plus grande au moyen du calcul. Des deux extrémités de la grande base on relèvera ensuite les points principaux dont la position devra être, autant que possible, fixée par plusieurs relèvements, si on ne peut y faire une station. Tous ces procédés sont trop connus des marins pour insister ; mais nous leur recommandons, afin d'éviter les erreurs provenant des constructions graphiques, de toujours employer le calcul pour fixer les positions des points principaux.

§ 91. — Quant à la mesure de la base (grande ou petite), on devra employer la chaîne et la mesure directe lorsque le terrain se prêtera à ce genre d'opération; mais le plus souvent il est impossible de trouver, sur toute l'étendue du rivage, une partie assez horizontale ou assez dégagée d'arbres pour permettre les mesures directes. Dans ce cas-là les marins sont dans l'usage d'employer le micromètre : cet instrument fait connaître la distance du point où se trouve l'observateur à celui où se trouve un matreau terminé par deux mires que l'on vise de manière à ramener leurs images l'une sur l'autre. Le micromètre donne, avec une grande exactitude, l'angle sous lequel l'observateur voit les deux mires dont la distance est exactement connue. On suppose le matreau parfaitement vertical, alors la distance cherchée forme un des côtés d'un triangle rectangle dont la distance entre les deux mires, que j'appellerai a, serait le deuxième côté adjacent à l'angle droit, et l'hypothénuse la distance de l'œil de l'observateur à l'extrémité supérieure de la mire. Si z est l'angle donné par le micromètre et x la distance cherchée, on a

$$x = a\frac{\cos. z}{\sin. z} = a\frac{\cot. z}{R}$$

Pour obtenir de bons résultats de cette mesure, il

faut non-seulement que l'observaion de z soit bonne, mais encore que la mire soit parfaitement verticale.

§ 92. — Le théodolite, par la facilité qu'il donne de multiplier autant qu'on le voudra l'angle qu'il s'agit de mesurer, peut facilement remplacer le micromètre; il fera connaître en effet l'angle sous lequel on voit les deux mires avec toute la précision possible; de plus, au moyen de la lunette qui se meut toujours dans un plan parfaitement vertical lorsque l'instrument est rectifié, on aura une grande facilité pour tenir le matreau parfaitement vertical. Ainsi le théodolite promet une exactitude plus grande que le micromètre, et on devrait l'employer lorsque c'est possible. Il est vrai que son usage n'est point aussi simple que celui du micromètre, il exige un peu de temps pour être rectifié de manière à l'employer, mais il y aura toujours avantage à s'en servir lorsqu'on le pourra. En effet nous savons que pour la détermination des points principaux, il faut faire aux deux extrémités de la base, deux stations. Les angles que l'on y mesurera devront être réduits à l'horizon et observés avec le plus grand soin, car c'est de leur mesure que dépend en entier la bonté de tout le travail. Or, le théodolite doit être exclusivement employé pour cette mesure, à moins qu'il y ait impossibilité; il ne sera donc pas plus long de mesurer en même temps sa base avec cet instrument plutôt que de se servir du micromètre. De plus, pour orienter son plan, on doit observer avec beaucoup de précision le relèvement astronomique d'un point, et le

théodolite pourra à la fois satisfaire à ces trois conditions pour une même station : 1° mesurer la base;
2° mesurer les angles des triangles destinés à déterminer les points principaux; 3° fixer l'azimut ou le
relèvement astronomique de ces points.

§ 93. — Dans tous les cas, on devra employer exclusivement le théodolite, lorsque cela sera possible,
au travail fait à terre pour la levée des plans. Lorsque le terrain ne présentera pas les facilités nécessaires pour y établir le pied de cet instrument, on
fera usage du micromètre et du cercle à réflexion
dont l'emploi et le maniement sont plus faciles, il est
vrai, mais qui aussi pèchent sous le point de vue de
l'exactitude.

§ 94. — Lorsque l'observateur ne peut pas descendre sur le rivage, on est obligé de se servir de la mâture
du navire pour fixer la distance du canot au navire.
Ordinairement on calcule cette distance d'après l'angle vertical sous lequel l'observateur placé dans le
canot voit la mâture dont la longueur est connue.
Un observateur placé sur le navire relève en même
temps le canot, à chaque station qu'il est ensuite
facile de construire puisque l'on a sa direction et sa
distance par rapport au navire. Cette manière d'opérer est longue et peu exacte, car elle suppose que le
navire reste fixe pendant toute la durée du travail,
ce qui est rarement vrai.

§ 95. — Nous croyons devoir recommander aux
marins la méthode suivante qui est plus rapide et plus
commode, et qui aussi peut les conduire à des résul-

tats beaucoup plus précis. Deux observateurs se pla-
ceront, l'un sur le navire et l'autre dans le canot
destiné à sonder, et après avoir convenu ensemble
des points importants à relever, le canot ira se placer
à la distance la plus grande possible du navire, et
dans une direction à peu près perpendiculaire à celle
des points remarquables de la côte, ou des points
principaux. Ensuite, à un signal donné, les deux
observateurs feront simultanément, l'un dans le canot, l'autre sur le navire, une station dans laquelle
ils observeront la distance angulaire entre chacun
des points de la côte et le deuxième observateur.
La station terminée, il faudra reprendre un ou deux
des angles par lesquels on aura commencé pour s'assurer que le navire ou le canot n'a pas changé de
position pendant la station. Enfin, il faudra en outre
prendre le relèvement astronomique de l'un des
points de la côte, en choisissant parmi ceux qui
sont les plus éloignés. Il va sans dire que le canot
devra être mouillé pendant la station. On conçoit en
effet que la distance qui sépare le navire du canot
devient la base d'une grande quantité de triangles
principaux et dont on observe deux des angles pour
en conclure le troisième.

Dans les baies fermées il est souvent difficile de
déterminer ainsi, avec deux stations seulement, la
position de tous les points principaux dont on aura
ensuite besoin pour fixer la position des sondes. Nous
avons dit que le gisement du canot, par rapport au
navire, devait être à peu près perpendiculaire à la

direction des points qu'il s'agit de déterminer, il s'en-
suit donc que pour la détermination de ceux qui se
rapprochent de l'alignement du canot par le navire,
il faudra faire une deuxième station simultanée à bord
du navire et du canot dans une nouvelle direction. Du
reste, cette deuxième station du canot sera fixée avec
les angles que l'on prendra entre le navire et les points
déjà déterminés. Les points principaux une fois fixés,
le sondage et la topographie se feront comme à l'ordinaire. Le navire formera un excellent point pour
prendre sur lui des alignements pour les lignes de
sondes, mais on ne devra s'en servir qu'avec beaucoup de réserve pour la détermination des différentes
stations, car quand bien même le navire est affourché,
il est rare qu'il ne prenne pas un mouvement assez
grand en obéissant à l'action des vents ou des courants.

Quant à la mesure de la base, il ne reste d'autres
moyens de la déterminer autrement qu'en observant
des stations principales, la distance angulaire comprise entre le sommet du mât et la flottaison, pour
ensuite calculer la distance comprise entre le pied
du mât et la position occupée par l'observateur.
M. Chazallon a proposé de mesurer une base directement au moyen d'une ligne divisée, que l'on élon-
gerait à la surface de la mer au moyen de flotteurs.
Jusqu'à ce que l'expérience ait prononcé sur la valeur
des bases obtenues par ce procédé, il sera difficile
d'établir son jugement sur la confiance que l'on peut
accorder aux résultats.

§ 96. — Quelquefois encore il peut arriver que l'on ait à lever le croquis-plan d'une baie dont on ne peut pas aborder le rivage, sans que l'on puisse faire usage de la position du navire qui occupe un autre mouillage. Il va sans dire que si on pouvait disposer de plusieurs canots pour ce travail, on pourrait, comme précédemment, mouiller deux embarcations de manière à former des triangles qui fixeraient la position des points principaux, destinés ensuite à déterminer les sondes. Mais lorsque une seule embarcation est destinée à ce travail, on arrivera encore à des résultats assez exacts en procédant comme il suit : On cherchera deux points situés à une grande distance l'un de l'autre, le sommet d'une montagne de l'intérieur et un arbre, ou une tache quelconque sur le rivage, a et A (*fig.* 14), par exemple; on fera ensuite une première station en S, dans l'alignement a A; on relèvera les points B, C, D, E, F, G, en prenant les distances angulaires entre ces différents points et le point A; on se portera ensuite, toujours en suivant exactement la ligne A S définie par l'alignement de a par A, sur un second point, S', par exemple, et on y fera, comme en S, une nouvelle station; enfin on prendra le rélèvement astronomique de a A, et on aura toutes les données nécessaires pour fixer exactement la position des points principaux qui s'éloigneront de la direction a A; on achèvera ensuite la topographie et le sondage comme à l'ordinaire.

Au lieu de faire deux seules stations S S' sur la droite a A , on peut faire autant de stations que l'on voudra, deux seront suffisantes pour la détermination des points, et les autres serviront de vérifications. La distance S S' qui ici sert de base, devra toujours être la plus grande possible.

Quant à la mesure d'une base, elle ne peut être donnée que par l'estime ou par des observations astronomiques, mais ces dernières étant peu propres à faire apprécier avec un peu d'exactitude des distances assez petites, on devra se servir de l'estime.

§ 97. — Je n'insisterai pas davantage sur ces considérations, j'espère que les marins appelés à faire de l'hydrographie pourront toujours, lorsqu'ils mouilleront dans un port, utiliser le temps consacré à la relâche en dressant le plan de la localité du mouillage avec toute l'exactitude que comportent et les méthodes employées aujourd'hui, et les instruments qui sont entre leurs mains. Bien que dans les voyages de longue haleine, toutes les opérations hydrographiques se fassent nécessairement un peu à la hâte, nous croyons que les marins pourront encore rendre de très-grands services à l'hydrographie et à la navigation en dressant des croquis-plans de toutes les rades où ils iront mouiller, même de celles qui, bien qu'elles soient visitées chaque année par de nombreux navires, n'ont pour la plupart jamais été levées d'une manière rigoureuse. C'est pour nos successeurs dans la carrière des voyages lointains, que nous avons cru devoir faire suivre nos méthodes pour lever sous voiles de ces quelques conseils sur la manière de s'y prendre pour lever en peu de temps le plan d'une localité;

la description de toutes les précautions à prendre
pour faire un plan avec beaucoup d'exactitude, ne
saurait trouver place que dans un traité complet d'hydrographie.

CHAPITRE IX.

Du choix des points sur le terrain. Construction de la route
estimée.

Dans les chapitres qui précèdent, nous avons ré-
sumé tous les procédés graphiques au moyen desquels on parvient à construire une carte levée sous
voiles ; nous allons nous occuper actuellement des
motifs qui doivent guider l'observateur sur le terrain
dans le choix de ses points, et enfin nous termine-
rons ce chapitre par décrire la construction de la
route estimée et la manière de la corriger d'après les
observations astronomiques.

§ 98.—Il arrive rarement que la côte que l'on étudie
soit tellement uniforme que l'on ne puisse, au premier
coup d'œil, reconnaître qu'elle est dominée par des
montagnes plus ou moins élevées et dont les arêtes
ou sommets sont plus ou moins tranchés, ou au
moins par quelques bouquets d'arbres remarquables
soit par leurs formes, soit par leur hauteur. La pre-

mière étude qu'ait à faire l'hydrographe en vue d'une côte qu'il voit pour la première fois, est de chercher à reconnaître ces points sur lesquels il s'appuiera plus tard pour la construction complète de sa carte. C'est en effet parmi ceux-ci que se trouveront *les points principaux* qui doivent être choisis, de manière à ce qu'ils puissent rester visibles et servir à la construction de la route pendant le plus grand espace possible. Cette condition est essentielle non-seulement pour éviter d'avoir à répéter trop souvent la construction graphique qui fait connaître leur position et par-là économiser du temps, mais bien parce que, quel que soit le soin que l'on apporte dans l'observation des relèvements et dans leur construction, il y a toujours des erreurs qu'il est impossible d'éviter; d'où il résulte que plus on aura de points à lier par une triangulation de ce genre, plus les erreurs iront aussi en augmentant.

§ 99. — Les points principaux que doit choisir de préférence l'observateur, lorsque ce choix est possible, devront être : 1° ceux qui se voient de plus loin et le plus longtemps possible; 2° ils devront être placés de manière à pouvoir toujours donner lieu, sur un espace considérable, aux constructions indiquées dans le chapitre Ier; ces dernières constructions seront toujours faciles, et assigneront les positions du navire d'une manière rigoureuse, lorsque les points principaux seront suffisamment éloignés les uns des autres, et lorsqu'ils seront placés de telle manière que, quel que soit le point de la mer d'où on les observe, deux d'entre eux au moins fassent un angle suffisamment grand ; 3° ils devront être bien définis, de manière à ce que l'observateur puisse constamment relever le même point.

§ 100. — La première de ces conditions exige que les points principaux soient toujours pris parmi les points culminants ; quelquefois, sur les côtes qui se terminent à la mer par des falaises élevées et escarpées, de grandes taches forment d'excellents points, surtout lorsque la côte est droite et qu'elles se trouvent sur une pointe faisant saillie ; les îlots élevés au-dessus du niveau de la mer, sont généralement les points les plus sûrs, car on a toujours la certitude d'avance qu'ils ne sauraient être masqués par d'autres terres dont on a souvent mal estimé la hauteur, et qui se trouvant sur un plan plus rapproché, cachent à l'observateur les points sur lesquels il avait compté.

§ 101. — Quant à la seconde condition, elle exige surtout, de la part de l'observateur, de la pratique et du coup d'œil. On arrive assez rapidement à juger par l'inspection des lieux, quels sont les points au moyen desquels les constructions du chapitre Ier seront possibles et donneront lieu à des intersections bien définies ; dans tous les cas, pour plus de sûreté, l'observateur doit, à chaque station à la mer, relever au moins quatre points principaux pour se placer ; il est toujours essentiel de ne point se borner au nombre strict des points principaux nécessaires à la construction ; car malgré toute l'attention qu'on apporte dans ses observations, il arrive sovent que les points sur

lesquels on a compté, disparaissent dans le cours de
son travail, ou bien ils ne peuvent remplir le but
que l'on s'était proposé, et il faut se précautionner
en fixant non point seulement trois points principaux,
mais bien tous les points principaux dont on peut
disposer. Si l'on veut joindre à son relevé de la côte
l'aspect général du terrain, il est urgent de fixer
d'une manière rigoureuse tous les sommets des
chaînes de montagnes; on en a besoin pour en calcu-
les hauteurs verticales, et c'est une donnée précieuse
pour les marins, que l'on ne doit point négliger. La
construction de la carte elle-même aura beaucoup à
y gagner, car on pourra vérifier sa construction par
des observations nombreuses, et faire de nouveaux
points principaux au cas où il se serait glissé des
erreurs graves dans les observations.

§ 102. — Les points principaux doivent encore être
bien terminés, bien définis, avons-nous dit; c'est, en
effet, une condition essentielle. Lorsque le pays que
l'on étudie est habité, on trouve généralement une
grande quantité de points qui satisfont à ces conditions : une maison, un clocher, un point cultivé qui
fait tache sur les pentes des montagnes, fournissent
d'excellents repères qu'il est facile de retrouver; mais
sur les terres inhabitées, ou même habitées par des
peuples sauvages, les terres ont presque une teinte
générale et uniforme, et les bords de la mer ne laissent voir que quelques rares cases qui ne sont point
assez considérables pour être visibles à de grandes
distances. Les parties saillantes de la terre, sauf quel-

ques rares exceptions, sont : 1° les sommets des montagnes ; 2° les îles qui souvent les entourent ; 3° enfin, les caps ou pointes.

L'expérience nous avait prouvé, lorsque nous travaillions aux reconnaissances hydrographiques des côtes de France, que les montagnes qui même souvent se terminaient par un plateau assez étendu, pouvaient servir dans les relèvements comme les points parfaitement définis. Lorsque la montagne se termine en cône, il suffit d'en relever le centre ; dans les travaux si exacts des reconnaissances des côtes de France où les centres de ces montagnes sont déterminées trigonométriquement au moyen d'un signal en bois qui indique exactement cette position, j'avais remarqué que, bien que ce signal ne fût point visible de la mer, on obtenait, en relevant le centre de la montagne, des résultats d'une grande exactitude ; cette remarque m'a servi dans les levées sous voiles que j'ai ensuite été appellé à exécuter. Les sommets de montagnes qui pour la plupart affectent la forme d'un cône ou d'un tronc de cône, ont toujours été mes meilleurs points principaux.

Quelquefois, sur les arêtes de ces montagnes, on rencontre des marques distinctes et bien définies, telles que des coupées, des rochers remarquables par leur forme, ou de grandes taches. Cependant il faut se méfier de ces taches qui souvent ne sont dues qu'à la manière dont certaines parties du terrain se trouvent momentanément éclairées, et qui disparaissent ou changent de place à mesure que le soleil ou souvent même un nuage prend du mouvement. Dans tous les cas, c'est sans contredit parmi les sommets des montagnes que se trouvent les points qui, sous tous les rapports, sont susceptibles de devenir les points principaux de la carte.

Les îles partagent en entier ces avantages lorsqu'elles sont assez petites pour pouvoir être considérées comme des points, ou lorsqu'elles sont dominées par un sommet bien défini; elles sont même souvent préférables aux montagnes, parce qu'il est toujours très-facile de les reconnaître, et que l'on est plus certain qu'elles ne seront point masquées par d'autres terres avant que l'observateur n'ait eu le temps de le prévoir.

Quant aux caps, on doit, en règle générale, les rejeter dans le choix des points principaux; quelquefois, il est vrai, les terres qui les forment se terminent à la mer par une pointe très-saillante et bien définie, et alors les caps peuvent devenir d'excellents points principaux, mais le plus ordinairement ce sont des espaces assez étendus qui les forment, et dont l'aspect, malgré cela, semble de la mer indiquer un cap bien tranché; il est facile de comprendre à combien d'erreurs on pourra se trouver exposé, lorsqu'on cherchera plus tard à construire ses stations à la mer en faisant concourir comme relèvement ces lignes tangentes à la terre, qui ne portent sur aucun point défini. Quelquefois cependant ces relèvements peuvent servir à la construction des stations à la mer, mais alors il faut que la partie de la côte faisant saillie, se trouve déjà suffisamment limitée par des relèvements pris antérieurement, et la méthode qui doit être employée pour faire le point doit toujours être celle dite par alignement. (Chap. Iᵉʳ, § 7.)

§ 103. — Le choix des points principaux étant une fois bien arrêté, on procède au lever de la carte : pour cela, le meilleur moyen, sans contredit, de noter ses observations de manière à pouvoir se les rappeller, est de faire à chaque station à la mer un croquis du terrain, qui peut être considéré comme une coupe verticale de la côte. Sur chaque point on trace une ligne au-dessous de laquelle on inscrit l'angle observé [1].

Un peu avant de commencer sa station on trace sur son cahier le croquis du terrain, on place un o — o sur le point qui doit servir de départ pour les angles et dont on doit observer l'azimut, puis on commence sa station ; une personne écrit les angles tandis que l'observateur se hâte de les obtenir. Afin d'avoir des observations simultanées, plusieurs hydrographes, parmi lesquels on doit citer M. Beautemps-Beaupré, recommandent de placer au moment de la station plusieurs observateurs qui prennent à la fois les angles entre les différents points de la côte ; nous condamnons cette mesure comme susceptible d'entraîner des erreurs graves sans offrir des avantages bien marqués. Souvent, en effet, les observateurs qui n'ont pas, comme l'hydrographe, suivi d'une manière continue les modifications succes-

[1] Voyez l'appendice au Voyage du comte amiral d'Entrecasteaux par M. Beautemps-Beaupré.

sives des formes du terrain, confondront un point avec un autre plus apparent pour le moment, ou bien les angles qu'ils auront observés seront loin de mériter une même et entière confiance, car il faut avoir la pratique de cette sorte d'observation. D'un autre côté, nous avons déjà dit que suivant la vitesse du navire et l'échelle à laquelle on veut construire, il est toujours facile de limiter sa station de manière à ce que les angles pris dans un espace de temps plus ou moins court, puissent toujours être considérés comme s'ils avaient été pris simultanément. Dans tous les cas, on doit toujours se réserver, en faisant sa station, d'avoir égard à la vitesse du navire, afin de faire, s'il y a lieu, la correction indiquée dans le chapitre III, § 33. Pour cela il suffit d'adopter un mode d'observation dont on ne s'écarte jamais. Ainsi, on commencera toujours si l'on veut par prendre les angles qui sont à gauche du point de départ, les plus petits étant les premiers et les plus grands les derniers observés. Ensuite on prendra ceux qui sont à droite en opérant toujours d'abord sur les plus petits pour finir par les plus grands.

Quand on veut observer, en outre, l'azimut ou relèvement astronomique de l'un des points, il est bon qu'un deuxième observateur veuille bien s'en charger, afin que l'observation en soit simultanée, sinon on commence par observer l'azimut, sauf à répéter l'observation après la station; mais lorsque l'objet dont on veut obtenir le relèvement astronomique se trouve très-éloigné, et dans une direction approchant celle que suit le navire, l'azimut ne varie pas assez rapidement pour que l'on ne puisse se borner à une seule observation qui se fera avant, pendant ou après la station. Le plus souvent, des relèvements pris simplement à la boussole, lorsque cet instrument est bon, sont suffisants ; mais alors il faut à chaque station prendre le relèvement de plusieurs points, afin de pouvoir comparer les angles ainsi observés à la boussole, à ceux obtenus avec le cercle à réflexion, et pouvoir aussi par-là employer une moyenne généralement susceptible d'une assez grande exactitude. Lorsque les points sont rapprochés, les relèvements de la boussole sont suffisants, il faut toujours avoir recours aux relèvements astronomiques, lorsque les points principaux que l'on veut relever sont très-éloignés. L'hydrographe doit en outre être muni d'une montre ordinaire, qui se trouve constamment réglée sur les chronomètres servant à donner la longitude. On note l'heure du commencement de la station et le temps de sa durée.

Un croquis-plan, ou une projection horizontale de la partie que l'on étudie doit compléter la station. La côte dont on veut avoir la sinuosité ne peut être tracée que par une suite de points dont on fixe la position, et qui ensuite doivent être liés par une courbe dont la forme ne peut être autrement définie que par les croquis que l'on aura dessinés. Il est urgent dès-lors que l'observateur examine constamment avec soin la partie de côte la plus rapprochée afin d'en dessiner la forme à mesure qu'il la voit. Souvent, pour en mieux saisir les sinuosités, il doit monter dans la mâture afin de mieux voir; il est essentiel de porter sur son croquis chaque point de la côte à peu près à la place qu'il occupe sur le terrain, ce croquis lui servira pour dessiner la carte lorsque, les positions de ces points étant définitivement fixées, on aura des données pour rectifier le dessin tracé sur les lieux.

§ 104. — Lorsqu'il s'agit de déterminer exactement le point pour lequel on a observé la longitude ou la latitude, et qui plus tard doit devenir un des points extrêmes de la base de la carte, on encadre le moment des observations astronomiques entre deux stations. Lorsqu'on observe la longitude, il faut un certain laps de temps pour pouvoir réunir plusieurs séries d'angles horaires; de plus, souvent l'observateur est obligé de choisir parmi ces séries quelle est celle à laquelle il accorde le plus de confiance, et dès-lors il devient bien difficile à l'hydrographe de faire une station simultanée; il est bien plus simple et toujours plus exact de faire deux stations, l'une avant et l'autre après les observations astronomiques. Nous avons dit que la montre qui sert aux observations hydrographiques doit toujours être réglée sur celle qui donne les longitudes; il est toujours facile de placer, avec un compas de proportion, le point dont la longitude a été observée, puisque, après avoir construit ses deux stations à la mer, la montre qui a servi aux observations astronomiques accuse l'heure exacte du moment où elles ont été faites. Quant à la latitude,

lorsqu'elle est déduite d'observations circumméridiennes, on sait que le moment de son observation est
le midi vrai du lieu ; mais souvent encore ce moment
est difficile à saisir, ou bien il n'est pas opportun pour
le travail de l'hydrographe, et ordinairement il doit
faire comme pour l'observation de longitude, placer
le point midi au moyen de deux stations faites l'une
avant l'autre après les observations astronomiques.

§ 105. — Quant aux points qui doivent accuser le
contour de la côte, le choix n'en est pas facultatif. Ils
doivent être le plus nombreux possible. Toutes les fois
que la terre accuse une pointe, on doit la relever avec
soin. La limite d'une terre quelconque se présente
toujours, de la mer, sous la forme d'un cap saillant.
On doit, de chaque station à la mer, relever avec
soin cette limite : on obtient par-là une suite continue de lignes toutes tangentes à la courbe que forme
la côte, et qui sont d'une grande ressource dans la construction de la carte. Toutes les fois qu'une terre est
très-petite, comme pour la plupart des îlots qui entourent en général les grandes terres, on doit en relever
les deux extrémités : on obtient de cette manière une
foule de lignes qui encadrent les îles et accusent leur
forme d'une manière bien approchée ; tandis qu'il eût
été difficile d'arriver au même résultat en cherchant
à fixer des points marquants du rivage. Un rocher,
un arbre, une plage de sable dont la blancheur tran-
che sur la teinte noirâtre de la côte, une ravine, forment autant de points excellents pour le détail. Il n'est
plus nécessaire ici que ces points puissent se voir

pendant longtemps; il suffit qu'ils puissent être relevés au moins deux fois de deux stations suffisamment
éloignées pour que les relèvements, par leur intersection, ne laissent aucun doute sur la position du point.
Toutefois on devra relever chaque point plus de deux
fois, lorsque c'est possible, si l'on veut éviter des erreurs
graves. Moins les points que l'on a choisis sont saillants, et plus on doit redouter de les confondre les uns
avec les autres; il faut donc se réserver de pouvoir
vérifier à mesure que l'on construit, et pour la vérification de chaque point, on doit réunir au moins trois
relèvements qui viennent s'y croiser.

L'hydrographe ne doit jamais quitter le pont du
navire. Souvent la côte change brusquement d'aspect, les montagnes affectent des formes toutes différentes de celles qu'elles présentaient d'abord; et si
l'observateur ne pouvait à chaque instant suivre et se
rendre compte de ces modifications, il lui deviendrait
la plupart du temps difficile de reconnaître ses points;
de plus, quand le navire défile devant la côte, à chaque
instant il se découvre de nouvelles pointes, de nouveaux caps qu'il est important de relever lorsqu'ils
passent les uns par les autres. Souvent, lorsque parmi
les deux points qui se trouvent dans l'alignement du
navire, l'un sera déjà déterminé, il suffira de noter
l'heure exacte du passage du bâtiment dans cette direction. Les sommets intérieurs, qui ordinairement
auront déjà été fixés comme points principaux, seront admirablement choisis pour cela. Lorsque deux
caps passeront l'un par l'autre, ils devront être re-

levés soigneusement. En général, la boussole sera suffisante pour ce genre d'observations : elle accusera d'une manière suffisamment exacte le gisement des différents points du terrain, lorsque ceux-ci ne seront pas séparés par une distance très-grande. On pourra réserver les relèvements astronomiques pour les passages l'un par l'autre des points principaux. Ces passages peuvent, en effet, se prévoir longtemps d'avance, suivant que l'on voit les objets se rapprocher d'après la direction que suit le navire. On prend ses précautions d'avance, afin d'observer la distance du soleil à l'objet au moment précis où les deux points se trouvent dans la même direction. Ces données pourront servir au besoin à construire la carte comme nous l'avons indiqué chap. Iᵉʳ, § 10 ; dans tous les cas, ce sera une excellente vérification.

Enfin, nous indiquerons encore ici la méthode qui nous a servi dans nos annotations pour nous faire reconnaître toujours quelle était la nature des points sur lesquels portaient nos relèvements. Les points principaux sont désignés sur nos cahiers par les lettres de l'alphabet en caractères romains A, B, C, etc.; les îlots formés par des terres basses, et ne pouvant être d'aucune ressource comme points principaux, sont affectés d'une lettre de l'alphabet, en caractères italiques, *a, b, c*, etc.; les îlots élevés sont désignés par des chiffres romains, I, II, III, IV, etc.; enfin, les chiffres ordinaires indiquent les points particuliers qui servent à donner le détail de la côte. Les pointes ne portent en général aucun signe particulier, à moins que ce ne soient des caps saillants et remarquables ; dans ce cas, elles sont affectées d'un chiffre ; dans le cas contraire, le relèvement n'indique qu'une tangente à la côte, et qui ne porte sur aucun point particulier.

Souvent une terre qui, au premier aspect, paraissait compacte, se divise et laisse voir des îles : alors on inscrit à mesure sur son cahier toutes les modifications du terrain, en indiquant quels sont les points relevés comme points de la côte, et qui appartiennent à l'île que l'on aperçoit. Du reste, les croquis-plans indiquent suffisamment, en général, toutes ces modifications. Chacun de ces signes particuliers est porté sur la vue que l'on a tracée sur son papier, en dessus ou en dessous des points qu'ils désignent.

En outre des distances angulaires horizontales, on ne doit pas négliger de prendre de temps en temps les hauteurs angulaires verticales des différentes chaînes de montagnes, et des points de la côte assez élevés : on les écrit verticalement sur la vue du cahier, tandis que les angles de ces différents objets entre eux s'écrivent horizontalement. Ces distances verticales doivent servir plus tard à construire la vue exacte du terrain et à calculer les hauteurs des principaux points au-dessus du niveau de la mer.

Nous avons dit que, dans un grand nombre de cas, les relèvements pris à la boussole étaient suffisants ; les grandes anomalies que l'on remarque, avec ces instruments, dont la construction a été si perfectionnée de nos jours, dépendent moins des vices de construction inhérents à ces instruments qu'aux corrections que l'on doit faire subir à la déclinaison suivant les différents caps du navire sous lesquels on a fait les relèvements. On sait que l'influence qu'exerce le fer du vaisseau sur la direction de l'aiguille aimantée varie suivant une loi définie; de telle sorte que, lorsque l'on connaît cette influence sur la déclinaison sous un cap déterminé, on peut, à très-peu de chose près, la calculer pour toutes les directions du navire. Toutes les fois que deux points passent l'un par l'autre deux fois, on doit à chaque fois prendre leur relèvement; et quand cette double observation pourra être faite, non-seulement l'on obtiendra le gisement des deux points avec plus de précision, mais on connaîtra encore la déviation de l'aiguille aimantée due à l'influence du fer du bâtiment, et ensuite tenir compte de la variation que doit subir la déclinaison de l'aiguille suivant les différents caps du navire. Dans les stations ordinaires, il est rarement nécessaire de tenir compte de ces déviations; mais lorsque l'on veut déterminer les points principaux par de simples relèvements à la boussole, on ne doit pas la négliger, surtout sous des latitudes déjà élevées.

La première chose à faire sur son papier pour construire sa carte, c'est de tracer des lignes parallèles dans les directions du Nord au Sud et de l'Est à l'Ouest. Au moment où l'on va commencer son travail, il est bon d'avoir des feuilles de papier toutes préparées où ces lignes se trouvent tracées d'avance. Ces directions ont pour but d'abréger le travail de la construction des relèvements, car pour les tracer, le plus souvent on n'aura besoin que d'appliquer le rapporteur sur le papier.

Quel que soit l'ordre que l'on établit dans ses observations, la mémoire des lieux que l'on vient de parcourir est toujours d'un grand secours pour en construire la carte : on doit donc, autant que faire se peut, construire son travail immédiatement après l'avoir exécuté.

Bien que, d'après notre méthode pour lever sous voiles, la route estimée du navire ne soit d'aucune nécessité pour la construction de la carte, elle peut être très-utile pour accuser les premières distances d'une manière approchée, et elle est nécessaire pour accuser les courants, lorsque l'on veut les calculer. La route estimée nous servira à fixer la distance de la première station à la mer au premier point principal, et elle accusera les longitudes approximatives des points principaux. Nous obtiendrons d'abord une échelle très-rapprochée de celle à laquelle nous voulons construire, bien qu'elle ne se déduise rigoureusement qu'après la construction totale du travail; et nous aurons de plus toutes les différences des longitudes entre les points principaux avec une approximation suffisante pour appliquer les corrections d'azimut indiquées chap. III. La construction de la carte commencera donc par le tracé de la route estimée.

Lorsque le navire est en vue de la terre, rien n'est plus variable que sa direction : souvent, en moins d'une heure, la route aura changé dix fois; et si l'on voulait fixer par le calcul la longitude et la latitude de tous les points où ont eu lieu les changements de direction, ce premier travail serait long et fatigant. Il faudrait, du reste, commencer par tracer une projection. Les procédés graphiques sont bien plus commodes et plus expéditifs que le calcul pour la construction de la route estimée, et ils doivent être préférés.

§ 106. — *Construction de la route estimée.* — Soit (*fig.* 15) *a* le premier point de la route estimée que je désire construire : j'ouvre mon compas de proportion de manière à ce que à l'échelle que je cherche à obtenir, un mille marin soit représenté par la distance qui porte la partie proportionnelle, 10 ou 100; à partir du point *a*, je trace la ligne *a b* suivant la direction indiquée par *la boussole*, corrigée de la déclinaison; ensuite, avec mon compas, je prends la partie proportionnelle correspondant à l'espace parcouru par le navire dans la direction *a b*. Si cet espace était, par exemple, 1,9 mille, et si c'est la partie proportionnelle du compas de proportion 100 qui représente un mille, ce sera la distance du compas de proportion correspondant à 190 qu'il faudra rapporter sur le papier; j'inscris les heures correspondant aux changements de route en *a* et *b* (11ʰ et 11ʰ 20′ je suppose). A partir de 11ʰ 20′, le navire ayant de nouveau changé de route, je construis la ligne *b c* dans la nouvelle direction indiquée, et je rapporte de même l'espace *b c* parcouru par le navire, et ainsi de suite.

La route estimée *a b c d e f g h i k m* sera généralement suffisante lorsque, pour la construction de la
carte, on n'aura besoin que d'une approximation;
mais quelquefois il arrive que les terres dont on veut
lever la carte sont si petites, que les points principaux
que l'on pourrait y choisir, seraient trop rapprochés
pour donner lieu à des constructions convenables,
ou bien les terres sont tellement basses et uniformes,
que l'on doit y renoncer. Dès-lors, il faut se servir
forcément de la route du navire qui, tracée d'abord
comme elle a été estimée, doit ensuite être modifiée
d'après les observations astronomiques que l'on a
pu réunir. Ordinairement, on ramène toutes les
observations de longitudes pour le point de midi où
l'on observe la latitude, on calcule ensuite les courants
qui ont pu agir sur le navire dans les 24 heures,
c'est-à-dire, d'un midi à l'autre. Il nous semble bien
préférable de corriger les points estimés pour les
moments des observations, car il n'est pas douteux
que les courants sont très-variables, et l'on doit
profiter de l'avantage de pouvoir corriger les routes
estimées de leurs effets, lorsque des observations
multipliées telles que celles des longitudes peuvent
les accuser, du moins dans le sens de l'Est à l'Ouest.
Or, si on devait calculer pour chaque instant la partie
proportionnelle de l'action de ces courants, le travail serait long et sujet à de très-fréquentes erreurs;
mais les procédés graphiques conduisent bien simplement à des résultats précis. Supposons que le
point *c* indique le premier point de la route esti-

mée où la longitude a été observée ; j'en trace le méridien AA', le point t étant celui dont on a la latitude, j'en trace aussi le parallèle BB'', et comme l'échelle de la carte est déjà connue, puisque j'ai dû fixer la grandeur du mille marin, j'achève la projection par laquelle, du reste, j'aurais pu commencer, sauf à assujettir le point t à se trouver sur le parallèle BB', et le point c sur le méridien AA'. Je trace ensuite les méridiens $A_1 A_1'$, $A_2 A_2'$ comme ils m'ont été donnés par les observations astronomiques faites dans les moments représentés sur la route estimée par les points l et m. Il deviendra alors évident que depuis l'heure c jusqu'en l, les courants ont poussé le navire dans la direction Est d'une quantité représentée par la ligne $l\,l'$; de même, l'action des courants de c en m a été de pousser le navire d'une quantité $m\,m'$ dans l'Ouest, et de l en m l'action des courants a été de $(l\,l' + m\,m')$ agissant dans la direction de l'Est à l'Ouest. Tous les points intermédiaires entre c et l devront être corrigés dans le sens de l'Est d'une quantité proportionnelle à $l\,l'$, pour cela il suffira de mener par chacun des points d, e, f, g des lignes Est et Ouest ; si l'espace qui sépare c de l est de 6 heures ou 720 minutes, on ouvrira le compas de proportion de manière à ce que la distance $l\,l'$ tombe précisément sur la division de 72 ou 720 et les quantités $d\,d'$, $e\,e'$, $f\,f'$, etc., à reporter ensuite sur chacune de ces lignes, seront données par le nombre de minutes écoulées à partir du moment où le navire a quitté le point c. A partir du point l' on peut recommencer à construire la route estimée et la corriger comme précédemment, ou bien on peut à partir de chacun des points h, y, i, k, m tracer des lignes horizontales, et reporter tous ces points d'une quantité égale à ll', et enfin recorriger chacun de ces nouveaux points d'une quantité proportionelle, en se basant sur ce que le courant a agi sur le navire de manière à lui faire parcourir dans le sens de l'Ouest, une espace représenté par $ll' + mm'$. Si les latitudes observées tombent sur les points représentés dans la route estimée par t et i; B_1 B'_1 étant le parallèle obtenu par la deuxième observation, le courant accusé en latitude dans les 24 heures sera i' i'', il suffira donc, comme pour les longitudes, de corriger les points intermédiaires par des parties proportionnelles, on aura enfin a'' b'' c'' d'' e'', etc., qui sera la route corrigée du navire. Cette route sera celle sur laquelle on s'appuiera pour fixer les points de stations à la mer, et enfin on s'en servira pour tracer ses relèvements.

CHAPITRE X.

Analyse de la carte du détroit de Bassillan.

Nous avons choisi, pour en donner l'analyse suc-
cincte, la carte que nous avons dressée du détroit de
Bassilan. C'est un des points visités par les corvettes
l'*Astrolabe* et la *Zélée*, où les courrants irréguliers
de marées se sont fait sentir avec le plus de force,
et où il eût été le plus difficile de se servir de la
route estimée du navire pour obtenir un résultat ap-
proché, si nous n'eussions eu à notre disposition que
les moyens de construction ordinaires.

Les corvettes avaient achevé la veille de reconnaître
les îles de l'archipel de Solo, lorsque, le 26 juillet
1839, au matin, elles se trouvèrent en vue des terres
de l'île Bassilan. Un seul point fixé dès la veille parut
encore pendant quelques instants dans la matinée
du 26, il suffit pour bien lier les longitudes.

L'île Bassilan présentait plusieurs sommets dont un
surtout affectait une forme arrondie, parfaitement pro-

pre à servir comme point principal. Ignorant quels seraient ceux que l'on apprecevrait bien définis encore lorsque les navires seraient en vue de la côte septentrionale, tous ces sommets furent relevés. A 7^h 52′ du matin, la route des corvettes fut donnée définitivement vers le Nord, de manière à longer la côte occidentale de la grande terre, à travers un très-grand nombre d'îles moins considérables. Les points saillants pouvant servir comme points principaux furent A, C, D et tous les sommets de Bassilan déjà relevés. Ce ne fut que vers 8^h 30′ que le point E se dégagea des terres, et son aspect le fit bien vite reconnaître comme un point très-important. Le sommet B se montrait en même temps en avant de toute la chaîne des montagnes de Bassilan, Les autres sommets de Bassilan ne furent plus relevés qu'à des intervalles éloignés, et lorsque le détail de la côte n'exigeait pas une attention trop soutenue. Les points principaux furent définitivement A, B, C, D, E, K; ces derniers, qui furent comme les autres constamment relevés, devaient servir comme vérifications ou comme points de réserve au cas de besoin.

A midi, la côte de Mindanao était déjà très-élevée au-dessus de l'horizon, mais ses hautes terres ne présentaient encore aucun point saillant qui pût fixer l'attention. Mindanao paraissait alors se terminer à l'Ouest par une pointe bien tranchée, bien que sa côte soit très-uniforme. Cette pointe fut relevée dèslors comme limite.

Pendant toute la journée du 26, les points principaux indiqués furent suffisants, mais dans la soirée je dus prendre de nouveaux relèvements sur des points importants par mesure de précaution ; il eût été possible, en effet, que le navire eût fait route, et que le lendemain les points E, A, K eussent disparu. Les sommets M, P, R, N furent relevés. Ces relèvements ne sont pas tous indispensables pour ma contruction ; mais au moment où je levais la carte, il eût été difficile de prévoir la route que nous devions suivre ultérieurement, et les ressources qu'elle me présenterait pour la construction.

Pendant toute la journée du 27, les mêmes points principaux sont restés suffisants pour accuser la route ; nous longions alors la côte de Mindanao, sur laquelle les accidents sont très-rares quoique les montagnes soient assez élevées. Cependant, si je n'avais pas été certain que les navires, loin de se diriger vers le Nord pour reconnaître la côte occidentale de Mindanao, devaient venir chercher le mouillage de Samboangan pour ensuite traverser le détroit, je me serais hâté de chercher sur cette terre des points principaux pour lier mon travail. Tous les relèvements de la journée du 27 ont donc eu pour but de s'assurer des détails de la partie en vue de Mindanao.

Ce n'est qu'après avoir quitté le mouillage dans la journée du 6 août que je me suis assuré des nouveaux points principaux M, P, R, N (le point N était un jalon posé au cas où nous eussions continué de suivre la côte de Mindanao).

Quant au lever du détail, la petite quantité de relèvements que nous avons portés sur la carte indique
mieux que tout ce que je pourrais dire comment ils
ont été obtenus. La plupart du temps les points déterminés qui ont servi à les lever sont très-peu appa-
rents, et quelquefois il a été difficile de les fixer par
plus de deux relèvements. A l'échelle à laquelle j'ai
construit la petite carte qui fait partie de ce volume, le
nombre des points servant à donner le contour de la
côte est suffisant; cette carte n'étant destinée à servir
que comme exemple, j'ai supprimé une partie des
lignes qui ont servi à la construire à l'échelle où elle
se trouve dans l'atlas, et je n'ai porté que le nombre
de relèvements indispensables pour en faire comprendre le mécanisme. Dans la construction définitive j'ai fait concourir tous les relèvements en
rejetant ceux qui ne cadraient pas, et je me suis
surtout servi de tous les gisements des différents
points lorsqu'ils ont passé l'un par l'autre. On voit
de prime-abord combien le point B a dû être utile;
c'est le premier qui a été définitivement placé sur
la carte; et ensuite, pour chaque point de la côte,
j'ai pu avoir un premier relèvement facile à observer
et précieux par sa précision; celui donné par le passage de chacun des points de la côte par le sommet B.
Ordinairement, lorsque c'est un point de détail qui
vient se placer dans la direction d'un point principal,
on se contente de marquer l'heure du passage sans
en observer le gisement.

Pour construire la carte, j'ai commencé par tracer la route estimée du 26 juillet, à partir de 7ʰ 52′ du matin jusqu'à 6 heures du soir. J'ai ensuite porté quelques relèvements sur les points principaux B, A, E, pour savoir s'ils se coupaient bien en un seul point. Si cette condition eût été remplie, j'en aurais conclu que la route estimée était bonne, et j'aurais évité toute construction supplémentaire. Ces relèvements ne se coupant point de manière à accuser les points principaux avec la précision dérirable, j'en ai conclu que les courants ou une fausse estime avaient entaché d'erreur la route tracée. Je n'ai adopté de cette première construction que la distance approchée qu'elle m'a accusée de la station de 8ʰ 40′ au point B, et c'est sur cette ligne que j'ai appuyé ma construction des points principaux, plutôt que de prendre une distance tout-à-fait arbitraire.

Les stations de 8ʰ 40′, 1ʰ 30′, du 26 juillet, et de 9ʰ 58′, du 6 août, ayant paru de prime-abord susceptibles de donner une construction satisfaisante, je les ai adoptées, avec d'autant plus de raison que de la station de 9ʰ 58′ on a pu relever une série d'autres points principaux qui par-là se relieront aux premiers. Le point B étant à peu près fixé par la route estimée, j'ai mené de la station de 8ʰ 40′ les relèvements observés sur B, A et E; par le point B j'ai encore fait passer les deux relèvements pris sur le point B des stations T ou 1ʰ 30′ et S ou 9ʰ 58′. J'ai d'abord supposé la station de 1ʰ 30′ placée en T′, T′ A′ a ensuite été menée dans la direction observée du relèvement pris de la station T sur le point A; par

A' j'ai fait passer une ligne A'S' donnée de direction par le relèvement observé de A à la station de 9ʰ 58'. Enfin par les points T', S', j'ai tracé deux lignes dans les directions observées pour le gisement du point E, et leur intersection a déterminé le point E'. Un nouveau point T″ pris au hasard sur la ligne B T[1], m'a servi à tracer les lignes T″ A″ parallèle à T' A', A″ S″ parallèle à A' S', et enfin T″ E″ et S″ E″ parallèles à T' E' et S' E', et j'ai obtenu un deuxième point E″; enfin, joignant les points E' E″ par une droite, son intersection avec le relèvement de E partant de la station de 8ʰ 40' a donné la position exacte du deuxième point principal. La ligne E T parallèle à E' T', par son intersection avec B T a fixé la deuxième position à la mer, de même la ligne E S parallèle à E' S' est venue couper B S au point de la troisième station, et les deux lignes T A et S A parallèles à T' A' et S' A', en concourant simultanément sur le relèvement de A partant dc la première station, ont achevé de fixer la position des trois premiers points principaux et des trois stations à la mer. Si j'avais pu, des trois mêmes stations à la mer, prendre des relèvements sur d'autres points principaux, j'aurais eu des vérifications immédiates. Dans la carte que nous offrons il n'en

[1] Généralement la construction préparatoire que l'on fait avec la route estimée, fait connaître d'une manière approximative la position des 2ᵉ et 3ᵉ stations à la mer. Dès-lors il est avantageux de choisir les points T' et T″ de manière à ce qu'ils tombent l'une d'un côté l'autre de l'autre côté du point réel à déterminer T.

est point ainsi. Les points C, K n'étaient pas visibles des trois stations que nous avons choisies pour construire les points A, B, E, il faut donc avec ces trois points construire des stations nouvelles qui à leur tour serviront à fixer les positions de D, C et K, et en même temps vérifieront la première construction.

De la troisième station à la mer S j'ai encore relevé les nouveaux points principaux P et R. Je puis donc tracer les relèvements S P, S R; par le point B faire passer les lignes B Z, B V, dont les directions sont connues, puisque ce sont les relèvements pris sur B des quatrième et cinquième stations Z et V, puis fixer provisoirement la station de Z en Z′, et par une construction semblable à celle que j'ai déjà faite pour les trois points A, B, E, obtenir successivement R′, ensuite V′ et enfin P′. En plaçant ensuite la station Z en Z″ j'obtiendrai un nouveau point P″, et enfin l'intersection de P′ P″ avec S P fixera la position P qui à son tour donnera, en outre du cinquième point R, les stations Z et V. Les vérifications de cette dernière construction peuvent être immédiates, car des trois stations S, Z et V, on a relevé en outre des points B, P, R, les points principaux N et M. Au lieu de construire B, P et R, on fût arrivé à un résultat identique, si on eût construit les points B, M, N ; du reste, la première construction étant bonne, tous les relèvements de N et M doivent concourir vers les mêmes points.

En quittant Samboangan, j'ignorais quelle direction tiendraient les navires, cette direction elle-même dépendait des courants et des vents; aussi je me suis hâté de choisir de nouveaux points et sur la terre de Bassilan et sur celle de Mindanao. Si nous eussions longé la terre de Mindanao, les nouveaux points principaux eussent probablement été N, R, V et K.

La direction de la route a amené plusieurs fois des points importants, tels que A et B, à passer l'un par l'autre. On aurait donc pu construire la carte que nous avons sous les yeux par la méthode donnée chapitre II, § 10. Dans le cas où nous eussions employé ce genre de construction, voici comment nous eussions opéré : les deux premiers points choisis eussent été A et B, il est vrai que lorsque ces deux points se trouvaient dans la même direction par rapport à l'observateur, les terres élevées de A masquaient entièrement le point B et par suite le gisement de ces deux points l'un par l'autre n'a pu être observé, mais il eût été facile de le conclure. On aurait pu, en effet, observer le gisement du point B, par la pointe Nord de l'île (A), la route estimée aurait suffi pour faire connaître d'une manière suffisamment approchée la distance entre le sommet A et la pointe Nord de l'île, et alors on eût pu calculer la quantité dont le gisement observé de B par la pointe de l'île (A), aurait dû être modifié pour en déduire B A. Sans le calculer, on aurait pu opérer graphiquement et arriver encore à un bon résultat; pour cela on eût fait deux stations rapprochées l'une avant que le point B ne fût masqué par les terres de A, et l'autre après qu'il en aurait été dégagé, et en relevant de chacune de ces stations le point A, il eût été facile de fixer d'une manière très-exacte le gisement des deux points A et B. La majeure partie des stations de la route du 26 auraient pu ensuite s'obtenir au moyen des relèvements pris sur A et B, et enfin les lignes partant des stations à la mer auraient, par leurs intersections, déterminé tous les autres points à terre. La station de 9ʰ 58′ (S) étant construite, on aurait relevé de cette station le point P, dont on aurait ensuite observé le gisement par rapport au point B; enfin, au moyen des points A, B, P, on eût achevé de tracer la route des navires et les détails de la carte comme précédemment. On se convaincra facilement que par ce mode d'opérer on se serait exposé à des erreurs bien plus consi dérables, car la plus petite erreur commise dans les relèvements en aurait déjà donné d'assez fortes sur les positions des stations, et à plus forte raison ces erreurs eussent grandi lorsqu'il se serait agi de déterminer les positions des points à terre par des relèvements partant de ces stations. Du reste, parmi les observations faites à la mer, celles où l'on doit redouter les plus grandes erreurs sont les relèvements astronomiques, et à plus forte raison ceux pris avec la boussole. Or, dans ce dernier mode d'opération, on est forcé d'en faire un usage bien plus fréquent que par le procédé que nous avons employé.

Quelle que soit la méthode qui a servi à fixer la position des points principaux, une fois que cette construction est arrêtée, le travail de la carte est bien avancé. Avec les points déterminés A, B, C,

D, E, M, P, R, N, dont quatre au moins out été relevés de chaque station à la mer, je construis la route
du navire : pour cela il suffit de fixer chacune des stations faites à la mer, et de les joindre par une ligne
droite. Cependant si ces stations étaient trop éloignées et si on avait à se servir de la route du navire,
il serait nécessaire de la construire différemment. A
partir de chaque station il faudrait tracer la route
estimée jusqu'à la station suivante, et dans l'intervalle corriger chaque point de la route proportionnellement à la distance qui sépare la position estimée
de sa position réelle à l'heure de la deuxième station.
Cette distance mesure, en effet, l'action du courant
pendant l'intervalle qui sépare les deux stations, si
toutefois on peut toujours attribuer aux courants ce
qui, la plupart du temps, n'est que le résultat des
erreurs de l'estime.

Lorsque la route du navire passe sur des fonds de
peu de profondeur, ou bien lorsqu'il s'agit de déterminer des sondes faites à bord, il est nécessaire de la
construire avec beaucoup de soin. Dans les parages
semés d'écueils, la route d'un navire, quand bien
même elle ne serait marquée d'aucune sonde, est
une donnée précieuse pour le navigateur; il est important de la tracer avec précision.

Les stations une fois construites, il n'y a plus qu'à
tracer les relèvements qui partent de chacune d'elles,
et à fixer les points de leurs intersections. Ces points
particuliers étant bien établis, on prend les croquis-
plans de ses cahiers et on dessine la côte. On mène

aussi tous les relèvements qui servent à fixer les sommets des montagnes, et les accidents remarquables qui se voient de la mer, tels que des taches fixes, des ravines, etc. ; on doit généralement indiquer tout ce qui se voit de la mer, et qui par suite peut aider le navigateur à reconnaître le terrain. C'est surtout dans la construction que l'on s'aperçoit à combien d'erreurs graves on se fût exposé si on eût relevé chaque pointe comme un point fixe, dont on se fût servi ensuite pour construire sa route. La carte que nous mettons sous les yeux du lecteur servira d'exemple de ce genre, et nous ne reviendrons pas sur ce sujet.

Nous avons recommandé non-seulement de relever les points culminants afin d'en fixer la position, mais nous avons dit aussi qu'il fallait de distance en distance prendre leur hauteur angulaire au-dessus de l'horizon. Ajoutons qu'il faut en outre indiquer sur les croquis-plans de son cahier les chaînes de montagnes, comme on les voit de la mer. Cette donnée servira pour le dessin de la carte ou la représentation topographique du terrain. Les sommets étant une fois fixés, et leur hauteur au-dessus du niveau de la mer étant à peu près définie par leur distance angulaire, on pourra joindre les sommets par des courbes fictives de niveau ; il serait absurde de chercher à attacher dans les cartes levées sous voiles une valeur réelle aux dessins représentant le terrain, comme si cette topographie devait accuser les différences exactes de hauteur. On sait combien de pareilles observations sont délicates et difficiles à terre et lorsque l'on

a toute facilité d'obtenir un nivellement exact, mais
dans tous les cas le navigateur sera toujours satisfait
de trouver sur ses cartes un dessin qui lui donnera à
peu près la configuration du sol, la position exacte des
points saillants qu'il pourra relever, et enfin leur hauteur au-dessus du niveau de la mer, qui lui permettra
de juger quelle est la distance à laquelle il peut les
apercevoir. Quelquefois lorsque la pente des montagnes
est bien régulière, il est utile de prendre quelques relèvements qui fixent les limites de ces pentes, surtout
lorsque ces élévations dominent des terres basses.
Quant à la hauteur des points, leur calcul peut toujours
être renvoyé pour le moment où l'on a du temps à
soi. Il est même avantageux, lorsque l'on a une grande
quantité de ces calculs à faire, de les entreprendre
tous à la fois, on évite une perte de temps précieux
au moment de construire la carte, aussitôt après l'avoir
levée. Ainsi dans le travail de rédaction du voyage des
corvettes l'*Astrolabe* et la *Zélée*, qui nous occupe actuellement, tous ces calculs restent à faire, et ils se feront tous à la fois pour toutes les cartes qui composent
notre atlas.

Dans les constructions qui viennent de nous occuper, nous n'avons cherché qu'à faire sur le papier
une figure semblable à celle du terrain. Nous n'avons
fait aucune correction dépendante des modifications
à faire subir aux azimuts observés comme il a été dit
au chapitre III; ces terres étant placées presque sous
l'équateur, ces corrections sont, en effet, à peu près
nulles. Comme on peut encore le remarquer lorsque

le navire a eu une vitesse assez grande (de 7ʰ 52′ à midi du 26 juillet) nous avons multiplié nos stations, et afin de nous rendre indépendants du mouvement du navire pendant la durée de ces stations, nous avons réduit le nombre de nos observations de distances angulaires à un nombre bien petit comparativement à la multiplicité des points en vue.

Nous allons actuellement nous occuper d'établir la base de la carte. La distance la plus grande parcourue par les navires étant dans la direction de l'Ouest à l'Est, la base nous sera donnée par deux observations de longitudes. Or, dans la matinée du 26 juillet, on a pu avoir de bonnes observations d'angles horaires encadrées entre les deux stations de 9ʰ 0′ et 9ʰ 22′. Ce sera le premier méridien de notre base. Je place avec un compas de proportion entre ces deux stations le point dont on a obtenu la longitude. Ce point me sera donné par l'heure exacte à laquelle a été faite l'obserrvation et qui ressort du calcul même de la longitude. Ce point étant connu, je trace ce méridien. La seconde observation qui va nous servir sera celle du 7 août de 9ʰ 10′ du matin; là les navires étant en calme et ne faisant pas de route, je n'ai point encadré les observations de longitude entre deux stations, je me suis assuré seulement, par quelques angles pris avant et après les observations horaires, que l'action du courant sur le navire était négligeable pendant ce petit intervalle. Ainsi le deuxième méridien de ma base passe par 9ʰ10′. Soit actuellement 42 le nombre de minutes indiquant la différence entre les deux méridiens, je divise l'es—

pace qui les sépare en 42 parties égales, et j'ai la grandeur de la minute de longitude. Quant à la latitude, je trace un parallèle quelconque, celui de l'observatoire à Samboangan, par exemple, parce que c'est le point dont les observations sont les plus sûres, et ensuite j'ai toutes les données pour construire mon échelle en entier. Les tables de latitudes croissantes donnant la grandeur d'une minute de latitude quelconque en fonction de la minute de longitude, à partir du parallèle que j'ai tracé, je puis construire tous les parallèles.

La première chose à voir, cette échelle une fois construite, c'est si les latitudes obtenues par notre construction ne diffèrent pas trop de celles qui ont été employées pour le calcul des longitudes. S'il en était autrement, on devrait, avec ces latitudes ainsi déduites, recalculer les longitudes qui donnent la base. Au reste, pour s'assurer que les observations qui ont servi de bases ne sont pas entachées d'erreur, on doit examiner de suite comment cadrent toutes les autres observations astronomiques avec les positions obtenues par la construction. La carte que nous avons sous les yeux offre immédiatement une excellente base de vérification, c'est celle des latitudes. On peut toujours obtenir la latitude à une minute près par des hauteurs circum-méridiennes. Or, les observations faites au midi du 27 juillet et du 7 août donnent une base assez étendue; bien qu'elle encadre moins bien le travail entier que celle que nous avons adoptée en longitude, elle offre une excellente vérification. Si elle ne s'accordait pas avec l'autre, elle accuserait des erreurs graves, mais alors toutes les observations de longitudes intermédiaires entre celles adoptées feraient aisément reconnaître si ce sont les longitudes adoptées qui sont fautives, ou s'il y aurait dans la construction un défaut qu'il faudrait rechercher. Il est difficile que des erreurs un peu fortes puissent échapper à toutes ces vérifications. Dans toutes ces combinaisons on ne doit point perdre de vue quelles peuvent être les erreurs des observations astronomiques. Toutes les fois qu'une position déterminée par des observations cadre avec celle résulant de la construction, dans les limites de ces erreurs, on doit l'admettre.

Généralement quant on choisit les longitudes pour déterminer la base, il faut autant que possible réunir des observations de même espèce ; on sait que suivant que les observations horaires sont faites le matin ou le soir, elles accusent des résultats qui ne sont point toujours comparables, c'est pour cela que nous avons choisi pour deuxième méridien de notre base celui observé dans la matinée du 7 août, bien que les observations faites dans la soirée du même jour eussent permis d'embrasser un cadre plus vaste et même mieux approprié à notre travail. Les observations du 26 juillet et du 7 août ont été séparées par un intervalle de temps assez considérable, les montres ont été réglées à l'observatoire de Samboangan, dont la longitude a été calculée d'une manière définitive. Il va sans dire que les observations qui nous ont servi ont dû nécessairement être rapportées à ce même point intermédiaire, de manière que leurs résultats soient parfaitement comparables. Il n'est point nécessaire de rechercher exactement les longitudes absolues des méridiens de la base, il suffit d'opérer de manière à obtenir avec précision la différence entre ces deux méridiens; quant à la longitude absolue de la carte, il suffira d'en calculer un point pour que tous les autres s'en déduisent. Quel que soit le nombre de montres marines que l'on a à bord, généralement on n'en emploie qu'une seule pour obtenir les différences des méridiens, à moins que cette différence ne soit très-grande; il est certain que le concours de toutes les montres serait préférable, mais le travail serait plus long et le résultat ne subirait que de très-faibles modifications, surtout lorsque le chronomètre que l'on emploie est bon; dans tous les cas, il faudra ensuite faire concourir toutes les données que l'on a pour la détermination de la longitude absolue, et les moyens que nous avons employés pour ces déterminations feront l'objet d'une partie distincte de cet ouvrage. L'observatoire de Samboangan a été d'abord placé sur la carte par une station géographique dans laquelle nous avons relevé tous les points principaux que l'on pouvait apercevoir : on en a calculé ensuite la longitude absolue, ainsi que la latitude, qui ensuite ont fixé d'une manière positive les coordonnéès rectangulaires de tous les points de la carte.

Une dernière construction reste à faire sur la carte que nous avons sous les yeux, c'est celle qui accuse les courants. Les observations de ce genre peuvent se multiplier autant qu'on le veut; la route réelle du navire étant construite, il suffit de tracer la route estimée du navire et de voir les différences qui existent entre les points observés et ceux estimés. Notre intention n'est point de rechercher tous les courants qui ont agi sur nos navires pendant notre navigation dans le détroit de Bassilan, mais simplement de donner un exemple des constructions qui servent à les faire reconnaître. La journée du 27 juillet nous servira de texte pour cet objet.

La position réelle du navire étant fixée pour midi, je construis la route estimée du vaisseau à partir de ce point, et je trouve que si cette route estimée eût été exacte, et si le navire n'eût été sollicité par aucun courant, l'*Astrolabe* se serait trouvée en α à 6^h $30'$ du matin, en γ à 8^h $30'$, et en ε à 10 heures. C'est en effet ce qui résulte de la vitesse qu'a eue le navire, de la direction de la route qu'il a tenue, et de sa position réelle à midi. Au lieu de ces diverses positions accusées par l'estime, nous savons par la construction que les positions réelles du navire étaient β, δ et ζ, il a donc fallu que le navire soit sollicité par un courant violent dont la ligne $\alpha \beta$ représente l'action moyenne pendant l'intervalle de temps compris entre 6^h $30'$ et midi, $\gamma \delta$ celle de 8^h $30'$ à midi, et enfin $\varepsilon \zeta$ celle de 10^h à midi. Cette déduction déviendrait évidente si au lieu de faire partir la route estimée de la position vraie de midi, on l'eût fait partir successivement des positions vraies occupées par le navire à 6^h $30'$, 8^h $30'$, 10^h, chacune de ces parties de route estimée aurait accusé un point estimé pour le midi, et ces différents points, joints à la position vraie du navire à midi, auraient accusé en grandeur et en direction la vitesse du courant et son gisement, seulement il eût fallu trois constructions différentes pour trouver des lignes qui seraient égales en grandeur à 6α, $\gamma\delta$, et $\epsilon\zeta$ et qui auraient le même gisement.

De même il est facile de se rendre compte que $\alpha'\,6'$ représente l'action du courant de midi à $2^h\,20'$, $\gamma'\,\delta'$ celle de midi à 4^h, enfin $\epsilon'\,\zeta'$, celle de midi à $6^h\,05'$, etc. Si l'on voulait avoir l'action du courant dans un intervalle de temps plus limité de $6^h\,30'$ du matin, je suppose, à $8^h\,30'$, il suffirait de construire la route estimée dans cet espace de temps en prenant pour point de départ la position vraie de $6^h\,30'$, et de joindre la position estimée de $8^h\,30'$ avec cette même position obtenue par la construction. On peut du reste varier à l'infini les constructions capables d'accuser les courants pour une heure quelconque, lorsque l'on a suffisamment rapproché ses stations à la mer.

Il est facile de conclure des lignes des courants que nous venons de construire, 1° qu'ils sont dus à l'action des marées; ça ressort de leur direction presque diamétralement opposée, suivant que l'on considère cette action dans la matinée ou la soirée du 27 juillet; 2° la ligne 6α qui mesure une distance de près de 15 milles, indique que la vitesse moyenne du courant de flot a été de près de trois nœuds à l'heure; 3° le courant de midi à $2^h\,20'$ a été très-faible, et le moment du revirement de la marée s'est effectué aux approches de midi, et probablement de midi à une heure. Si j'avais voulu rechercher exactement le moment du revirement de la marée, il eût fallu multiplier les stations à la mer de manière à pouvoir calculer l'action du courant à des intervalles de temps très-raprochés, par exemple, de quart d'heure en quart d'heure.

Il devient ici bien évident que la route estimée n'aurait pu nous être d'aucune utilité pour la construction de notre carte, les courants violents qui traversent le détroit de Bassilan sont très-irréguliers ; comme dans la Manche, les navires qui fréquentent ce détroit peuvent tirer le plus grand avantage de leur connaissance. On sait que dans la Manche les courants ont souvent commencé ou cessé d'exister sur la côte de France, bien avant que cette même action fasse sentir son influence aux approches des terres anglaises. Le nombre d'observations que nous avons pu faire dans le détroit de Bassilan ne sont point assez nombreuses pour être concluantes, mais tout nous fait présumer qu'il s'y passe quelque chose de semblable.

Ces différents modes d'opération dans les levées sous voiles étant le résultat de mes recherches pendant toute la durée de la campagne des corvettes l'*Astrolabe* et la *Zélée*, ils n'ont pu être employés par moi que pendant une partie du voyage. Dans le commencement les cartes de l'atlas ont été levées et dressées par les moyens employés avant nous par nos devanciers et dans lesquels la route estimée corrigée d'après les observations astronomiques joue un grand rôle. Je me suis entouré de toutes les données qui pouvaient servir à leur rectification, par suite j'ai été conduit à des tâtonnements longs et laborieux. Plus tard j'ai été plus heureux ; les procédés graphiques que je viens d'exposer m'ont permis, avec moins de travail, d'apporter dans mes travaux plus de précision et d'exactitude. Je ne me dissimule pas que plus tard nos successeurs pourront faire encore beaucoup mieux que nous en employant les méthodes que je viens de décrire, et que je n'ai eu en ma possession que pendant une partie de notre long voyage.

CHAPITRE XI.

Méthodes de calculs pour déterminer les longitudes par les chronomètres.

Les observations astronomiques qui ont été faites pendant la campagne des corvettes l'*Astrolabe* et la *Zélée* afin de déterminer les longitudes et les latitudes des lieux visités pendant le cours du voyage, sont dues à MM. les officiers de l'expédition. Les chronomètres qui ont servi à fixer les longitudes ont été constamment suivis à bord de la *Zélée* par M. Tardy de Montravel, et à bord de l'*Astrolabe* par M. Barlatier Demas, et ensuite par M. Duroch pendant l'absence pour cause de maladie grave de M. Demas.

Les instruments qui ont été employés pour ce genre d'observations sont, à terre, le cercle astronomique et le théodolite répétiteur, à la mer le cercle à réflexion de Borda. Ces observations faites par des observateurs habiles et habitués à ce genre de travail, ont été suivies pendant toute la durée de la campagne avec un zèle remarquable et qui fait le plus bel éloge possible de MM. les officiers qui en étaient chargés, c'est dire aussi qu'elles méritent toute confiance, et qu'elles offrent toutes les garanties d'exactitude que comporte ce genre d'observations.

Pour tirer de ces résultats tout le parti possible, il restait encore à discuter ce nombre immense d'observations, afin d'en déduire les longitudes en faisant concourir à leur détermination tous les chronomètres embarqués sur les deux corvettes. Mais à leur arrivée en France MM. Barlatier Demas et Tardy de Montravel ayant été appelés, par M. le ministre, à des fonctions importantes dans le service de la marine militaire, ils ne leur a pas été donné de terminer par cette discussion la table des positions des lieux visités par l'expédition. Cette tâche me fut alors imposée par le contre-amiral Dumont-d'Urville, qui en sentait toute l'importance. M. Coupvent-Desbois qui déjà avait partagé avec moi toutes les observations de physique générale recueillies pendant notre voyage, et qui à cette époque se trouvait à Paris à la faveur d'un congé obtenu à la suite d'une longue navigation, voulut bien de nouveau s'adjoindre à moi, pour faire ce travail. A ce sujet, nous avons présenté à l'académie des sciences un mémoire dans lequel nous avons exposé notre méthode pour calculer la marche des chronomètres d'après les observations faites dans une relâche, et les formules que nous avons employées pour conclure en un lieu quelconque dont la longitude est inconnue, l'état du chronomètre sur le temps moyen d'un lieu dont la longitude est fixée.

J'ai cru devoir, dans ce chapitre, réunir en outre des formules qui nous ont servi dans nos calculs et de l'exposé des considérations qui nous y ont conduit, deux mémoires de M. Daussy, qui avec celui que nous avons présenté à l'académie M. Coupvent et moi, résument toutes les méthodes à employer pour déterminer les longitudes au moyen des chronomètres. J'ai espéré que les marins trouveraient avec plaisir réunis dans un même ouvrage toutes les formules dont ils pourront avoir besoin pour la détermination de leurs longitudes par les chronomètres, lorsqu'ils auront besoin de les calculer avec toute la précision nécessaire que comportent aujourd'hui les travaux hydrographiques qui peuvent leur être confiés. Tel est le but que je me suis proposé dans ce chapitre.

§ 107. — Deux choses sont indispensables à déterminer avec la plus grande précision dans chaque relâche, lorsque l'on veut calculer la longitude au moyen du transport du temps par les chronomètres, ce sont *la marche de la montre et son avance ou son retard sur le temps moyen de chaque relâche.*

La méthode la plus rigoureuse qui ait été donnée pour calculer ces deux éléments est due à M. Daussy, ingénieur-hydrographe en chef; elle est exposée dans un mémoire inséré dans la *Connaissance des Temps* de 1835 et que nous citerons textuellement.

« Si on examine, dit-il, les préceptes que l'on donne dans les ouvrages où sont exposées les méthodes de calcul pour obtenir la marche des chronomètres, nous voyons que l'on dit de prendre la différence entre la première et la dernière observation d'une relâche, et de la diviser par le nombre de jours écoulés, pour avoir la marche moyenne dans ce lieu ; seulement, on recommande de ne comparer, autant que possible, que les observations semblables, c'est-à-dire les observations du matin entre elles, et les observations du soir entre elles aussi.

« Pour obtenir les différences de longitude, on compare la dernière observation du départ avec la première de l'arrivée.

« On voit par-là que les observations intermédiaires faites pendant une relâche n'entrent pour rien dans les calculs, et que tout repose sur la première et la dernière observation ; cependant, lorsqu'on est resté un assez long espace de temps dans un point, quelques personnes ont cherché à employer les observations intermédiaires, et les combinant entre elles à des intervalles plus ou moins grands, pour obtenir la marche diurne de différentes manières, dont on prenait la moyenne ; mais outre que cette méthode présente beaucoup de vague, puisqu'il y aurait un très-grand nombre de combinaisons à faire, elle a encore l'inconvénient de prendre une moyenne entre des marches conclues d'après des intervalles de temps quelquefois très-inégaux.

« Pour l'état de la montre, je ne connais pas qu'on ait pris autre chose que la première observation de l'arrivée ou la dernière au départ, excepté l'orsqu'on a une observation du matin et une du soir le même jour, dans lequel cas on prend la moyenne entre les résultats de ces deux observations. Lorsque j'ai employé les observations chronométriques de M. Gauttier, j'avais pris le parti, en adoptant la marche donnée par le plus grand intervalle de temps, de déduire de toutes les observations l'état de la montre pour un des jours intermédiaires, et de prendre la moyenne des valeurs ainsi obtenues par le retard ou l'avance sur le temps moyen; mais cette méthode avait l'inconvénient de ne point corriger la marche; c'est ce qui m'a porté à chercher un moyen simple de corriger à la fois la marche et l'état d'après l'ensemble des observations. J'ai pensé que la méthode la plus avantageuse à employer pour parvenir à ce but, était celle dont on fait usage en astronomie pour corriger les éléments calculés approximativement, en établissant pour chaque observation une équation de condition, et en déterminant les corrections à faire à chacun d'eux pour que la somme des carrés des erreurs finales soit la moindre possible [1] : elle consiste, comme l'on sait, à faire autant de systèmes

[1] « M. Laplace a donné, dans sa *Mécanique céleste*, t. III, au sujet des différents degrés du méridien, mesurés à divers latitudes, une méthode pour obtenir l'ellipse dans laquelle le plus grand écart des degrés mesurés serait plus petit que dans toute autre figure elliptique; les équations dont on part étant de même forme que celles qui sont données dans le cas que nous traitons, on pourrait employer le même moyen pour résoudre le problème que nous nous sommes proposé : on aurait alors, mais par un calcul un peu moins simple, la marche et l'état de la montre pour lesquels les erreurs sont les moindres, mais non pas les valeurs les plus probables de ces quantités, qui sont données par la méthode exposée ci-dessus. »

d'équations qu'il y a d'inconnues, en multipliant chaque équation de condition, successivement, par le coefficient de chacune des inconnues de cette équation : la somme de toutes les équations multipliées par le coefficient de x, forme une première équation finale ; la somme de toutes celles multipliées par le coefficient de y une seconde, et ainsi de suite. On parvient ainsi à avoir autant d'équations que d'inconnues, et l'on peut alors déterminer ces dernières par les méthodes ordinaires.

« La seule difficulté consistait à rendre cette méthode d'une application simple et facile ; c'est à quoi j'ai cherché à parvenir.

« Les deux quantités que l'on doit déterminer sont la marche diurne, supposée uniforme, et l'état de la montre un jour quelconque, que l'on peut prendre indifféremment, puisqu'au moyen de la marche on détermine l'état par tous les autres jours.

« On peut donc adopter le premier jour des observations, et prendre pour valeur approximative, dont on devra chercher la correction, les résultats de cette première observation : on prendra aussi pour marche approximative, celle qui aura été obtenue en comparant la première et la dernière observation Ce sont ces deux quantités qu'il s'agira de corriger, ou dont il faudra déterminer l'erreur.

« On peut, au moyen de cet état et de cette marche, déterminer l'état de la montre pour l'instant de chacune des autres observations, et en comparant cet état avec le résultat de l'observation, on aura une différence qui proviendra des erreurs des données, indépendamment de l'erreur de l'observation. L'erreur commise sur l'état de la montre produira toujours une même quantité, et celle commise sur la marche se répétera autant de fois qu'il y aura de jours d'intervalle entre le premier et celui pour lequel on calculera.

« Chaque observation donnera donc une équation de la forme : état de la montre calculé, plus erreur de l'état supposé pour le premier jour, plus erreur de la marche multipliée par le nombre des jours écoulés depuis le premier, égalent l'état de la montre donné par l'observation,

ou $\qquad A + x + ny = A'$, ou $x + ny = A' - A.$

« On voit d'abord que le coefficient de x étant toujours l'unité, la première équation finale sera la somme de toute les équations données immédiatement ; elle s'obtiendra donc très-facilement. Pour obtenir la seconde, il faudrait multiplier chacune des équations particulières par le coefficient de y, qui sera généralement un nombre fractionnaire ; car il arrivera très-rarement que les observations auront été faites toutes à la même heure ; de cette manière, le calcul deviendrait long et compliqué : mais pour le rendre beaucoup plus simple, on peut rapporter, au moyen de la marche approximative, les états obtenus par les observations à un même instant : si l'on n'a fait des observations que le matin ou le soir, on pourra prendre l'heure moyenne; alors on aura au plus 2ʰ d'intervalle entre l'heure moyenne et celle qui en sera le plus éloignée. L'erreur que l'on commettra en rapportant ainsi, sera donc le douzième de la correction que l'on devra faire à la marche approximative, et par conséquent presque toujours insensible. Si l'on avait des observations du matin et du soir, on pourrait en faire des groupes, qui dévraient donner la même marche, et seulement un état moyen différent, si l'instrument avait une erreur constante; mais si rien n'indiquait une semblable erreur, on pourrait rapporter toutes les observations à midi; l'intervalle moyen serait alors d'environ 4ʰ, ce qui produirait une erreur qui serait le sixième de la correction à faire. Cette quantité serait presque toujours au-dessous de l'erreur de l'observation, et de plus, les observations après et avant midi donneraient une compensation.

« Après la réduction de toutes les équations à la même heure, les coefficients qui affecteront l'inconnue représentant la correction à faire à la marche diurne, seront des nombres entiers, et toujours de petits nombres, car la supposition de l'uniformité de la marche d'une montre ne doit pas s'étendre, autant que possible, au-delà d'environ 20 jours; si l'intervalle était plus grand, et que les observations fussent nombreuses, on ferait bien de le diviser en deux ou trois intervalles, que l'on examinerait chacun séparément.

« On voit donc qu'après cette réduction, la multiplication de toutes les équations par le coefficient de l'inconnue que l'on cherche, devient une opération simple et facile : la somme de toute les équations ainsi multipliées donnera la seconde équation finale, qui, combinée avec la première, fournira, par les méthodes ordinaires, la valeur de chacune des inconnues, c'est-à-dire les corrections à faire à la marche diurne et à l'état de la montre sur le temps moyen, pour que la somme des carrés des erreurs des observations soit la moindre possible.

« On pourrait encore, lorsqu'il y a des observations du matin et du soir, et qu'elles paraissent indiquer une erreur constante soit dans l'instrument, soit dans la manière d'observer, chercher à déterminer par cette même méthode, ou l'erreur sur le temps vrai, que l'on peut généralement supposer constante, ou l'erreur de l'instrument, si l'on voulait calculer rigoureusement en appréciant pour chaque observation l'effet d'une erreur constante sur la hauteur ; mais cette dernière supposition augmenterait beaucoup le calcul : la première, qui est celle que l'on emploie toujours, puisque l'on recommande de ne comparer, pour avoir la marche, que les observations faites à la même époque de la journée, sera généralement suffisante, car on s'écarte ordinairement peu de l'heure moyenne.

« Si donc on voulait calculer l'erreur des observations du matin et du soir, en la supposant constante, on introduirait dans les équations de condition une troisième inconnue dont le coefficient serait toujours l'unité, mais qui serait seulement de signes contraires le soir et le matin ; pour avoir alors la troisième équation finale, qui, combinée avec les deux autres, fournirait les moyens de déterminer les trois inconnues, il suffirait de changer les signes de toutes les observations du matin et du soir, et de faire la somme ; on voit qu'on aurait cette dernière équation avec facilité. La résolution des trois équations à trois inconnues serait seulement un peu plus longue. Pour rendre plus intelligible cette méthode, nous allons joindre ici deux exemples de notre manière d'opérer ; et pour ne pas supposer des observations disposées exprès, nous les prendrons parmi les registres d'observations astronomiques qui se trouvent au Dépôt de la Marine.

« Par des observations faites à Saint-Paul, île de Bourbon, en 1822, on a trouvé pour le retard d'une montre marine, les quantités suivantes :

	T. moy.	Retard.
Le 11 juillet, à	3ʰ 1′ 32″	6ʰ41′ 32″
12	3 1 44	6 41 32
14	2 33 31	6 41 34
16	2 50 40	6 41 42
18	3 13 52	6 41 51
19	2 47 3	6 41 50

« En comparant la première et la dernière observation, on trouve, pour marche diurne,

$$\frac{18''}{8} = 2'',25$$

« Avec cette marche, nous rapporterons tous les retards trouvés à 3ʰ 0′, en diminuant ceux obtenus plus tard, et augmentant ceux obtenus plus tôt : comme la différence est très-petite, nos corrections le seront aussi, on aura ainsi :

$$
\begin{array}{ll}
\text{le 11 juillet, à } 3^{h}\,0' & 6^{h}41'\,32''00 \\
\qquad 12 & 6\;41\;32,00 \\
\qquad 14 & 6\;41\;34,04 \\
\qquad 16 & 6\;41\;42,01 \\
\qquad 18 & 6\;41\;50,98 \\
\qquad 19 & 6\;41\;50,02
\end{array}
$$

«Si, au moyen du retard trouvé le 11 juillet et de la marche 2″,25, nous voulons calculer les retards les jours suivants, nous aurons, en appelont x l'erreur de l'état supposé, et y l'erreur de la marche diurne adoptée,

$$
\begin{array}{llll}
\text{le 11 juillet,} & 6^{h}41'32''\;0 + x + & 0 & = 6^{h}41'32''00 \\
\qquad 12 & 6\;41\;33,25 + x + & y & = 6\;41\;32,00 \\
\qquad 14 & 6\;41\;38,75 + x + & 3y & = 6\;41\;34,04 \\
\qquad 16 & 6\;41\;43,25 + x + & 5y & = 6\;41\;42,01 \\
\qquad 18 & 6\;41\;47,75 + x + & 7y & = 6\;41\;50,98 \\
\qquad 19 & 6\;41\;50,00 + x + & 8y & = 6\;41\;50,02,
\end{array}
$$

ou
$$
\begin{array}{rl}
x = & 0 \\
x + y + & -2''25 \\
x + 3y = & -4,71 \\
x + 5y = & -1,24 \\
x + 7y = & +3,23 \\
x + 8y = & +0,02
\end{array}
$$

« En faisant la somme de ces six équitations, nous aurons la première équation finale

$$6x + 24y = -4'',95;$$

pour obtenir la seconde, nous multiplierons chacune d'elles par le coefficient de y dans cette équation, nous aurons ainsi,

$$0 = 0$$
$$x + \quad y = - \quad 2''25$$
$$3x + \quad 9y = -14,13$$
$$5x + 25y = - \quad 6,20$$
$$7x + 49y = +22,61$$
$$8x + 64y = + \quad 0,16$$

Faisant la somme, nous aurons pour la deuxième équation finale

$$24x + 148y = + 0'',19$$

« Nous aurons donc, pour obtenir les valeurs de x et de y, les deux équations suivantes :

$$6x + \quad 24y = -4'',95$$
$$24x + 148y = + 8'',19$$

divisant chacune d'elles par le coefficient de x, nous aurons

$$x + 4,00 \ y = -0'',825$$
$$x + 6,167y = + 0'',008$$

et par conséquent,

$$2,167y = +0'', 833 \text{ ; donc } y = +0'',384$$

ce qui donnera enfin

$$x = -1'',536 - 0'',825 = -2'',361$$
$$x = -2'',367 + 0'',008 = -2'',361$$

Appliquant ces corrections aux valeurs supposées pour l'état et la marche de la montre, on aura

le 11 juillet, à 3 , retard de la montre, $6^h41'32'',0$ $-2'',36 = 6^h41'29''64$, et marche diurne $= 2'',25 + 0'',384 = 2'',63$.

« Les erreurs sur les observations seront alors

Le 11 juillet,	$-2''36$
12	$+0,27$
14	$-3,54$
16	$-0,81$
18	$+2,92$
19	$-0,61$

« Ces erreurs ne sont pas beaucoup diminuées, mais elles sont distribuées plus uniformement, et l'on a l'avantage d'avoir employé toutes les observations à la détermination des deux éléments des calculs de longitude que l'on peut obtenir par le moyen de cette montre.

« Dans le second exemple que nous allons donner,

nous chercherons à déterminer aussi l'erreur constante sur les angles horaires conclus des observations du matin ou de celles du soir.

« Voici les différents états de la montre, trouvés par les observations d'angles horaires.

		Retard.
Le 21 déc. 1818,	3ʰ20′	1ʰ17′59″85
23	3 32	1 173 7,59
23	20 36	1 17 30,81
29	3 52	1 16 29,07
29	19 34	1 16 20,40
1ᵉʳ janv. 1819,	20 28	1 15 46,71
7	28 0	1 14 35,33

« En comparant l'observation du 23 et la dernière observation, faites toutes deux le matin, on trouve pour marche diurne de la montre 11″, 71.

« Au moyen de cette marche, qui, étant déterminée par un intervalle de 15 jours, doit éprouver peu de changement, nous réduirons toutes ces observations au midi le plus proche; nous aurons ainsi

Le 21 déc., à midi,	1ʰ18′ 1″47
23	1 17 39,31
24	1 17 29,15
29	1 16 39,96
30	1 16 18,24
2 janvier,	1 15 44,99
8	1 14 33,38

Partant de l'observation du 21 comme état approximatif, qu'il faudra corriger, et avec la marche déterminée ci-dessus, on obtiendra, comme dans le premier exemple, les équations de conditions suivantes, dans lesquelles x désigne la correction à faire à l'état de la montre du 21 décembre, y la correction de la marche diurne, et z la correction des angles horaires provenant de l'erreur constante commise sur les hauteurs, et qui par conséquent est de signe contraire dans les observations du matin et du soir

$$x + z = 0$$
$$x - 2y + z = + 1''26$$
$$x - 3y - z = + 2,81$$
$$x - 8y + z = + 3,17$$
$$x - 9y - z = + 2,16$$
$$x - 12y - z = + 4,04$$
$$x - 18y - z = + 2,69$$

« La somme de ces sept équations donnera la première équation finale par rapport à x,

$$7x - 52y - z = + 16'',13$$

En changeant les signes de la troisième et des trois dernières, z se trouvera avoir le même signe dans toutes : en faisant la somme de ces équations ainsi transformées, on aura pour équation finale par rapport à z,

$$-x + 32y + 7z = -7'',27$$

Enfin, multipliant la deuxième par 2, la troisième par 3, la quatrième par 8, et ainsi de suite par les coefficients de y, et faisant la somme, on aura pour troisième équation finale

$$52x - 626y - 32z = + 152'',65$$

« Nous ne donnerons pas ici le calcul de ces trois équations, qui se fera suivant la méthode ordinaire, et donnera pour la valeur des inconnues

$$x = + 1'',52, \quad y = -0'',100, \quad z = -0'',36$$

ce qui donnera pour l'état de la montre, le 21 déc. à midi, $1^h18'1'',47 + 1'',52 - 0'',36 = 1^h18'2'',63$, et pour marche diurne $11'',71 - 0'',10 = 11'', 61$; la correction z indique qu'il faut retrancher $0'',36$ de l'état de la montre conclu des observations du soir, et ajouter la même quantité à celui conclu des observations du matin.

« On voit que l'erreur que l'on a commise en employant la marche approximative pour réduire les observations à midi, ne s'élèvera pas à $0'',02$, puisque le plus grand intervalle est de 4^h, ou $\frac{1}{6}$ de la correction, qui est de $0'',10$.

« Si, au moyen de ces nouvelles données, nous cherchons le retard de la montre à midi, pour chaque jour d'observation, afin de voir quelles sont les erreurs qu'il faut admettre dans les observations, nous aurons

		Err. des obs.
Le 21	1 18′ 2″63	— 1″16
23	1 17 39,41	— 0,10
24	1 17 28,25	+ 0,63
27	1 16 29,75	+ 1,21
30	1 16 18,86	— 0,62
2	1 15 44,03	+ 0,96
8	1 14 34,37	— 0,99

« On voit que ces erreurs sont tout-à-fait dans les limites de la précision que l'on doit attendre, et par conséquent les données que nous avons obtenues satisfont le mieux possible à l'ensemble des observations. »

§ 108. Cette méthode pour calculer la marche des chronomètres a le grand avantage de faire concourir à sa détermination toutes les observations d'angles horaires recueillies pendant une même relâche, mais les calculs qu'elle exige pour arriver à ce résultat sont longs et par conséquent d'un emploi peu facile, aussi avons-nous cherché à arriver au même résultat par des moyens plus rapides et que nous croyons aussi exacts. Pour cela nous avons pris la moyenne entre toutes les marches conclues de toutes les observations faites dans le cours de la relâche et combinées deux à deux. Seulement comme plus l'intervalle qui divise deux observations de ce genre est grand, plus la marche obtenue par leur différence divisée par l'intervalle, a des chances probables d'une exactitude probable, chacune des marches obtenues ainsi n'a dû entrer dans notre

moyenne générale, que proportionnellement au degré
de confiance que l'on doit lui accorder suivant qu'elle
est donnée par des observations séparées par un intervalle de temps plus ou moins grand.

Soit b, b', b'', b''' . . . . b^{m-} les avances
ou les retards du chronomètre sur le temps moyen
du lieu, observés à des jours différents.

Soit n n' n'' n''' . . . . n^{m-2} les intervalles en jours
qui séparent deux observations consécutives; les
marches du chronomètre en ne négligeant aucune
des observations horaires que nous supposons toutes
également bonnes, seront données par toutes les différences que l'on obtiendra en combinant les lettres
b b' b'' b''' . . . . . b^{m-1} deux à deux, divisées par le
nombre de jours qui séparent les deux observations
dont on prend la différence.

Combinant la première observation b avec toutes
les suivantes, ensuite b' avec toutes celles qui la suivent et ainsi de suite on aura toutes les marches possibles du chronomètre, en faisant concourir toutes
les observations de la relâche, dans le tableau suivant.

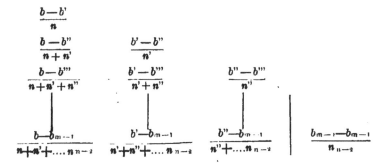

En partant de ce principe que les observations horaires faites dans des circonstances favorables et dans
un même lieu, sont toutes également bonnes, il en
résulte que, quel que soit l'intervalle de temps qui sépare deux observations dont on cherche à déduire la
marche, la différence de ces deux observations ne
saurait être affectée d'une erreur plus grande, parce
qu'elles auraient été faites à de petits intervalles, et que
s'il y a à redouter une erreur dans la conclusion de
la marche dans le numérateur de la fraction qui la
donne, toutes les différences représentant les numérateurs de ces fractions sont sujettes à une erreur
également probable pour toutes. Or suivant que l'erreur provenant du numérateur de ces fractions sera
divisée par un dénominateur plus grand, la marche
obtenue aura une plus grande probabilité d'exactitude; ce qui revient à dire que la marche obtenue
par deux seules observations sera d'autant meilleure
que l'intervalle de temps qui sépare les deux observations sera plus grand. Les probabilités d'erreurs de
chacune de ces fractions sont donc en raison inverse
des dénominateurs.

Pour faire entrer dans la moyenne générale ces diverses valeurs de la marche en raison inverse de leur
probabilité d'erreur, ou proportionnellement à leur
dénominateur, suivant les règles établies par le calcul des probabilités, il faudrait écrire chacune de ces
fractions un nombre de fois dont le chiffre est donné
par le dénominateur de chacune d'elle, et ensuite
prendre la moyenne, ce qui revient à dire qu'il faut

multiplier chacune de ces fractions par son dénominateur, en faire la somme, et la diviser par la somme
des dénominateurs; en appelant X la marche cherchée on aura donc

$$X = \frac{(b-b')+(b-b'')+\ldots(b-b_{n-1})+(b'-b'')+\ldots(b'-b_{m-1})+\ldots(b_{m-2}-b_{m-1})}{n+(n+n')+\ldots(n+n'+\ldots n_{m-2})+n'+\ldots(n'+n''+\ldots n_{m-2})+\ldots n_{m-2}}$$

Il est facile de voir, d'après la formation même de
cette équation, qu'elle peut s'écrire sous la forme

$$X = \frac{(m-1)\,b+(m-3)\,b'+(m-5)\,b''+\ldots\ldots+[m-(2\,m-1)]\,b_{m-1}}{(m-1)\,n+2\,(m-2)\,n'+3\,(m-3)\,n''+\ldots\ldots\times(m-1)\,n_{m-2}}$$

ou bien encore

(a) $$X = \frac{(m-1)\,(b-b_{m-1})+(m-3)\,(b'-b_{m-2})+(m-5)\,(b''-b_{m-3})+\text{etc.}}{(m-1)\,(n+n_{m-2})+2\,(m-2)\,(n'+n_{m-3})+3\,(m-3)\,(n''+n_{m-4})+\text{etc.}}$$

m est donné par le nombre des observations;
quand m sera pair, le nombre des termes composant
le numérateur et le dénominateur sera $\frac{m}{2}$ quand m
sera impair, le nombre des termes sera $\frac{m-1}{2}$; dans
ce dernier cas, l'observation intermédiaire dont l'in-
dice serait $\frac{m+1}{2}$ disparaît tout-à-fait dans la formule
(a) qui donne la valeur de X et elle est inutile
pour la détermination de la marche du chronomètre.
Ainsi quand on voudra obtenir cet élément par la for-

mule que nous donnons ici, il faudra toujours réunir un nombre pair d'observations horaires, et quand ces observations seront en nombre impair, une d'elles sera toujours inutile pour le calcul de la marche de la montre.

Nous aurions pu choisir un exemple dans les observations faites pendant le cours du voyage des corvettes l'*Astrolabe* et la *Zélée*, mais pour que le lecteur puisse mieux comparer notre méthode avec celle exposée précédemment par M. Daussy, nous prendrons, pour y appliquer le calcul, les mêmes observations faites à Saint-Paul (île de Bourbon) en 1822. On a trouvé pour le retard d'une montre marine les quantités suivantes :

Retard.

Le 11 juillet à 6^h 11' 32",00 $= b_1$
12. . . . . . 6 11 32,00 $= b_2$
14. . . . . . 6 11 34,04 $= b_3$
16. . . . . . 6 11 42,04 $= b_4$
18. . . . . . 6 11 50,98 $= b_5$
19. . . . . . 6 11 50,02 $= b_6$

on aura donc $m = 6$;

$$b_1 - b_6 = 0' \ 18",02 \ ; \quad b_2 - b_5 = 0' \ 18",98 \ ; \quad b_3 - b_4 = 0' \ 7",97.$$

$$n_1 = 1 \ ; \quad n_2 = 2 \ ; \quad n_3 = 2, \quad n_4 = 2 \ ; \quad n_5 = 1 \ ;$$

d'où l'on déduit

$$X = -\frac{5 \ (0' \ 18",02) + 3 \ (0' \ 18",98) + (0' \ 7",97)}{5 \cdot 2 + 8 \cdot 4 + 9 \cdot 2} = -2",583$$

résultat qui ne diffère de celui obtenu par M. Daussy dans son mémoire que de 0",051.

Reprenons encore les chiffres de son deuxième exemple pour calculer la marche du chronomètre, nous aurons pour toutes les observations réduites au midi le plus proche

Retard.

Le 21 à midi.	1^h 18'	$1",47 = b_1$
33.	1 17	$39,31 = b_2$
24.	1 17	$29,15 = b_3$
29.	1 16	$39,96 = b_4$
30.	1 16	$18,24 = b_5$
2.	1 15	$44,99 = b_6$
8.	1 14	$33,38 = b_7$

Dans cet exemple $m = 7$, le nombre des observations étant impair, celle intermédiaire du 29 nous devient tout-à-fait inutile, nous aurons

$$b_1 - b_7 = 3' 28",09; \quad b_2 - b_6 = 1' 54",32; \quad b_3 - b_5 = 1' 10",91,$$

$$n_1 = 2; \quad n_2 = 1; \quad n_3 = 5; \quad n_4 = 1; \quad n_5 = 3; \quad n_6 = 6;$$

on aura donc

$$X = \frac{6 . (0' 208",09) + 4 (0' 114",32) + 2 (0' 70",94)}{6 . 8 + 10 . 4 + 12 . 6} = +11",54775$$

La différence entre ce résultat et celui auquel arrive M. Daussy est de 0",06225. Il est vrai que nous avons fait concourir à notre détermination de la marche, des observations faites le matin avec celles faites le soir, si nous admettons pour la correction des angles horaires provenant de l'erreur constante commise sur les hauteurs, et qui, par conséquent, est de signe contraire dans les observations du matin et du soir, la valeur trouvée par M. Daussy $z = -0'',36$, etc.; et si, introduisant d'abord cette correction dans les observations, nous recalculons ensuite la marche du chronomètre, nous trouvons pour la grandeur de la marche

$$X = 11'',588375$$

qui ne diffère plus de celle obtenue par M. Daussy que de $0'',021$.

Cette formule, qui est très-simple, permet de calculer les marches des chronomètres avec beaucoup de précision, et d'une manière très-rapide. Nous croyons devoir la recommander aux marins; il leur sera toujours possible d'obtenir de cette manière les éléments qui doivent servir à leur faire trouver les longitudes avec beaucoup de précision, sans pour cela qu'ils soient obligés à se livrer à des calculs plus compliqués que ceux qu'ils sont dans l'habitude de faire pour chaque relâche.

La marche moyenne du chronomètre ainsi déterminée servira ensuite à rapporter les divers états de la montre sur le temps moyen du lieu déduits de chacune des observations horaires à un même jour intermédiaire entre les époques des observations extrêmes. La moyenne de tous les résultats sera l'état de la montre sur le temps moyen du lieu pour le jour que l'on considère, et si la longitude du lieu est connue on en déduira l'état du chronomètre sur le temps moyen de Paris.

Dans l'état actuel de la géographie, les lieux dont les longitudes peuvent servir de départ aux observations chronométriques sont malheureusement fort éloignés les uns des autres, principalement dans les mers du Sud; en sorte que dans les voyages de circumnavigation, l'état absolu du chronomètre sur le temps moyen de Paris reste souvent plusieurs mois sans être rectifié sur la longitude d'un lieu dont la position soit certaine, et l'on ne peut déterminer d'une manière exacte dans les relâches intermédiaires que la marche diurne de la montre, et son état sur le temps moyen du lieu.

§ 108. — Lorsque l'on veut calculer une longitude au moyen du transport du temps par les chronomètres d'un lieu dont la longitude est connue dans un autre lieu dont on veut avoir la position, on calcule, pour un jour où l'on a fait des observations d'angles horaires sur le lieu dont on veut fixer la longitude, l'état du chronomètre sur le temps moyen du point de départ au moyen de la marche trouvée en ce point; on cherche ensuite l'état du chronomètre sur le temps moyen du point d'arrivée, et la différence de ces deux états indique la différence des méridiens du point de départ et du point d'arrivée. Si la marche du chronomètre était constante, les longitudes ainsi déterminées seraient exactes, mais lorsque cette marche varie durant le cours d'une traversée, le résultat se trouve entaché de toutes les différences qui existent chaque jour entre la marche réelle du chronomètre et celle qu'on lui a supposé d'après les calculs du point de départ.

Quelles que soient les variations de cet élément, il faut supposer que la marche d'un chronomètre varie lentement, et non par des sauts brusques qui ne sauraient être soumis à aucune loi ni à aucun calcul, comme tout ce qui est irrégulier. Lorsque plusieurs chronomètres se trouvent réunis sur un même navire, il devient important de les comparer entre eux chaque jour, pour s'assurer qu'aucun d'eux ne s'éloigne par des sauts brusques, et lorsque l'on s'aperçoit qu'une montre donne de grandes variations irrégulières, par rapport au mouvement uniforme des autres, elle doit être rejetée. Ainsi donc, en admettant que chaque chronomètre varie dans sa marche d'une manière continue, on admettra aussi que ce mouvement peut être représenté par une courbe telle que le nombre de jours écoulés représentant les abcisses, à partir du point de départ, les ordonnées seront les marches du chronomètre pour chaque jour de la traversée. Cela posé, il est facile de se rendre compte des suppositions que l'on fait lorsque l'on calcule les longitudes par les moyens ordinairement employés.

Soit (*fig.* 17) A B la marche au point de départ, C D celle au point d'arrivée, A C le nombre de jours écoulés pendant la traversée, si on suppose que le chronomètre a conservé, pendant toute la traversée, une marche constante qui est la moyenne de celles obtenues au point de départ et au point d'arrivée, on admet que le mouvement du chronomètre a été représenté par la droite B' D' menée parallèlement à l'axe des X, de manière à ce que l'on ait

$$A B' = C D' = \frac{A B + C D}{2}$$

Lorsque l'on corrige les longitudes intermédiaires entre le point de départ et celui d'arrivée au moyen des tables connues des nombres triangulaires, on suppose que la montre a avancé ou retardé tous les jours d'un certain nombre de secondes, par un mouvement uniformément accéléré; et alors le mouvement de la montre peut être représenté par la ligne droite B D, mais dès-lors si (*fig.* 18) la ligne courbe représentant le mouvement du chronomètre est B b b' b'' b''' B', et si le nombre de jours écoulés entre chacune des relâches et le point de départ est représenté par les abscisses, A a, A a', A a'', A a''', A A', on voit que l'on aura encore admis que le mouvement du chronomètre est précisément représenté par la ligne brisé B b + b b' + b' b'' + b'' B', formant un point de rebroussement en chaque point b b' b'' b''' dont on a les coordonnées, ce qui revient à supposer qu'en chaque point de relâche le mouvement du chronomètre s'est trouvé modifié d'une manière brusque; ce qui n'est point admissible.

Sans pouvoir définir quelle est la nature de la courbe

qu'a suivie le chronomètre dans son mouvement, ce qu'il y a de plus rationnel, c'est de supposer que la courbe qui se rapproche le plus de celle suivie par le chronomètre est celle qui, étant continue, vient passer par les points dont les coordonnées sont connues. C'est d'après ce principe que nous allons donner la manière de calculer les longitudes observées pendant toute la durée d'une campagne suivant les données qu'il est possible de réunir.

1° La longitude du point de départ est connue, l'observateur ne touche qu'en un seul point dont la longitude n'est pas fixée.

Dans ce cas-là, aucune donnée ne peut faire connaître quelle a été la courbe probable suivie par le chronomètre, la longitude du point de relâche sera conclue au moyen de la marche moyenne prise entre celle du point de départ et celle du point d'arrivée. Si le navire a ensuite fait retour au point de départ, ou aura une deuxième longitude conclue au moyen de la marche moyenne entre celle obtenue au point de station et celle observée au retour au point de départ, et la longitude définitive du point de station sera donnée par la moyenne prise entre ces deux longitudes. Seulement, dans ce cas-là, plus la traversée entre les deux points sera courte, plus la différence de longitude obtenue entre ces deux points aura de chances d'exactitude, en sorte que si l est la différence de longitude déduite d'une traversée dont m représente le nombre des jours, et l' celle déduite d'une traversée de m' jours, au lieu de prendre pour la différence définitive de longitude la valeur $\frac{l+l'}{2}$, il sera plus rationnel d'adopter pour cette valeur X la moyenne suivante, où chacune des longitudes l et l' entre proportionnellement à ses chances d'exactitude

$$X = \frac{m' l + m l'}{m + m'}$$

Il faudra, de plus, calculer les longitudes des points intermédiaires entre celui d'arrivée et celui de départ par la méthode ordinaire connue de tous les marins, d'après laquelle on suppose que la variation de la marche a été proportionnelle au temps, c'est-à-dire que le chronomètre a suivi dans son mouvement une ligne droite B D (*fig.* 17).

2° Un observateur part d'un point dont la longitude est déterminée et où l'on a observé la marche du chronomètre; il arrive à un point d'observation dont la longitude est aussi déterminée, et où il observe de nouveau la marche de la montre, il s'agit de fixer les longitudes des points intermédiaires.

M. Daussy, dans un mémoire inséré dans la *Connaissance des temps* de l'année 1840, a résolu complétement cette question. Nous donnerons ici ce mémoire dans son entier, parce que la méthode qu'il propose est celle que l'on doit employer lorsqu'on n'a pas d'autre données, et que l'on n'a pu observer les marches intermédiaires entre les deux limites du départ et de l'arrivée. Si on avait observé d'autres

marches intermediaires, cette méthode serait insuffisante, puisqu'elle laisserait de côté les observations
qui peuvent jusqu'à un certain point faire connaître
la courbe suivie par le chronomètre. Il deviendra du
reste évident pour le lecteur que la méthode suivante
de M. Daussy revient à faire passer par les deux points
où les marches de la montre ont été observées, un
arc de parabole déterminé par cette condition que la
surface comprise entre la courbe du chronomètre
(*fig.* 17), l'axe des X et les deux ordonnées extrêmes,
ait une surface donnée déduite des deux états du départ et de l'arrivée et de la différence en longitude de
ces deux points.

« Lorsque, dans un voyage, on cherche à déterminer au moyen d'un chronomètre les longitudes des
points que l'on visite, toute l'exactitude des résultats
que l'on obtient repose sur la connaissance des variations qu'a dû éprouver la marche diurne de cet instrument. C'est dans ce but que l'on s'arrête pendant
quelques jours dans différents points, afin d'obtenir
cette marche à des intervalles plus ou moins rapprochés sans aucune hypothèse sur les longitudes. Lorsqu'on a ainsi, en deux endroits, réglé un chronomètre, la différence des longitudes s'obtient en prenant
pour marche diurne la moyenne entre celles qui ont
été observées au départ et à l'arrivée, c'est-à-dire que
l'on suppose que l'accélération ou le retard diurne du
chronomètre a varié uniformément entre ces deux
points et proportionnellement au temps. Pour obtenir
les longitudes des points intermédiaires, où l'on n'a

observé qu'en passant, et celles du bâtiment aux instants où l'on a pris des relèvements, on commence par calculer une longitude approchée, en se servant de la marche observée au point de départ; on la corrige ensuite au moyen du nombre de jours écoulés depuis ce point, et de l'erreur que l'emploi de la marche aurait donnée sur la longitude du point d'arrivée, obtenue, comme nous l'avons dit ci-dessus, par la moyenne des marches du départ et de l'arrivée. La méthode que l'on emploie ordinairement pour faire cette correction suppose encore que la variation de la marche a été proportionnelle au temps.

« Si la longitude du point d'arrivée était connue primitivement, d'une manière que l'on crût préférable à ce que donnerait le chronomètre, on pourrait obtenir les corrections à faire aux longitudes intermédiaires, sans avoir besoin d'observer la nouvelle marche de la montre en ce point. Il suffirait en effet pour cela de constater, par des angles horaires, l'état du chronomètre sur le temps moyen du lieu d'arrivée, pour avoir l'erreur que la marche de la montre supposée constante aurait donnée sur la longitude de ce point; cette erreur serait ensuite répartie sur les longitudes intermédiaires, au moyen du nombre de jours écoulés et en suivant des règles données. Mais ces règles étant déduites de l'hypothèse que la marche a varié proportionnellement au temps, on pourrait aussi calculer dans cette même hypothèse la marche de la montre au point d'arrivée; pour que celle-ci s'accordât avec ce que donneraient des observations directes, il faudrait que la longitude adoptée fût la même que celle qui aurait été déduite du chronomètre en employant la marche moyenne. Cet accord subsistera rarement; et dans le cas d'une différence, on conçoit facilement qu'on aurait des longitudes intermédiaires autres que celles qu'on a obtenues, si l'on prenait les différences en rétrogradant du point d'arrivée au point de départ, ce qui est aussi permis que l'opération inverse. Quelles seraient donc les valeurs que l'on devrait adopter pour ces longitudes, en supposant que l'on accordât une égale confiance aux observations du départ, à celles de l'arrivée, et à la différence des longitudes de ses deux points? ou, en d'autres termes, comment peut-on établir la variation de la marche d'un chronomètre, pour qu'elle passe par un mouvement uniforme de la valeur que les observations du point de départ ont donnée à celle que l'on déduit des observations au point d'arrivée, et de manière à ce que la somme des marches diurnes ainsi déterminées dans l'intervalle soit justement égale à ce que l'on déduirait des observations directes aux deux points et de la différence de longitude connue.

« Tel est le problème que je me suis proposé de résoudre avec le plus simplicité possible; sa solution est d'autant plus nécessaire, que le nombre des points bien déterminés, et qui peuvent servir de départ pour de nouvelles déterminations, devient tous les jours plus grand, et qu'il est important de donner une méthode exacte pour calculer les points intermédiaires.

« Nous ne prétendons certainement pas que les formules que nous donnerons, représentent rigoureusement la marche du chronomètre ; il faudrait supposer
pour cela que cet instrument ne varie jamais que
par degrés insensibles, et que de plus les circonstances qui peuvent altérer son mouvement n'éprouvent
pas de changements brusques. Mais nous pensons que
toutes les fois que l'on doit satisfaire à différentes
conditions égales, comme la marche au départ, à
l'arrivée, et dans l'intervalle, il est plus convenable
de traiter ces conditions d'une manière uniforme que
de chercher, par des tâtonnements ou une estime
toujours vague, à quel résultat on doit donner la
préférence.

« Supposons donc que dans un point dont la longitude est connue, on ait observé l'état A d'un chronomètre sur le temps moyen du lieu, et sa marche
diurne que nous présentons par a ; qu'un certain
nombre, m, de jours après, dans un autre point,
dont la longitude est aussi connue, on ait observé
de même l'état B de ce chronomètre sur le temps
moyen et sa marche diurne b ; on demande comment
on devra établir la variation de la marche pour que,
par un mouvement uniforme, elle passe de a à b, et
que la somme des marches intermédiaires donne l'é-
tat que l'on conclurait d'après la différence des longitudes connues des deux points.

« Lorsque nous déterminions la différence des longitudes par des marches obtenues aux points de départ
et d'arrivée, nous supposions que dans cet intervalle

la marche avait varié uniformément et proportionnellement au temps, c'est-à-dire que l'on représen-
tait la série des marches diurnes par

$$a, \quad a+x, \quad a+2x, \quad a+3x, \quad \text{etc.}$$

Dès-lors, si un nombre m de jours s'était écoulé entre le départ et l'arrivée, on avait $b = a + (m+1)x$;[1]
on pouvait donc déterminer x, et l'on avait ensuite, pour le $n^{\text{ième}}$ jour après le départ, la somme
des marches égale à

$$a+x+a+2x+a+3x \ldots \ldots +a+nx$$

ou

$$na + \frac{(n+1)n}{2}x$$

ce qui donnait toujours le moyen de calculer, pour

[1] • Je mets $(m+1)$, parce que la marche au départ précède,
et la marche à l'arrivée suit évidemment les observations en ces
deux points. On voit aussi que la marche qui suit immédiatement le départ est $a+x$, et non pas a.

• a ne représente même rigoureusement que la marche au milieu de l'intervalle de temps pendant lequel on a fait des observations au point de départ; mais comme généralement le nombre de
jours employés pour régler les chronomètres est assez petit, on
peut supposer qu'ils ont marché uniformement. Si cet intervalle
était un peu grand, il serait nécessaire de le partager en deux
ou plusieurs parties et de calculer la marche qui a eu lieu immédiatement après l'arrivée à la relâche et immédiatement avant le
départ de ce point. •

un jour quelconque, l'état de la montre dans l'hypothèse adoptée d'un changement de marche propor-
tionnel au temps; mais aujourd'hui que nous avons
une troisième donnée, et que nous voulons établir
aussi que les changements n'ont lieu que graduellement, nous ne pouvons satisfaire à cette condition qu'en établissant comme constante la différence
deuxième des marches au lieu de la différence première, c'est-à-dire que la série des marches serait

	diff. 1re.	diff. 2me.
a		
$a+x$	x	y
$a+2x+y$	$x+y$	y
$a+3x+3y$	$x+2y$	y
$a+4x+6y$	$x+3y$	

$$\cdots \cdots \cdots$$

$$a+nx+\frac{n.n-1}{2}y.$$

« Nous aurons ici une inconnue de plus y, mais
nous aurons aussi une donnée de plus, la différence
des longitudes ou la marche moyenne dans l'intervalle du départ à l'arrivée; cette marche moyenne,
que nous représentons par c, se déduit en effet immédiatement de la différence des longitudes, puisque
cette différence est égale à l'état de la montre sur le
temps moyen de l'arrivée, moins l'état de la montre
sur le temps moyen du départ, moins la somme des

marches entre ces deux points, ou moins la marche moyenne multipliée par le nombre de jours

$$D = B - A - nc$$

d'où l'on tire

$$c = \frac{B - A - D}{n}$$

Cela posé, nous aurons pour déterminer x et y les relations suivantes :

« 1° Le nombre de jours écoulés entre le départ et l'arrivée étant n, on aura, d'après ce que nous avons dit plus haut,

$$b = a + (n+1) \cdot x + \frac{(n+1) \cdot n}{2} y$$

« 2° La somme des marches, depuis le départ jusqu'à l'arrivée, sera

$$a + x + a + 2x + y + a + 3x + 3y \ldots \ldots$$

$$+ a + nx + \frac{n \cdot (n-1)}{2} y = na + \frac{(n+1) \cdot n}{2} x +$$

$$\frac{(n+1) \cdot n \cdot (n-1)}{2 \cdot 3} y = nc$$

Au moyen de ces deux équations, on aura facilement x et y; en effet, la première donne

$$\frac{n+1 \cdot x}{2} + \frac{n+1 \cdot n}{4} y = \frac{b-a}{2}$$

la seconde

$$\frac{n+1 \cdot x}{2} + \frac{n+1 \cdot n-1}{2 \cdot 3} y = c-a$$

retranchant l'une de l'autre, on a

$$\frac{n+1}{2}\left(\frac{n}{2} - \frac{n-1}{3}\right) y = \frac{b-a}{2} - c + a = \frac{b+a-2c}{2}$$

d'où l'on tire

$$y = \frac{b+a-2c}{(n+1)\left(\frac{n}{3} - \frac{n-1}{3}\right)} = 6 \frac{b+a-2 \cdot c}{(n+1)(n+2)} \qquad \text{(A)}$$

ce qui donnera, par une substitution facile,

$$x = \frac{(n+2)(b-a) - 3n(b+a-2c)}{(n+1)(n+2)} \qquad \text{(B)}$$

« Après avoir ainsi déterminé x et y, on aura faciment, pour un jour quelconque, qui serait le $m^{i\text{ème}}$ après le départ, l'état du chronomètre sur le temps moyen du point d'où l'on est parti, par la formule

$$\text{A} + ma + \frac{m+1 \cdot m}{2} x + \frac{m+1 \cdot m \cdot m - 1}{2 \cdot 3} y$$

Si des observations directes donnent, pour le même jour, l'état du chronomètre sur le temps moyen du lieu où l'on se trouve égal à M, on aura, pour la longitude de ce lieu,

$$\text{M} - \text{A} - ma - \frac{m+1 \cdot m}{2} x - \frac{m+1 \cdot m \cdot m - 1}{2 \cdot 3} y$$

ou si l'on veut avoir la correction à faire à la longitude que l'on aurait déduite de la supposition d'une marche constante égale à a, on aurait simplement pour cette quantité

$$- \frac{m+1 \cdot m}{2} x - \frac{m+1 \cdot m \cdot m - 1}{2 \cdot 3} y$$

« On satisfera de cette manière à la condition que la marche du chronomètre ait varié graduellement, en passant de celle qui a été déterminée au point de départ à celle que l'on a obtenue à l'arrivée, et de telle sorte que la différence de longitude que l'on conduirait de ces marches soit égale à la différence des longitudes données pour ces deux points.

« Ces formules sont peu compliquées ; nous allons donner quelques exemples de leur application, qui feront voir comment on peut disposer ces calculs. Nous choisirons pour cela une suite d'observations qui ont été faites en 1839 par M. Berthelin, élève de marine, chargé de suivre la marche du chronomètre, n° 4830, de Breguet, à bord de la frégate *la Psyché*, commandée par M. Louvel. Ces observations, auxquelles M. Berthelin a mis un soin tout particulier, nous donneront occasion de faire voir comment on peut tirer parti les résultats que l'on obtient, et quels sont ceux qu'il est nécessaire de donner, afin que l'on puisse toujours vérifier les calculs; enfin nous y trouverons encore le moyen de déterminer les positions de Porto-Cabello et de Sainte-Marthe sur les côtes de la Colombie.

« Le 7 mai 1839, *la Psyché* partit du fort Royal de la Martinique, après avoir réglé son chronomètre; elle mouilla à la Guayra, où des observations d'angles horaires donnèrent l'état de la montre sur le temps moyen du lieu les 17, 22 et 28 mai; de là elle se rendit à Porto-Cabello, et l'on y observa les 5 et 6 juin; on fit ensuite des observations à Curaçao les 9, 11, 13 et 16 juin, à Sainte-Marthe le 21 et le 23 juin, et enfin à Carthagène, les 25, 27, 29 du même mois.

«Toutes ces observations ont été faites avec un cercle à réflexion et un horizon artificiel; M. Berthelin eut soin de les faire toujours à peu près à la même heure le soir, afin que, s'il existait une erreur constante, soit dans l'instrument, soit dans la manière d'observer, les différences de longitudes n'en fussent point affectées [1]. Comme la marche diurne de la montre a toujours été de moins d'une seconde, on peut les regarder comme ayant été faites au même instant, ce qui évite une réduction qui se ferait, au reste, très-simplement. Voici les résultats des calculs des angles horaires; on ne donne ici que la moyenne des séries de chaque jour, pour éviter des détails qui ne sont pas nécessaires, mais que M. Berthelin a consignés avec raison dans son rapport.

« A la Martinique (départ), le 7 mai, la montre avance sur le temps moyen de $4^h9'44'',26$. Sa marche diurne obtenue par les observations précédentes est un retard de $0'',833$, ou $-0'',833$.

A la Guayra,	le 17 mai, avance sur le t. moy.	$4^h33'15'',89$
	le 22.	3 33 10, 12
	le 28.	4 33 5, 52
A Porto-Cabello,	le 5 juin, avance sur le t. moy.	$4^h37'16'',25$
	le 6.	4 37 15, 79

« [1] Cette méthode a pourtant l'inconvénient que si, dans un point, on a commis une erreur sur la latitude, on ne peut pas s'en apercevoir; il vaut toujours mieux observer, autant que possible, le matin et le soir dans chaque lieu : alors on s'apercevra si l'instrument n'a pas une erreur constante, si l'on n'a pas soi-même une manière d'observer défectueuse, ou enfin si la latitude employée n'est pas en erreur, car ces trois causes feraient également que les observations du soir et celles du matin ne s'accorderaient pas. Il ne serait sans doute pas aisé de démêler à laquelle de ces causes devrait être attribué le désaccord; mais le résultat moyen serait indépendant de ces erreurs. »

A Curaçao,	le 9 juin, avance sur le t. moy.	4ʰ44′ 4″,44
	le 44.	4 44 0, 5
	le 43.	4 44 59, 16
	le 16.	4 40 57, 67
A Sainte-Marthe,	le 24.	5 2 44, 36
	le 28.	5 2 7, 44
A Carthagène,	le 25.	5 7 25, 27
	le 27.	5 7 22, 99
	le 29.	5 7 24, 85

« Ces observations ont été faites : à la Martinique, sur le môle de Bellevue, 3″,6 au S. et 39″ à l'O. du mât du pavillon de fort S.-Louis ; par conséquent, par lat. 14°36′3″,6 N., long. 63°25′3″ O.

« A la Guayra, sur le fortin situé à gauche du débarcadère, 23″ à l'O. du fort dont la position est donnée dans la *Conn. des Temps* ; par conséquent, latitude 10°36′19″ N., long. 69° 17′23″ O.

« A Porto-Cabello, auprès du fort San-Felippe, latitude 10°29′23″ N., la longitude est de 70°21′0″, suivant la *Conn. des Temps* de 1839. Cette longitude sera corrigée d'après les observations de M. Berthelin.

« A Curaçao, dans le port 12″ au N. et 3″ à l'O. du fort Amsterdam ; par conséquent, d'après la *Conn. des Temps*, lat. 12° 6′28″ N. ; long. 71° 16′13″

« A Ste-Marthe, sur le fortin qui est sur la plage, 9″ au N. et 3″ à l'O. de la cathédrale ; lat. 11° 15′13″ N., long. 76°28′ 45″ O. Cette longitude sera corrigée par les observations de M. Berthelin.

« A Carthagène, auprès du fort qui est à droite de la

passe, entre le mouillage et la ville, à peu près, d'a-
près le plan, à 25" au S. et à 24" dans l'E. du dôme.
Donc, lat. 10° 25' 3" N., long. 77° 54' 0" O.

« Nous voyons d'abord qu'à la Guayra, à Curaçao et
à Carthagène, l'intervalle des observations a été assez
long pour que l'on puisse obtenir la marche du chronomètre dans chacun des points, indépendamment
de toute hypothèse sur les longitudes. Il n'en est pas
de même à Porto-Cabello et à Sainte-Marthe, où l'on
n'a qu'un intervalle d'un et de deux jours; on conçoit qu'alors les erreurs inévitables des observations
influeraient d'une manière trop sensible sur la marche diurne que l'on en déduirait. Au reste, ces observations pourront nous servir à rectifier la longitude
de ces points, en les rapportant aux deux entre lesquels ils se trouvent compris; c'est ce qui nous fournira l'occasion de donner des exemples de la méthode
que nous avons développée ci-dessus. Nous allons
commencer par déterminer la marche et l'état du
chronomètre dans les trois stations de la Guayra,
Curaçao et Carthagène, en faisant usage de la méthode que nous avons donnée dans la *Conn. des Temps*
pour 1835, et qui donne les moyens d'employer,
d'une manière uniforme, pour cette détermination,
toutes les observations faites en chacun de ces points.

A la Guayra.

« Les observations du 17 et du 28, considérées seules, nous donnent pour marche diurne

$$\frac{10'',37}{11} = -0'',94$$

Nous aurons donc pour premières données.

Avance de la montre, le 17. . . . $4^h33'45'',89 + x$
Et marche diurne.. . . . . $-0,94 - y$

et par conséquent, pour les trois jours d'observations,

le 17, avance observée. . $4^h33' 45'',89 = 4 33' 45'',89 + x$
le 22. . . . . $4 33 10 ,42 = 4 33 45 ,89 + x — 4'',70 — 5 y$
le 28. . . . . $4 33 5 ,52 = 4 33 45 ,89 + x — 10,34 — 11 y$

d'où l'on tire

$$0 = x$$
$$-0'',07 = x — 5y$$
$$-1,05 = x — 11y$$

Somme ou 1re équation finale $\quad -1,12 = 3x — 16y$ (A)

« Multipliant chacune des trois équations partielles par le coefficient de y de cette équation, c'est-à-dire la première par zéro, la seconde par 5, et la troisième par 11, on obtient les trois équations suivantes

$$0 = 0$$
$$-5'',35 = 5x — 25y$$
$$-0,55 = 11x — 121y$$

Somme ou 2e équation finale $\quad -5,90 = 16x — 146y$ (B)

« Ces deux équations finales, (A) et (B), nous donneront les moyens de déterminer x et y. Pour cela nous diviserons la première par 3, et la seconde par 16; elles deviendront

$$- 0'',373 = x - 5,333y$$
$$- 0,369 = x - 9,145y$$

prenant la différence, on a

$$- 0'',004 = + 3,79y$$

d'où l'on tire

$$y = - 0'',004$$

substituant cette valeur de y dans les deux dernières équations, on a

$$x = - 0'',373 - 0'',005 = - 0'',378$$
$$x = - 0,369 - 0,009 = - 0,378$$

on aura donc, en définitive,

Avance de la montre, le 17 mai. $4^h33'15'',89 - 0'',378 = 4^h33'15'',51$

Marche diurne. . . . . $= - 0'',940 + 0,004 = - 0'',939$

d'où l'on conclura aussi

Avance de la montre, le 28 mai. $4^h33'15'',51 - 10'',33 = 4^h33'5'',18$

A Curaçao

« Les observations du 9 et 16 juin, considérées seules, donnent pour marche diurne

$$\frac{-3'',74}{7} = -0'',534$$

on aura donc pour premières données

Avance de la montre, le 9 juin . . . $4^h44'1'',44 + x$
Et marche diurne . . . . $= -0,534 - y$

Les quatre jours d'observations donneront

le 9, avance obs. de la montre. $4^h44'$ $1'',44 = 4^h44'$ $1'',44 + x$
le 11 . . . . 4 44 $0,50 = 4$ 44 $1,44 + x - 1'',068 - 2y$
le 13 . . . . 4 40 $59,16 = 4$ 44 $1,44 + x - 2,436 - 4y$
le 16 . . . . 4 40 $57,67 = 4$ 44 $1,44 + x - 3,738 - 7y$

d'où l'on tire

$$
\begin{aligned}
0 &= x \\
+\,0'',158 &= x - 2y \\
-\,0,114 &= x - 4y \\
-\,0,002 &= x - 7y \\
\hline
\text{Somme ou 1}^{re}\text{ équation finale} \quad +\,0,042 &= 4x - 13y \ \text{(A')}
\end{aligned}
$$

« Multipliant chacune des équations partielles par le coefficient de y, dans cette équation, c'est-à-dire la première par zéro, la deuxième par 2, la troisième par 4, et la quatrième par 7, elles deviendront

$$0 = 0$$
$$+ 0",316 = 2x - 4y$$
$$- 0,456 = 4x - 16y$$
$$- 0,044 = 7x - 49y$$

Somme ou 2ᵉ équation finale $\quad - 0,154 = 13x - 69y \quad$ (B')

Divisant l'équation (A') par 4, et l'équation (B') par 13, on aura

$$+ 0",040 = x - 3,250y$$
$$- 0,042 = x - 5,300y$$

Différence $\quad + 0,082 = \quad + 2,058y$

ce qui donne

$$y = + \frac{0",082}{2,058} = + 0",011$$

substituant cette valeur de y dans les deux dernières équations, on aura

$$x = + 0",040 + 0",036 = + 0",046$$
$$x = - 0,042 + 0,058 = + 0,046$$

On aura donc, pour Curaçao, par les observations combinées des 9, 11, 13 et 16 juin :

le 9 juin, avance de la montre. . . $4^h 44' 4", 44 + 0", 046 = 4^h 44' 4", 46$
Marche diurne. . . . . . $- 0, 534 - 0, 011 = - 0, 545$

le 16 juin, avance de la montre. . $4^h44'4'',46 - 3'',845 = 4^h40'57'',64$

A Carthagène.

« Les observations du 25 et du 29 juin donnent pour marche diurne

$$- \frac{3'',42}{4} = -0'',55$$

Nous aurons donc pour les premières données

Avance de la montre, le 25 juin. . . . . . $5^h7'25'',27 + x$
Marche diurne. . . . . $-0,855 - y$

« Les observations des 25, 27 et 29 juin donneront

le 25, av. de la montre obser. . $5^h7'25'',27 - 5^h7'25'',27 + x - 0$
le 27. . . . . $5 7 22 ,99 - 5 7 25 ,27 + x - 1'',710 - 2y$
le 29. . . . . $5 7 24 ,85 - 5 7 25 ,27 + x - 3 ,420 - 4y$

d'où l'on tire

$$
\begin{array}{rcl}
0 &=& x \\
-0'',57 &=& x - 2y \\
-0,00 &=& x - 4y \\
\hline
\end{array}
$$

Somme ou 1ʳᵉ équation finale $\quad -0,57 = 3x - 6y \ (A'')$

« Multipliant chacune des équations partielles par le cofficient de y dans cette équation, c'est-à-dire la première par 0, la deuxième par 2, et la troisième par 4, on aura

$$0 = 0$$
$$- 1'',14 = 2x - 4y$$
$$- 0,00 = 4x - 16y$$

Somme ou 2ᵉ équation finale $\quad - 1,14 = 6x - 20y \quad (\text{B}'')$

Divisant l'équation (A'') par 3, et l'équation (B'') par 6, on aura

$$- 0'',190 = x - 2y$$
$$- 0,190 = x - 3,333y$$

d'où l'on tire

$$y = 0$$

et par conséquent

$$x = - 0'',190$$

On aura donc pour Carthagène, par les observations des 25, 27 et 29 juin,

Avance de la montre, le 25 juin. $5^h7'25'',27 - 0'',19 = 5^h7'25'',08$
Marche diurne. . . . $- 0',855 - 0$

et par conséquent

Avance, le 29 juin. $5^h7'25'',08 - 3'',420 = 5^h7'21'',68$

« Si nous réunissons les résultats de ces calculs dans les trois points ci-dessus, nous aurons

A la Martinique.

Avance, le 7 mai. . . 4ʰ 9′44″,36.   Marche diurne. . . —0″,833

A la Guayra.

Avance, le 17 mai. . . 4ʰ33′45″,54
    le 28 mai. . . 4 33 5 ,18   Marche diurne. . . —0″,939

A Curaçao.

Avance, le 9 juin. . . 4ʰ44′ 4″,46
    le 16 juin. . . 4 40 57 ,64   Marche diurne. . . —0″,545

A Carthagène.

Avance , le 25 juin. . . 5ʰ7′25″,08
    le 29 juin. . . 5 7 21 ,68   Marche diurne. . . —0″,855

Avec ces données nous pourrions, en partant des observations faites en chaque point et des marches obtenues, déterminer les différences de longitudes; nous aurions ainsi

Entre la martinique et la Guayra. . . 5ʰ55′ 0″
      au lieu de. . . 5 52 20
      Erreur. . . . . + 2 40

Entre Guayra et Curaçao........ 2ᵉ 4'18"
au lieu de. . . 4 58 50

Erreur. . . . . + 2 28

Entre Curaçao et Carthagène. . . . . 6ᵉ38'26"
au lieu de. . . 6 37 47

Erreur. . . . . + 0 39

« Ces erreurs ne sont certainement pas trop fortes ; cependant, en ajoutant ces différences, on trouve entre la Martinique et Carthagène, 14°34'44". Les observations que nous avons citées dans la *Conn. des Temps* pour 1839, constatent que dans trois traversées, avec deux chronomètres, M. Lartigue n'a jamais trouvé plus de 14°30'34". M. Dagorne, dans une autre traversée, a trouvé 14°30'21". La moyenne de ces observations et de plusieurs autres, m'a donné pour cette différence 14°30'0" ; il est donc probable que le chromètre de *l'Astrée*, par une cause que nous ignorons, a donné des différences de longitude un peu trop fortes. Mais comme je crois que les longitudes de la Martinique, de la Cuayra, de Curaçao et de Carthagène sont assez bien déterminées pour pouvoir être adoptées comme points fixes, nous allons nous servir de ces observations pour donner un exemple de la méthode que nous avons exposée ci-dessus, et qui consiste à déterminer la variation de la marche de la montre, de manière à satisfaire à la fois à la marche observée au départ, à la marche obtenue à l'arrivée, et à la différence des longitudes supposées connues, c'est-à-dire à la marche moyenne de la traversée, obtenue en comparant l'état de la montre au départ avec celui obtenu au point d'arrivée, corrigé de la différence des longitudes.

« Commençons donc par chercher, d'après les observations que nous considérons, cette marche moyenne. On sait que l'on a toujours :

« État du chronomètre sur le temps moyen au point d'arrivée, moins état sur le temps moyen au départ, moins $n \times$ la marche moyenne = différence de longitude des deux points,

« n étant le nombre de jours écoulés des observations.

« D'après cela on aura

Entre la Martinique et la Guayra.

$$4^h 33' 45'',54 - 4^h 9' 44'',36 - 10 \times \text{marche moyenne} = 23' 29'',33$$

ce qui donne

$$10\, m = \times 1'',82 \qquad \text{ou} \qquad m = + 0'',182$$

Entre la Guayra et Curaçao.

$$4^h 44' 1'',46 - 4^h 33' 5'',48 - 12 \times \text{marche moyenne} = 7' 55'',33$$

ce qui donne

$$12 m = + 0'',950 \qquad \text{ou} \qquad m = + 0'',079.$$

Entre Curaçao et Carthagène.

5ʰ 7' 25",08 — 4ʰ 40' 5",64 — 9 × marche moyenne = 26' 34",13

ce qui donne

$$9m = -3",69 \qquad ou \qquad m = -0",410$$

« On voit par-là que la marche moyenne entre la Martinique et la Guayra, au lieu d'être, comme nous l'aurions supposée en prenant la moyenne des marches observées au départ et à l'arrivée, de

— 0",946, se trouve de + 0",482

qu'entre la Guayra et Curaçao, au lieu de

— 0",742, elle se trouve de + 0",079

et entre Curaçao et Carthagène, au lieu de

— 0",700, elle se trouve de — 0",410

Ce qui paraîtrait indiquer toujours une accélération pendant le temps que le bâtiment a mis à faire le trajet d'un point à un autre. Ce changement de marche au mouillage et en route, quelque bizarre qu'il paraisse, ne semblera pas inadmissible à ceux qui ont étudié l'effet que le changement de position

produit sur ces instruments si précieux, mais si déli-
cats; c'est ce qui nous a toujours fait penser qu'on ne
devait pas admettre d'une manière absolue que,
quand la marche à l'arrivée est sensiblement la
même qu'au départ, la montre n'a pas varié dans
l'intervalle [1], et que la marche moyenne, dans une
traversée, tient toujours le milieu entre celles du départ et de l'arrivée. Sans doute on est obligé de faire
cette supposition lorsque la longitude du point d'arrivée n'est pas connue, et qu'il est nécessaire de la déterminer; mais lorsqu'elle est donnée, et que par conséquent on peut avoir la valeur de la marche moyenne
de la traversée, il faut y avoir égard pour déterminer les variations de la marche, et par conséquent
les longitudes intermédiaires; c'est alors que vient
s'appliquer la méthode que je développe ici et dont
je vais donner deux exemples, en déterminant les
variations de la marche de la montre (n° 4830), dans
chacune des traversées de la Guayra à Curaçao et de
Curaçao à Carthagène, et en me servant de ces marches pour fixer les longitudes de Porto-Cabello et de
Sainte-Marthe, où l'on a fait des observations dans
l'intervalle de chacune de ces traversées.

[1] « C'est d'après cela que je regarde comme peu exact, lorsqu'on a plusieurs chronomètres, de choisir de préférence, pour
calculer les longitudes entre deux points, celui dont la marche
a été trouvée sensiblement la même à l'arrivée et au départ, à
l'exclusion de tous les autres. Je crois qu'on ne doit exclure que
ceux dont la marche, évidemment irrégulière, sort des limites
que l'on peut assigner à un bon instrument de ce genre. »

De la Guayra à Curaçao. — Porto-Cabello.

Nous avons eu ci-dessus

> Marche à la Guayra. . . . . —0″,939 (*a*)
> Marche moyenne dans la traversée. +0 ,079 (*c*)
> Marche à Curaçao. . . . . —0 ,545 (*b*)
> Avance sur le t. moy. de la Guayra, le 28 mai. . . . 4ʰ33′5″,18
> Avance sur le t. moy. de Curaçao, le 9 juin. . . . . 4 41 1 ,46

les formules

$$y = 6 \frac{b + a - 2c}{n + 1 . n + 2}$$

et

$$x = \frac{(n + 2)(b - a) - 3n(b + a - 2c)}{n + 1 . n + 2}$$

dans lesquelles $n = 12$, donnent d'une manière très-simple

$$y = -0″,054 \qquad \text{et} \qquad x = +0″,355.$$

Maintenant l'avance de la montre sur le temps moyen de la Guayra, m jours après le départ, le **28 mai**, sera donnée par la formule

$$4^h 33' 15'' - m \times 0'',939 + \frac{m + 1 . m}{2} 0'',354 - \frac{m + 1 . m . m - 1}{2 . 3} 0'',054.$$

« Cette formule nous servirait à calculer les longitudes des points où l'on aurait fait des observations entre la Guayra et Curaçao.

« Or, dans cet intervalle, les observations faites à Porto-Cabello ont donné, pour l'avance de la montre sur le temps moyen de ce lieu,

$$le\ 5\ juin . . . . . \quad 4^h 37'46'',25$$
$$le\ 6 . . . . \quad 4\ 37\ 25\ ,79$$

Faisant successivement $m = 8$ et $m = 9$ dans la formule ci-dessus, nous aurons, pour l'avance de la montre, sur le temps moyen de la Guayra,

le 5 juin. . . . $4^h 33'5'',18 - 7'',712 + 12'',780 - 4'',536 = 4^h 33'5'',94$
le 6. . . . . . . $4\ 33\ 5\ ,18 - 8\ ,454 + 15\ ,975 - 4\ ,670 = 4\ 33\ 7\ ,03$

ce qui donnera, pour la différence de longitude entre Porto-Cabello et la Guayra

Par l'observation du 5. . . $4'10'',34$
et par celle du 6. . . . $4\ 8\ ,76$
_____
Moyenne. . . . $4\ 9\ ,55 = 1°2'23''$

Et comme la longitude de la Guayra est de $69°17'23''$, celle de Porto-Cabello sera $70°19'46''$.

« M. Zarthmann avait trouvé, en partant de Saint-Thomas, $70°20'25''$, et en partant de Curaçao, $70°20'37''$. Ces résultats sont assez d'accord, et je crois qu'on peut adopter la moyenne des trois, c'est-à-dire

70°20'16". Si, comme cela arrive presque toujours, on avait déterminé la longitude de Porto-Cabello avec la marche du départ supposée constante, on aurait eu, pour cette longitude,

Par l'observation du 5. . . 4'18",48
et par celle du 6. . . . 4 49',06

On aurait pu ensuite corriger ces longitudes, après avoir déterminé x et y, en soustrayant de ces quantités

$$\frac{m+1 \cdot m}{2} \, 0",355 - \frac{m'+1 \cdot m \, m-1}{2 \cdot 3} \, y$$

ou pour le 5. . . . 12",780—4",536= 8",244
et pour le 6. . . . 15 ,975—5 ,670=10 ,305

ce qui aurait encore donné les mêmes valeurs que ci-dessus.

De Curaçao à Carthagène.—Sainte-Marthe.

« Nous avons trouvé plus haut que l'on avait

Marche diurne à Curaçao. . . . . . . —0",545 (*a*)
Marche moyenne dans la traversée. —0 ,440 (*c*)
Marche diurne à Carthagène. . . . . —0 ,855 (*b*)
Avance sur le t. moy. de Curaçao, le 46 juin. . . . 4ʰ40'57",64
Avance sur le t. moy. de Carthagène, le 25 juin. . . 5 07 25 ,08

Les formules (A) et (B), dans lesquelles on fera $n = 9$, nous donneront

$y = -0",032,$ $\qquad x = +0",111$

« L'avance du chronomètre sur le temps moyen de Curaçao, un jour quelconque, le $m^{ième}$ après le départ, sera donc représentée par la formule

$$4^h 40' 57'',64 - m \times 0'',546 + \frac{m+1 \cdot m}{2} \times 0'',111 - \frac{m+1 \cdot m \cdot m-1}{2 \cdot 3} \times 0'',032,$$

qui servira à calculer les longitudes dans l'intervalle de Curaçao à Carthagène.

« Or, on a fait à Sainte-Marthe des observations qui qui donné

Avance de la montre sur le t. moy. de Ste-Marthe, le 21 juin. 5ʰ2'11'',36

le 23. . .   5 2 7 ,44

La formule ci-dessus donne, en faisant successivement $m = 5$ et $m = 7$,

Avance sur le t. moy. de Curaçao, le 21 juin. . . . 4ʰ40'55'',94

le 23. . . . . .   4 40 55 ,44

On aura donc, pour la différence de longitude entre Curaçao et Sainte-Marthe,

Par les observations du 21 juin. . . . 21'15'',42
par celles du 23. . . . . . . 21 12 ,30

Moyenne. . . . 21 13 ,86
ou. . . . . 5·18'28''
Long. du point d'observation à Curaçao. . . . 71 16 13

Long. du point d'observation à Ste-Marthe. . 76 35 41
Réduction à la cathrédrale. . . . . — 3

Long. de Ste-Marthe, cathédrale. 76 34 38

« Nous avions adopté, d'après les observations de Herrera, données par M. Oltmanns, 76° 28′ 45″, c'est-à-dire 6′ de moins ; mais il restait du doute à cause des corrections que nous avions fait subir à plusieurs points de cette côte : aujourd'hui cette longitude nous paraîtrait bien déterminée, s'il ne restait encore une incertitude sur la latitude, incertude qu'il nous a été impossible de lever.

« En effet, la latitude de Sainte-Marthe est donnée, dans les Mémoires d'Espinosa, sur le plan que la direction hydrographique de Madrid a publié de ce port, et sur les cartes espagnoles, de 11° 15′ 4″. C'est cette latitude que M. Berthelin a adoptée en l'augmentant de 9″ pour la réduire au point d'observation. Cependant M. Oltmanns, dans ses *Recherches sur la géographie du Nouveau Continent*, t. I, p. 158, rapporte cinq observations de hauteur du Soleil du P. Feuillée, qui donneraient pour latitude de cette ville 11°19′39″. On voit combien il eût été nécessaire, dans ce cas, d'avoir des observations d'angles horaires le matin et le soir ; nous pourrions reconnaître par-là si la latitude adoptée était la véritable ; car en recalculant les observations de M. Berthelin avec la latitude d'Oltmanns, nous trouvons une différence de 7″,1 sur le temps moyen de Sainte-Marthe, ce qui donnerait une longitude plus faible que celle que nous avons obtenue. Si donc la latitude d'Oltmanns était la véritable, en employant celle d'Herrera on aurait trouvé une différence de 14″,2 sur le temps moyen, entre les observations du matin et du soir ; on aurait dès-lors été fixé sur la véritable latitude, tandis que nous sommes encore dans l'incertitude de savoir si l'on doit adopter pour Sainte-Marthe

lat. 44°45' 4", ce qui donne long. 76°34'38"
ou   lat. 44 49 39,   ce qui donne long. 76 32 52

« Pour faciliter les calculs qu'exige la méthode développée ci-dessus, nous donnerons *à la fin de ce volume* une table des valeurs de

$$\frac{m+1 \cdot m}{2}, \frac{m+1 \cdot m \cdot m-1}{2 \cdot 3}$$

depuis 1 jour jusqu'à 50. »

§ 110. — Un observateur part d'un point dont la longitude est déterminée, il arrive successivement sur plusieurs points dont la longitude est à déterminer et sur lesquels il peut observer la marche de son chronomètre, enfin la longitude du dernier point où il touche et sur lequel il peut encore observer la marche de la montre est connue ; il s'agit de fixer les longitudes de tous les points intermédiaires.

Supposons que dans un système de coordonnées rectangulaires A X, A Y (fig. 18) les abscisses représentent le nombre des jours écoulés depuis l'instant du départ et les ordonnées les marches observées.

Soit A B la marche déterminée au point de départ, A' B' celle obtenue au point d'arrivée après A A' jours, enfin soient $a\,b$, $a'\,b'$, $a''\,b''$, $a'''\,b'''$ les marches observées dans les différentes relâches intermédiaires après A a, A a', A a'', A a''' jours; sans connaître la courbe qui représente le mouvement du chronomètre, nous savons que cette courbe doit être continue et qu'elle doit passer par les points B, b, b', b'', b''', B'; nous devons donc, en essayant de rechercher son équation, y faire entrer ces conditions qui sont données par l'observation. Il est certain que si ces points b, b', etc., étaient très-nombreux, on aurait assez exactement l'équation de la courbe représentant le mouvement de la montre, et dès-lors on obtiendrait aussi les différences de longitude entre le point de départ et celui de chaque relâche avec une très-grande exactitude. Il serait en effet facile en un point quelconque séparé du point de départ par un nombre de jours A o'', par exemple, d'obtenir l'état du chronomètre sur le temps moyen du lieu où se fait l'observation, comme nous l'avons dit au commencement de ce chapitre; quant à l'état de la montre sur le temps moyen du lieu de départ, il se composerait de deux parties, 1° de l'état observé du chronomètre sur le temps moyen du point de départ, 2° de la somme des marches diurnes du chronomètre à partir du point de départ A B jusques au point dont on recherche la longitude $o''\,o'$. Or cette dernière partie serait évidemment *la somme des ordonnées* de la courbe B $b\,b'\,o'$; on l'obtiendrait au moyen d'une intégrale, comme nous le verrons plus tard, et elle est précisément représentée par la surface comprise entre cette courbe, l'axe des X et les deux ordonnées du point de départ et du point dont on cherche à fixer la longitude.

Quelle que soit la nature de la courbe dont les abscisses sont données par le nombre de jours et dont les ordonnées représentent les marches correspondantes à ces différents jours, son équation peut toujours s'écrire sous la forme

$$y = f(x)$$

Bien que nous ne connaissions pas la nature de cette courbe, nous savons qu'elle doit passer par les points b', b', b'' etc.; c'est-à-dire que pour les valeurs de x correspondant aux jours de relâches, où la marche de la montre a été observée, nous avons les valeurs de y.

Or, pour déterminer la forme de cette fonction, en exprimant les conditions du problème, nous pouvons employer les moyens que fournit le calcul aux différences, et qu'emploient les géomètres pour déterminer la valeur d'une fonction correspondant à une certaine valeur de la variable sans connaître la nature de cette fonction, pourvu qu'elle soit intermédiaire entre les valeurs données de la fonction correspondant à de certaines valeurs de la variable.

Soient donc U_0, U_1, U_2, ... U_n, les diverses marches observées dans les lieux de station correspondant aux jours x_0, x_1, x_2, ... x_n, (x_0 sera égal à **0** toutes les fois que l'on placera l'origine des coordonnées au point de départ, mais nous conservons x_0

dans nos formules pour rendre les expressions analytiques plus symétriques).

D'après les règles connues du calcul des différences, on sait qu'une valeur quelconque de U, U_x, correspondant à une valeur quelconque de la variable x, sera donnée par la formule

$$U_x = U_o \frac{(x - x_1)(x - x_2)(x - x_3)\ldots(x - x_n)}{(x_o - x_1)(x_o - x_2)(x_o - x_3)\ldots(x_o - x_n)}$$

$$+ U_1 \frac{(x - x_o)(x - x_2)(x - x_3)\ldots(x - x_n)}{(x_1 - x_o)(x_1 - x_2)(x_1 - x_3)\ldots(x_1 - x_n)}$$

$$+ U_2 \frac{(x - x_o)(x - x_1)(x - x_3)\ldots(x - x_n)}{(x_2 - x_o)(x_2 - x_1)(x_2 - x_3)\ldots(x_2 - x_n)}$$

$$+ U_3 \underline{\hspace{6cm}}$$

$$\cdot \quad \cdot \quad \cdot \quad \cdot \quad \cdot \quad \cdot \quad \cdot \quad \cdot \quad \cdot \quad \cdot$$

$$+ U_n \frac{(x - x_o)(x - x_1)(x - x_2)\ldots(x - x_{n-1})}{(x_n - x_o)(x_n - x_1)(x_n - x_2)\ldots(x_n - x_{n-1})}$$

Cette formule donne

$$U_x = U_o, \quad U_x = U_1, \quad U_x = U_2, \quad U_x = U_n$$

lorsqu'on y fait successivement

$$x = x_o, \quad x = x_1, \quad x = x_2 \ldots \quad x = x_n$$

On sait que le produit de plusieurs facteurs de la forme $(x - a)$, en nombre n, ordonné par rapport à x, est égal à x_n plus la somme des produits deux à deux des lettres a, b, etc., multipliée par x^{n-1}, plus la somme des produits trois à trois de ces mêmes lettres multipliée par x^{n-2}, etc...... Or donc, si nous posons

$\alpha_0 = $ la somme des produits un à un de toutes les valeurs x_1, x_2, etc., jusqu'à x_n;

$\mathscr{6}_0 = $ la somme des produits deux à deux de ces mêmes quantités x_1, x_2, ... x_n;

$\gamma_0 = $ la somme des produits trois à trois, etc.;

$\theta_0 = $ la somme des produits n à n.

Si α_1, $\mathscr{6}_1$, γ_1, θ_1 représentent les sommes des produits analogues des mêmes valeurs de x dans lesquels on aurait remplacé x_1 par x_0, etc.

On verra facilement que l'expression précédente pourra s'écrire sous la forme suivante :

$$U_x = U_0 \frac{x^n - x_0\, x^{n-1} + \mathscr{6}_0\, x^{n-2} - \gamma_0\, x^{n-3} + \ldots\ldots + \vartheta_0}{(x_0 - x_1)(x_0 - x_2)\ldots\ldots \qquad\qquad (x_0 - x_n)}$$

$$+\, U_1 \frac{x^n - x_1\, x^{n-1} + \mathscr{6}_1\, x^{n-2} - \gamma_1\, x^{n-3} + \ldots\ldots + \theta_1}{x_1 - x_0)(x_1 - x_2)\ldots\ldots \qquad\qquad (x_1 - x_n)}$$

$$+\, U_2 \underline{\qquad\qquad\qquad\qquad\qquad\qquad\qquad\qquad}$$

$$\cdot\quad\cdot\quad\cdot\quad\cdot\quad\cdot\quad\cdot\quad\cdot\quad\cdot\quad\cdot\quad\cdot\quad\cdot\quad\cdot\quad\cdot\quad\cdot$$

$$+\, U_n \frac{x^n - \alpha_n\, x^{n-1} + \mathscr{6}_n\, x^{n-2} - \gamma_n\, x^{n-3}\ldots\ldots + \theta_n}{x_n - x_0)(x_n - x_1)\ldots\ldots \qquad\qquad (x_n - x_{n-1})}$$

On déduirait de cette formule pour un jour quelconque compris entre les limites x_0 et x_n la marche du chronomètre dont U_0, U_1, U_2, U_3 .... U_n sont les marches observées aux jours x_0, x_1, x_2, x_3,..... x_n.

Or, l'état du chronomètre, un jour quelconque, est égal à l'état au jour du départ U_0, augmenté de la somme des marches diurnes depuis x_0 jusqu'au jour que l'on considère. En appelant E_x la quantité dont il faut modifier l'état primitif pour obtenir l'état cherché un jour quelconque x, on obtiendra sa valeur en sommant l'expression générale de la valeur de U_x entre les limltes x_0 et x, et l'on aura l'équation suivante :

$$\text{(A)} \ E_x = U \frac{S_x^{x_0} x^n - \alpha_0 S_x^{x_0} x^{n-1} + 6_0 S_x^{x_0} x^{n-2} \quad + \theta_0 \ S_x^{x} x^0}{(x_0 - x_1)(x_0 - x_2)\dots\dots\dots\dots (x_0 - x_n)}$$

$$+ U_1 \frac{S_x^{x_0} x^n - \alpha_1 S_x^{x_0} x^{n-1} + 6_1 S_x^{x_0} x^{n-2} - \dots\dots \quad + \theta_1}{(x_1 - x_0)(x_1 - x_2)(\dots\dots\dots (x_1 - x_n)}$$

$$+ U_2 \rule{8cm}{0.4pt}$$

$$+ \ \dots\dots\dots\dots\dots\dots\dots\dots\dots$$

$$+ U_n \frac{S_x^{x_0} x^n - \alpha_n S_x^{x_0} x^{n-1} + 6_n S_x^{x_0} x^{n-2} - \dots\dots \quad \theta_n}{(x_n - x_0)(x_n - x_1)\dots\dots\dots (x_n - x_{n-1})}$$

Dans laquelle on a

$$S_x^{x_0} x^n = x_0^n + (x_0 + 1)^n + (x_0 + 2)^n + \dots\dots \quad (x_0 + x)^n$$

$$S_x^{x_0} x^{n-1} = x_0^n \ \cdot \ + (x_0 + 1)^{n-1} + (x_0 + 2)^{n-1} + \dots (x_0 + x)^{n-1}$$

et ainsi de suite.

Or, si on fixe l'origine des coordonnées au point de départ A, on sura $x_0 = 0$; et alors ces expressions analytiques deviendront

$$S_r^{x_0} x^n = 1^n + 2^n + 3^n + 4^n + \ldots\ldots\ x^n$$

$$S_r^{x_0} x^{n-1} = 1^{n-1} + 2^{n-1} + 3^{n-1} + 4^{n-1} + \ldots\ldots x^{n-1} \text{ etc.}$$

Or, le calcul des différences appliqué à l'intégration des fonctions donne la formule suivante, au moyen de laquelle ces séries seront faciles à calculer avec l'aide de la table III qui se trouve à la fin de ce volume.

$$S_r^o x^n = \frac{x^{n+1}}{n_{+1}} + \frac{n}{1\cdot2} S x^{n-1} + \frac{n(n-1)}{1\cdot2\cdot3} S x^{n-2} +$$

$$\frac{n(n-1)(n-2)}{1\cdot2\cdot3\cdot4} S x^{n-3} \ldots\ + \frac{1}{n_{+1}} S x^o$$

d'où on déduira les valeurs suivantes :

$$S_r^o x^o = x$$
$$S_r^o x^1 = \tfrac{1}{2} x^2 + \tfrac{1}{2} x$$
$$S_r^o x^2 = \tfrac{1}{3} x^3 + \tfrac{1}{2} x^2 - \tfrac{1}{6} x$$
$$S_r^o x^3 = \tfrac{1}{5} x^4 + \tfrac{1}{2} x^3 + \tfrac{1}{5} x^2 - \tfrac{1}{30} x$$
$$S_r^o x^4 = \tfrac{1}{6} x^5 + \tfrac{1}{2} x^4 + \tfrac{5}{12} x^3 - \tfrac{1}{12} x^2$$

Ainsi ces séries seront faciles à calculer, et leurs valeurs substituées dans la formule précédente (A) donneront la valeur de E_x en fonction de U_0, U_1, U_2, ... U_n, qui sont connues.

Cette formule fera donc connaître l'état du chronomètre un jour quelconque, et l'observation horaire servira à fixer la longitude du lieu.

Si le nombre des chronomètres dont on se sert est considérable, et si l'on a peu de points à déterminer, on laissera l'équation sous la forme précédente, qui peut s'écrire

$$E_x = U_0\, A + U_1\, B + U_2\, C + U_3\, D + \text{etc.}$$

Lorsque l'on aura calculé les coefficients A, B, C, D pour un des chronomètres, il suffira de multiplier les marches diverses obtenues pour chacun des autres chronomètres afin d'obtenir leur état.

On remarquera que tous ces coefficients sont alternativement de signes contraires; ce qui ressort de la forme même de leurs dénominateurs.

On remarquera encore que, d'après la formation des coefficients A, B, C, D, etc., on a toujours l'identité

$$A + B + C + D + ... = x.$$

Ce résultat était, du reste, facile à prévoir, puisque si le chromnomètre conserve constamment la même marche pendant tout le temps de la traversée, E_x doit être égal à cette marche multipliée par le nombre de jours écoulés entre le départ et l'arrivée. On aura donc, si on suppose $U_0 = U_1 = U_2 = U_3, ...$ etc.,

$$U_0 (A + B + C + ...) = U_0 x.$$

Cette remarque est importante; car, si l'on ne veut pas calculer ces n coefficients, on pourra toujours en déduire la valeur du $n^{ième}$ lorsqu'on en aura calculé $n{-}1$. Toutefois, il est toujours préférable de les tous calculer séparément, afin de pouvoir vérifier son travail.

§ 111.—L'équation (A) restant sous la forme que nous lui avons donnée, exige le calcul de tous les coefficients pour chaque valeur particulière que l'on donne à x; or, si le nombre des points dont on veut déterminer la longitude est considérable, leur détermination donne lieu à des calculs fort longs.

Si nous posons

$$\delta_0 = (x_0 - x_1)(x_0 - x_2)(x_0 - x_3).. ..... (x_0 - x_n)$$

$$\delta_1 = (x_1 - x_0)(x_1 - x_2)(x_1 - x_3)........ (x_1 - x_n)$$

$$\delta_2 = (x_2 - x_0)(x_2 - x_1)(x_2 - x_3)........ (x_2 - x_n)$$

$$. . . . .$$

$$\delta_n = (x_n - x_0)(x_n - x_1)(x_n - x_2)........ (x_n - x_{n-1})$$

et si ensuite nous ordonnons l'équation (A) par rapport aux valeurs $S_y^{x_0} x^n$, $S_x^{r_0} x^{n-1}$, etc., on voit qu'elle deviendra

(B)
$$E_x = S_x^{\circ} x^n \left[\frac{U_o}{\delta_o} + \frac{U_1}{\delta_1} + \frac{U_2}{\delta_2} + \ldots\ldots\ldots\ldots \frac{U_n}{\delta_n} \right]$$

$$- S_x^{x_o} x^{n-1} \left[\frac{U_o \, \alpha_o}{\delta_o} + \frac{U_1 \, \alpha_1}{\delta_1} + \frac{U_2 \, \alpha_2}{\delta_2} + \ldots \frac{U_n \, \alpha_n}{\delta_n} \right]$$

$$+ S_x^{x_o} x^{n-2} \left[\frac{U_o \, 6_o}{\delta_0} + \frac{U_1 \, 6_1}{\delta_1} + \frac{U_2 \, 6_2}{\delta_2} + \ldots\ldots \frac{U_n \, 6_n}{\delta_n} \right]$$

$$- \ldots\ldots\ldots\ldots\ldots\ldots\ldots\ldots\ldots\ldots\ldots\ldots$$

$$+ S_x^{x_o} x^{\circ} \left[\frac{U_o \, \theta_o}{\delta_o} + \frac{U_1 \, \theta_1}{\delta_1} + \frac{U_2 \, \theta_2}{\delta_2} + \ldots\ldots \frac{U_n \, \theta_n}{\delta_n} \right]$$

Cette nouvelle forme de l'équation (A) se prête mieux au calcul lorsque les valeurs de U_o , U_1 , U_2, restant constantes, la valeur de x varie à chaque instant, parce qu'alors les seules quantités à calculer pour chaque station particulière, sont $S_x^{\circ} x^n$, $S_x^{\circ} x^{n-1}$, $S_x^{\circ} x^{n-2}$, etc. Ainsi, appellant P, Q, R, S, Z les coefficients de ces quantités une fois calculés pour chacun des chronomètres, on aura pour chacun d'eux une équation de la forme

$$E_x = P \, S_x^{\circ} x^n + Q \, S_x^{\circ} x^{n-1} + R \, S_x^{\circ} x^{n-2} + \ldots\ldots Z \, S_x^{\circ} x^{\circ}$$

$$E'_x = P' \, S_x^{\circ} x^n + Q' \, S_x^{\circ} x^{n-1} + R' \, S_x^{\circ} x^{n-2} + \ldots\ldots Z' \, S_x^{\circ} x^{\circ}$$

Les valeurs de $S_x^{\circ} x^n$, $S_x^{\circ} x^{n-1}$, $S_x^{\circ} x^{\circ}$ calculées pour le jour x que l'on considère étant substituées dans ces formules, donneront les modifications à apporter dans l'état primitif du chronomètre pour conclure les états des jours où l'on a fait des observations.

Lorsque le navire est destiné à faire des observations hydrographiques, lorsque surtout il a pour mission de lever sous voiles de longues étendues de côte, la plupart du temps on est obligé de calculer les longitudes pour chaque jour de la traversée, alors il est préférable de se servir de l'équation (A) sous la forme que nous lui avons trouvée (B). Lorsque, au contraire, le navire ne doit fixer la longitude que des quelques points de relâche où il a touché, on économise du temps et des calculs en la laissant sous la forme (A). En un mot, lorsque le nombre des chronomètres qui doivent concourir à la détermination de la longitude est plus grand que celui des points à déterminer, on se servira de l'équation (A), et on emploiera l'expression (B) dans l'hypothèse inverse.

On pourrait à la rigueur, dans un voyage de circumnavigation, faire concourir à la détermination de la courbe représentant le mouvement d'un chronomètre, toutes les observations de la marche faites pendant le cours de la campagne; mais alors pour former les équations (A) ou (B), on serait conduit à des calculs interminables et à peu près inutiles. Si, en effet, se reportant à l'équation (A), on cherche à calculer les longitudes comprises entre deux points où les marches observées ont été par exemple U_p et U_{p+1}, on voit bien vite que les coefficients qui affectent les marches U_{p-2} et U_{p+3} sont très-petits, et à plus forte raison ceux affectant les marches qui précèdent et qui suivent celles-ci sont plus petits encore, il en résulte donc que, pour calculer les longitudes déterminées dans une traversée entre deux relâches, il suffira généralement de quatre marches observées au moins, et six dans les calculs où l'on veut avoir une grande précision; les deux points entre lesquels on veut calculer les longitudes intermédiaires devront être les 3e et 4e de ceux où l'on a observé la marche dans la série que l'on considère. Ainsi, si on veut calculer les longitudes comprises entre a' b' et a'' b'', il suffira de calculer la courbe comprise entre A B et A′ B′; ce serait celle comprise entre $a b$ et A″ B″ qu'il faudrait calculer si on voulait conclure les longitudes comprises entre a'' b'' et a''' b'''.

§ 112. — Si les courbes au moyen desquelles nous calculons l'état de chacun des chronomètres étaient bien réellement celles qui représentent exactement leur mouvement; si, de plus, les observations horaires au moyen desquelles on calcule la marche des chronomètres, n'étaient affectées d'aucune erreur, il est certain que les longitudes de chacun des points où il a été fait des observations seraient toutes exactes, et quelle que soit la montre dont on se serait servi pour les fixer, tous les résultats seraient identiques. Malheureusement il n'en est point ainsi; généralement, dans les traversées un peu longues, les résultats obtenus par différents chronomètres diffèrent entre eux souvent de quelques minutes de degré.

Si l'on admet que toutes les montres sont également bonnes, et si les comparaisons journalières de tous ces instruments entre eux ne viennent signaler aucun saut brusque ni aucune anomalie quelconque dans la marche des chronomètres, ce qui indiquerait un dérangement dans le mécanisme de l'instrument, on devra accorder la même confiance aux résultats donnés par chaque chronomètre; dès-lors on n'aura plus qu'à adopter pour longitude définitive de chaque point d'observation, la moyenne entre celles données par chacun des chronomètres. Il est, du reste, bien entendu que si on avait remarqué dans l'un d'eux un dérangement quelconque, il devrait être rejeté, et on devrait en négliger le résultat dans les moyennes.

§ 115.—Lorsque la série de points de relâche a, a', a'', a''' où l'on a pu observer les marches des chronomètres sera comprise entre deux points extrêmes A et A′ dont les longitudes sont connues d'avance, on pourra toujours déterminer quelle est l'erreur totale de chacun des chronomètres pendant la traversée de A en A′. Si, en effet, dans les formules précédentes on prend pour x la valeur A A′, on en déduira par chacun des chronomètres la différence de longitude des points B et B′, et si cette différence est déjà connue d'avance, on en conclura quelles sont les erreurs du chronomètre pendant la traversée totale de A en A′. On pourra donc déterminer ainsi pour chaque chronomètre l'erreur de l'état calculé sur l'état vrai au bout de A A′ jours. Or, aucune donnée ne pouvant nous guider pour répartir cette erreur qui provient nécessairement de celles existantes entre les marches réelles des chronomètres et celles qui ont servi à construire la courbe, soit quelles aient été calculées d'après les observations faites à terre, soit qu'elles aient été conclues d'après nos formules; ce qu'il y aura de plus rationnel sera de faire supporter cette erreur à chacune des marches de chaque jour, et par conséquent d'augmenter ou de diminuer chacune d'elles d'une même quantité. Or, nous avons dit que, pour obtenir l'état d'un chronomètre, pour le point dont l'ordonnée est $a\,b$, par exemple, A étant l'origine, il fallait intégrer entre A et a, c'est-à-dire faire la somme de toutes les marches ou de toutes les ordonnées de A en a, il en résulte que l'état du chronomètre, après A a jours, est représenté par la surface A $a\,b$ B comprise entre la courbe, l'axe des x et les deux ordonnées B A et $b\,a$; de même, l'état du chronomètre après A a' jours serait représenté par la surface A B $b'\,a'$, et ainsi de suite. Or, si nous augmentons ou si nous diminuons chacune des marches d'une même quantité, chacune de ces surfaces se trouvera augmentée ou diminuée proportionnellement aux quantités A a, A a', etc., c'est-à-dire au nombre de jours écoulés entre celui du départ et celui choisi pour calculer la longitude du point d'arrivée. Il suffira donc, pour répartir l'erreur totale trouvée entre A A' jours, de la multiplier par le rapport $\dfrac{x}{\text{AA}'}$, pour avoir la correction qui doit venir affecter les états trouvés pour chaque jour x.

Au lieu de répéter cette opération pour chacune des montres en particulier, il suffira de corriger les longitudes moyennes obtenues pour chaque relâche

ou bien chaque observation intermédiaire, en multipliant l'erreur moyenne par le rapport $\dfrac{x}{AA'}$

C'est d'après les principes que nous venons d'exposer, que nous avons calculé toutes les observations
chronométriques faites pendant le cours de la campagne des corvettes l'*Astrolabe* et la *Zélée*. Cependant, lorsque les points de relâche étant très-éloignés,
la marche des chronomètres a paru trop irrégulière, nous n'avons pas cru devoir rechercher à
définir, d'après les quelques observations trop isolées
que nous avions, la courbe probable de son mouvement. Alors nous avons calculé les longitudes intermédiaires par les procédés ordinaires ; nous croyons
ces longitudes, ainsi déterminées, peu dignes de
confiance.

Toutes les observations de longitude faites pendant
le cours de la campagne, ont été comprises dans sept
séries que nous avons calculées par la méthode que
que nous venons d'exposer. Ces sept séries nous ont
donné des longitudes qui méritent plus ou moins la
confiance, suivant que les relâches ont été plus ou
moins fréquentes, et que la marche des chronomètres a été plus régulière.

1re série. Elle comprend de Toulon à la baie de
la Conception. La traversée a été de sept mois et
demi ; le nombre des relâches[1] intermédiaires n'a été

---

[1] Nous ne comprenons pas les relâches pendant lesquelles il
n'a pas été possible d'observer la marche des chronomètres.

que de deux, et encore l'une d'elles (Ténériffe) est trop rapprochée de Toulon pour nous être d'un grand secours. La marche des chronomètres a été très-irrégulière, ce qui tient sans doute aux grandes différences entre les températures des différents lieux que nous avons visités et aux chocs qu'ont eu à supporter nos navires dans leurs luttes avec les glaces polaires. Nous ne croyons pas que ces longitudes méritent la confiance; nous ne les avons pas recalculées, elles sont données telles que les ont trouvées MM. les officiers, en s'appuyant toutefois sur les marches d'arrivée et de départ pour chaque chronomètre. Les longitudes de Toulon, de la baie Famine et de la Conception, sont les points de cette série dont les longitude ont été adoptées telles quelles sont données dans la *Connaissance des Temps* de l'année 1840.

2° série. Elle comprend de la baie de la Conception à Taïti où l'observatoire a été placé sur la pointe Vénus; la traversée a été de quatre mois. Il y a eu deux relâches intermédiaires assez rapprochées de Taïti, et bien que les chronomètres aient accusé quelques irrégularités dans leur marche, nous croyons que les longitudes déterminées dans cette série méritent toute confiance.

3° série. Elle comprend une traversée de quatre mois, de la pointe Vénus (île Taïti) à la baie d'Amboine; le nombre des relâches intermédiaires a été de huit, les marches des montres paraissent parfaites. Nous croyons les longitudes déduites de cette série très-bonnes.

4ᵉ série. De la rade d'Amboine à celle de Batavia, la traversée a été de quatre mois et demi, coupée par trois relâches intermédiaires. On a remarqué que la marche de toutes les montres, pendant cette traversée, avait été très-irrégulière; les longitudes, quoique bonnes, méritent moins de confiance que celles obtenues dans les deux séries précédentes.

5ᵉ série. Elle comprend de Batavia à Samarang. La longitude de ce dernier point, que nous avons considérée comme fixée d'une manière invariable, a été déduite plus tard de celle de Batavia, par une traversée directe et de fort courte durée. Entre Batavia et Samarang nous n'avons qu'une relâche intermédiaire (Samboangan); la marche des chronomètres a été très-régulière; la traversée n'a été que de trois mois et demi; nous croyons très-exactes les longitudes qui ont été fixées pendant la traversée. En quittant Samarang, les corvettes se sont dirigées sur Hobart-Town, où elles sont arrivées après une longue et fatigante navigation. C'est au moyen de la 4ᵉ série que nous avons calculé les longitudes des points du détroit de la Sonde que nous avons reconnu quelques jours seulement après avoir quitté Batavia. Les corvettes ont ensuite quitté Hobart-Town le 1ᵉʳ janvier 1840, pour aller découvrir la terre Adélie, et ensuite rentrer dans la rivière Derwent sans avoir mouillé nulle part. Les longitudes déterminées pendant cette traversée n'ont donc pu entrer dans aucune de nos séries, la marche uniforme des montres, l'accord parfait qui a existé entre les déterminations de chacun des navires, sont une garantie suffisante de leur exactitude.

La 6ᵉ série s'étend entre Hobart-Town et la Baie des Iles dont les longitudes ont été tirées de la *Connaissance des temps*. La traversée a été de deux mois seulement. Le nombre des relâches intermédiaires est de deux. La marche des chronomètres est suffisamment régulière pour que nous puissions compter sur l'exactitude des résultats.

Enfin la 7ᵉ série comprend de la Baie des Iles à l'île de Bourbon. La traversée est de trois mois, il n'y a qu'un point intermédiaire. Pendant la traversée nos corvettes ont échoué dans le détroit de Torrès où elles ont été exposées, pendant plusieurs jours, à des chocs très-forts ; aussi les marches des montres accusent des irrégularités nombreuses qui laissent beaucoup d'incertitude sur les résultats.

Nous ne croyons point devoir donner ici, à l'exemple de nos devanciers, la nomenclature complète de tous les points dont la position a été fixée pendant le voyage des corvettes l'*Astrolabe* et la *Zélée*, cependant nous donnerons la table des positions des points de relâche où les longitudes et les latitudes ont été fixées directement par des observations chronométriques et circumméridiennes, et celles des points principaux qui résultent d'opérations trigonométriques faites à la mer et assujetties aux observations astronomiques faites à bord. Il sera toujours facile, au moyen d'un compas, de prendre, comme nous aurions pu le faire sur les cartes qui font partie de notre atlas, les positions de toutes les petites îles qui composent les archipels et celles de tous les points saillants des grandes terrres qui ont été reconnues par nos corvettes.

§ 113. — Afin de mieux faire comprendre le mécanisme des formules trouvées (A) et (B), nous donnerons ici tous les calculs relatifs à notre 6ᵉ série, et qui ont pour but de déterminer les longitudes des points intermédiaires entre Hobart-Town et la Baie des Iles. D'après notre méthode du lever sous voiles, il est rare que l'on ait à fixer la longitude absolue de plus d'un point appartenant à une même terre déjà enveloppée dans un réseau géodésique ; la plupart du temps nous n'avons eu besoin que de calculer les longitudes des points de relâche, comme dans le cas qui va nous occuper, où les déterminations des mouillages des îles Auckland et du port d'Akaroa, fixent les positions de tous les points de ces deux terres reconnues par nos corvettes. Aussi les formules que nous avons le plus fréquemment employées sont celles de la forme (A) ; toutefois, après avoir calculé ces positions, nous chercherons les formules de la forme (B) que nous eussions employées de préférence si nous eussions voulu calculer toutes les longitudes résultant d'observations faites à la mer.

Comme on le sait, le méridien de départ est celui d'Hobart-Town, et celui d'arrivée le méridien de la Baie des Iles. Nous avons rejeté de nos calculs toutes les observations de marches faites, soit avant notre arrivée à Hobart-Town, soit après notre départ de la

Baie des Iles, parce que ces observations se trouvaient éloignées par un très-grand laps de temps, et parce que les marches avaient été soumises à de grandes irrégularités.

La relâche à Hobart-Town s'est étendue du 19 février au 24 du même mois. Les états des chronomètres ont été calculés pour le 24 février; celle des îles Auckland comprend sept jours, du 12 au 19 mars; les états des chronomètres sont rapportés au jour intermédiaire au 15 mars. Les corvettes, arrivées au port d'Akaroa le 9 avril, ne l'ont quitté que le 15 du même mois, et les états des montres ont été calculés pour le 12 avril. Enfin, elles arrivèrent le 29 avril à la Baie des Iles où elles séjournèrent jusqu'au 4 mai, et le jour choisi pour y rapporter les états des chronomètres a été celui de l'arrivée, le 29 avril. Quant aux marches des chronomètres, elles ont toutes été calculées d'après la formule que nous avons indiquée au commencement de ce chapitre.

Ainsi, dans l'équation (A) on a

$$x_0 = 0 \quad x_1 = 20 \quad x_2 = 48 \quad x_3 = 65$$

On remarquera d'abord que quel que soit le point de la série dont on voudra calculer la longitude, les dénominateurs de chacun des termes de l'équation A resteront toujours les mêmes. On aura

1er Dénominateur $= - 20 . 48 . 65 = - 62400$
2e Dénominateur $= 20 . 28 . 45 = 25200$
3e Dénominateur $= - 48 . 28 . 17 = - 22848$
4e Dénominateur $= 65 . 45 . 17 = 49725$

On aura ensuite les quantités suivantes qui ne changent pas non plus, quel que soit le point de la série dont on veut calculer la longitude :

$$\alpha_0 = x_1 + x_2 + x_3 = 20 + 48 + 65 = 133$$
$$6_0 = x_1 x_2 + x_1 x_3 + x_2 x_3 = 960 + 1300 + 3120 = 5380$$
$$\gamma_0 = x_1 x_2 x_3 = 20 . 48 . 65 = 62400$$
$$\alpha_1 = x_2 + x_3 = 48 + 65 = 113$$
$$6_1 = x_2 x_3 = 48 . 65 = 3120$$
$$\alpha_2 = x_1 + x_3 = 20 + 65 = 85$$
$$6_2 = x_1 . x_3 = 20 . 65 = 1300$$
$$\alpha_3 = x_1 + x_2 = 20 + 48 = 68$$
$$6_3 = x_1 x_2 = 20 . 48 = 960$$

Enfin, l'équation générale (A) pour un point quelconque de la série comprise entre Hobart-Town et la Baie des Iles, sera, pour une montre quelconque

$$(1)\ E_x = -U_0 \frac{S_x^0 x^0 - 133 S_x^0 x^2 + 5380 S_x^0 x - 62400 S_x^0 x^0}{62400}$$

$$+ U_1 \frac{S_x^0 x^3 - 113 S_x^0 x^2 - 113 S_x^0 x^2 + 3120 S_x^0 x}{25200}$$

$$- U_2 \frac{S_x^0 x^3 - 85 S_x^0 x^2 + 1300 S_x^0 x}{22848}$$

$$+ U_3 \frac{S_x^0 x^3 - 68 S_x^0 x^2 + 960 S_x^0 x}{49725}$$

qui peut s'écrire sous la forme

$$E_{\star} = U_o\,A + B\,U_1 + C\,U_2 + D\,U_3$$

les valeurs A, B, C, D étant fonction de x, varient pour chaque point de la traversée dont on veut calculer la longitude, c'est ce que nous désignons sous le nom de *coefficients*.

Si donc nous voulons calculer les coefficients de la Baie des Iles, nous aurons par la table III

$$x = 65$$

$$S_{65}^o\,x^o = x = 65$$

$$S_{65}^o\,x = \tfrac{1}{2}\,65^2 + \tfrac{1}{2}\,65 = 2145$$

$$S_{65}^o\,x^2 = \tfrac{1}{3}\,65^3 + \tfrac{1}{2}\,65^2 + \tfrac{1}{6}\,65 = 93665$$

$$S_{65}^o\,x^3 = \tfrac{1}{4}\,65^4 + \tfrac{1}{2}\,65^3 + \tfrac{1}{4}\,65^2 = 4601025$$

$$A = \frac{-4601025 + 133.93665 - 5380.2145 + 62400.65}{62400} = 5,96$$

$$B = \frac{4601025 - 113.93665 + 3120.2145}{25200} = 28,14$$

$$C = \frac{-4601025 + 85.93665 - 1300.2145}{22848} = 25,04$$

$$D = \frac{4601025 - 68.93665 + 960.2145}{49725} = 5,85$$

Comme on le sait, la somme de ces quatre coefficents doit être égale à x; en effet

$$5,96 + 28,14 + 25,04 + 5,85 = 64,99.$$

On a donc pour la Baie des Iles

(2) $E_x = U_o \cdot 5,96 + U_1 \cdot 28,14 + U_2 \cdot 25,04 + U_3 \cdot 5,85$

Pour calculer les coefficients d'Akaroa, nous ferons dans l'équation (1) $x = 48$.
Nous aurons

$$S^o_{48} x^o = 48$$

$$S^o_{48} x = \tfrac{1}{2} 48^2 + \tfrac{1}{2} 48 = 1176$$

$$S^o_{48} x^2 = \tfrac{1}{5} 48^3 + \tfrac{1}{2} 48^2 + \tfrac{1}{6} 48 = 38024$$

$$S^o_{48} x^3 = \tfrac{1}{4} 48^4 + \tfrac{1}{2} 48^3 + \tfrac{1}{4} 48^2 = 1382976$$

de là nous déduirons

$$A' = \frac{-1382976 + 133 \cdot 38024 - 5380 \cdot 1176 + 62400 \cdot 48}{62400} = 5,489$$

$$B' = \frac{1382976 - 113 \cdot 38024 + 3120 \cdot 1176}{25200} = 29,975$$

$$C' = \frac{-1382976 + 85 \cdot 38024 - 1300 \cdot 1176}{22848} = 14,022$$

$$D' = \frac{1382976 - 68 \cdot 38024 + 960 \cdot 1176}{49725} = -1,482$$

La somme de ces quatre coefficients est égale à 48,004, d'où nous concluons qu'ils sont exacts dans les centièmes, nous aurons donc, pour calculer la longitude d'Akaroa, l'équation

$$(3) \quad E'_x = U_0 . 5,489 + U_1 . 29,975 + U_2 . 14,022 - U_3 . 1,482$$

Enfin, si nous faisons les mêmes calculs pour les îles Auckland, nous trouverons

$$x = 20$$

$$S^0_{20} x = \tfrac{1}{2} 20^2 + \tfrac{1}{4} 20 = 210$$

$$S^0_{20} x^2 = \tfrac{1}{3} 20^3 + \tfrac{1}{2} 20^2 + \tfrac{1}{6} 20 = 2870$$

$$S^0_{20} x^3 = \tfrac{1}{4} 20^4 + \tfrac{1}{2} 20^3 + \tfrac{1}{4} 20^2 = 44100$$

d'où nous déduirons pour les coefficients

$$A'' = \frac{-44100 + 133 . 2870 - 5380 . 210 + 62400 . 20}{62400} = 7,305$$

$$B'' = \frac{44100 - 113 . 2870 + 3120 . 210}{25200} = 14,880$$

$$C'' = \frac{-44100 + 85 . 2870 - 1300 . 210}{22848} = -3,202$$

$$D'' = \frac{44100 - 68 . 2870 + 960 . 210}{49725} = 1,016$$

La somme de ces quatre coefficients est égale à 19,999. Ce qui reproduit la valeur de x à 0,001 près. L'équation pour calculer la longitude d'Akaroa sera

$$E''_x = U_0 . 7,305 + U_1 . 14,880 - U_2 . 3,202 + U_3 . 1,016$$

Les corvettes l'*Astrolabe* et la *Zélée* étaient munies de huit grands chronomètres dont cinq étaient embarqués sur l'*Astrolabe* et trois sur la *Zélée*.

Les montres de l'*Astrolabe* portaient les numéros 4482, 169, 69 et 40; celles de la *Zélée* étaient les numéros 185, 154 et 39.

Parmi ces chronomètres, le n° 69 a subi des dérangements graves dès le début même de la campagne, et il n'a pu concourir à la détermination de toutes les longitudes; d'autres ont accusé des irrégularités plus ou moins fortes, nous avons dû les rejeter, pour les déterminations des longitudes.

Quant à la série qui nous occupe, on voit qu'une fois que l'on a obtenu les équations (2) (3) et (4), rien n'est plus simple que de calculer les longitudes de la Baie des Iles, d'Akaroa et des îles Auckland par chacune des montres. Voici ce calcul pour la longitude de la Baie des Iles par la montre n° 4482.

Etat du n° 4482 sur le temps moyen de Paris trouvé à Hobart-Town, le 24 février à 9^h du matin, avance de $+ 2^h 22' 49'',77$:

$$U_o = \text{marche à Hobart-Town} = -0'', 0179$$
$$U_1 = \text{marche aux îles Auckland} = +1'', 378$$
$$U_2 = \text{marche à Akaroa} = -1'', 140$$
$$U_3 = \text{marche à la Baie des Iles} = -1'', 789$$

Remplaçant dans l'équation (2) ces valeurs, nous trouvons

$$E_{,} = -5,96 \cdot 0'',18 + 28,14 \cdot 1'',378 - 25,04 \cdot 1'',140 - 5,85 \cdot 1'',789 = +0' - 1'',03924$$

On aura donc pour l'état du chronomètre n° 4482 sur le temps moyen de Paris, le 29 avril,

$$\text{Etat} = +2^h22'49'',77 + 0'1'',04 = 2^h22'50'',81$$

Par suite on déduira :

Heure du chronomètre au moment de l'observation,	= 23ʰ46'49'',31
Avance du chronomètre sur le temps moyen de Paris,	= 2 22 50 ,81
Heure moyenne de Paris au moment de l'observation,	= 21 23 58 ,50 -
Heure moyenne du lieu donnée par l'observation,	= 8 51 41 ,36
Différence des heures ou longitude en temps,	12 32 17 ,14 à l'O.
Ou bien,	11 27 42 ,86 à l'E.

En donnant successivement à U_0 U_1 U_2 U_3 dans chacune des équations (2) (3) et (4), les valeurs des marches obtenues pour chaque chronomètre dans chacune des relâches, on obtiendra aussi par chaque chronomètre la longitude de chacune de ces relâches, et on formera le tableau suivant :

	LONGITUDES EN TEMPS		
par les montres	d'Auckland.	d'Akaroa.	de la Baie des Iles.
N° 199,	10ʰ55'25'',17	11ʰ22'15'',38	11ʰ26'57'',89
N° 199,	10 55 16 ,60	11 22 09 ,01	11 26 46 ,39
N° 40,	10 55 11 ,19	11 22 09 ,17	11 26 52 ,79
N° 4482,	10 55 52 ,33	11 23 10 ,36	11 27 42 ,86
N° 69,	10 54 39 ,73	11 20 20 ,04	11 24 17 ,00
N° 154,	10 55 20 ,57	11 21 44 ,50	11 26 00 ,52
N° 185,	10 55 40 ,82	11 22 45 ,17	11 27 09 ,34
N° 39,	10 55 29 ,69	11 22 13 ,79	11 27 08 ,25
Moyennes.	10 55'22'',01	11ʰ22'05'',95	11ʰ26'36'',97

Comme on le voit, les longitudes de ces différents points sont loin de s'accorder entre elles. Le n° 69 n'a été réparé que pendant la relâche d'Hobart-Town, et nous aurions pu le négliger; mais comme ensuite sa marche, quoique très-considérable, nous a paru régulière, nous avons cru devoir le conserver. Une des montres de la *Zélée*, le n° 185, a été réparée à Hobart-Town, où sa marche même n'a pu être observée; il a fallu la conclure de celle d'Auckland, mais comme elle paraît aussi devoir être très-bonne, à en juger par sa marche subséquente, nous avons conservé ses résultats. Du reste, comme on va le voir, les différences disparaîtront en grande partie en appliquant à chaque montre la correction qui lui est propre, d'après la longitude du point d'arrivée, la Baie des Iles, que nous supposons connue et égale à 11ʰ27'20", en rapportant celle donnée par la *Connaissance des temps*, au point où nos observations ont été faites.

Les erreurs totales pendant toute la durée de la traversée, sont pour

les numéros	Erreur totale.		
169	— 0'22",11 =	22",11	à ajouter.
199	— 0 33 ,61 =	33 ,61	*id.*
40	— 0 27 ,21 =	27 ,21	*id.*
4482	+ 0 22 ,86 =	22 ,86	à retrancher.
69	— 3 03 ,00 =	183 ,00	à ajouter.
154	— 1 19 ,68 =	79 ,68	*id.*
185	— 0 10 ,66 =	10 ,65	*id.*
39	— 0 11 ,77 =	11 ,77	*id.*

Pour trouver la correction à appliquer aux longi-

tudes données pour les îles Auckland, il faudra multiplier l'erreur totale de chacune des montres par
le rapport $\frac{20}{65} = 0, 307$, ce qui donnera

Pour les n°°	169	6",79 à ajouter.
	199	10 ,32 *id.*
	40	8 ,35 *id.*
	1482	7 ,09 à retrancher.
	69	56 ,18 à ajouter.
	154	24 ,46 *id.*
	185	3 ,27 *id.*
	39	3 ,61 *id.*

Par suite, les longitudes des îles Auckland deviendront

Pour les n°°	169	10 55'31",96
	199	10 55 26 ,92
	40	10 55 19 ,54
	1482	10 55 45 ,24
	69	10 55 35 ,91
	154	10 55 45 ,05
	185	10 55 44 ,09
	39	10 55 55 ,30
Moyenne.		10 55'55",25

cette moyenne sera la longitude définitive, elle est
le résultat des observations faites avec les huit chronomètres.

De même, pour avoir la longitude du port d'A-
karoa, on pourrait rechercher la quantité à ajouter
ou à retrancher à la longitude donnée pour ce port
par chacune des montres, mais lorsque l'on ne tien

pas à savoir comment tous les chronomètres s'accordent entr'eux pour accuser la longitude d'un même point, il suffit de corriger les moyennes, ainsi que nous allons le faire pour Akaroa.

La longitude moyenne déduite par toutes les montres pour la Baie des Iles = 11ʰ26′36″97.

L'erreur moyenne sur la longitude adoptée 11ʰ27′20″ sera 43″,03. Si nous multiplions 43″,03 par la fraction $\frac{20}{65}$, nous aurons la quantité à ajouter à la longitude moyenne des îles Auckland, obtenue par le concours de toutes les montres, pour avoir la longitude définitive déjà trouvée.

Or, cette longitude moyenne est 10ʰ55′22″,01, d'un autre côté on a

$$43″,03 \cdot \frac{20}{65} = 13″,24$$

La longitude définitive des îles Auckland sera donc 10ʰ55′35″25, valeur déjà trouvée.

La longitude moyenne obtenue par toutes les montres, pour le port d'Akaroa, est 11ʰ22′05″,93, la correction sera

$$43″,03 \cdot \frac{48}{65} = 31″,78$$

D'où nous concluons que la longitude définitive = 11ʰ22′37″,71.

Tous les points compris entre Hobart–Town et la Baie des Iles, appartiennent aux îles Auckland ou à la Nouvelle-Zélande, il en résulte qu'ils se trouvent tous liés entre eux par deux triangulations exécutées sous voiles, et embrassant l'une, le groupe des îles Auckland, l'autre, la Nouvelle-Zélande. Il nous a donc suffi des différences en longitude telles qu'elles résultent des observations faites à la mer par MM. les officiers, pour nous assurer nos bases dans la triangulation, et ensuite le calcul des longitudes définitives de nos deux mouillages a fixé tous les points des côtes sur lesquelles ils sont situés. Aussi avons nous conservé, pour calculer ces points, la forme (A) à la formule destinée à faire connaître les états des chronomètres. Nous allons actuellement, pour compléter les exemples que nous voulons mettre sous les yeux du lecteur, calculer la formule qui doit donner l'état du n° 4482 pour un jour quelconque de la série que nous considérons, en la mettant sous la forme suivante :

$$E_x \equiv S_x^o x^3\, P - S_x^o x^2\, Q + S_x^o x\, R - S_x^o x^o\, T$$

P . Q . R . T sont ce que nous appelons les *coefficients de la montre* que l'on considère ; ces valeurs étant fonction des marches obtenues à chaque relâche, varient pour chaque chronomètre. On a

$$P = \frac{U_0}{\delta_0} + \frac{U_1}{\delta_1} + \frac{U_2}{\delta_2} + \frac{U_3}{\delta_3}$$

$$Q = \frac{U_0\,\alpha_0}{\delta_0} + \frac{U_1\,\alpha_1}{\delta_1} + \frac{U\alpha_2}{\delta_2} + \frac{U\alpha}{\delta^3}$$

$$R = \frac{U_0\,\mathcal{E}_0}{\delta} + \frac{U_1\,\mathcal{E}_1}{\delta_1} + \frac{U_2\,\mathcal{E}_2}{\delta_2} + \frac{U_3\,\mathcal{E}_3}{\delta_3}$$

$$T = \frac{U_0\,\gamma_0}{\delta_0} + \frac{U_1\,\gamma_1}{\delta_1} + \frac{U_2\,\gamma_2}{\delta_2} + \frac{U_3\,\gamma_3}{\delta_3}$$

Or, on aura pour le n° 4482

$$U_0 = -\,0{,}018, \qquad U_1 = +\,1{,}378, \qquad U_2 = -\,1{,}140,$$
$$U_3 = -\,1{,}789$$

On aura de plus, en remontant aux valeurs de α_0, α_1, etc. déjà trouvées,

$$\alpha_0 = 133,\ \alpha_1 = 113,\ \alpha_2 = 85,\ \alpha_3 = 68,$$
$$\mathcal{E}_0 = 5380,\ \mathcal{E}_1 = 3120,\ \mathcal{E}_2 = 1300,\ \mathcal{E}_3 = 960,$$
$$\gamma_0 = 62400,\ \gamma_1 = 0,\ \gamma_2 = 0,\ \gamma_3 = 0,$$
$$\delta_0 = -\,20\,.\,48\,.\,65$$
$$\delta_1 = 20\,.\,28\,.\,45$$
$$\delta_2 = -\,48\,.\,28\,.\,17$$
$$\delta_3 = 65\,.\,45\,.\,17$$

Par suite

$$P = +\frac{0,018}{20.48.65} + \frac{1,378}{20.28.45} + \frac{1,140}{48.28.17} - \frac{1,789}{65.45.17}$$

$$Q = +\frac{2,394}{20.48.65} + \frac{155,714}{20.28.45} + \frac{96,90}{48.28.17} - \frac{121,652}{65.45.17}$$

$$R = +\frac{96,94}{20.48.65} + \frac{4299,36}{20.28.45} + \frac{1482,0}{48.28.17} - \frac{1717,44}{65.45.17}$$

$$T = -\frac{0,018.62400}{20.48.65} = -0.018$$

Nous avons laissé, avec intention, les dénominateurs sous cette forme, afin de pouvoir faire la réduction à un même dénominateur avec plus de facilité, si on voulait faire ces calculs directement; pour nous, nous avons préféré employer les logarithmes pour calculer chacune de ces fractions, ce qui nous a conduit aux résultats suivants :

$$10^6\,P = 0,288 + 54,682 + 49,912 - 35,979 = 68,903$$

$$10^4\,Q = 0,384 + 61,791 + 42,425 - 24,465 = 80,135$$

$$10^2\,R = 0,1552 + 17,060 + 6,4886 - 3,4539 = 20,2499$$

La formule qui servira à donner l'état du n° **4482**, pour chacun des jours de la série comprise entre Hobart-Town et la Baie des Iles, sera donc

$$(5) \quad E_x = \frac{S_r^o\,x^3}{10^6}\,68,903 - \frac{S_r^o\,x^2}{10^2}\,80.135 + \frac{S_r^o\,x}{10^2}\,20.2499 - x.0,018$$

Si au moyen de cette formule nous voulons calculer l'état du n° 4482 un jour donné, il suffira d'y remplacer x par la valeur correspondante ; ainsi par exemple, pour le 15 mars, époque où nous étions mouillés aux îles Auckland, on aura $x=20$, d'où

$$E_{20} = 0{,}044100 \cdot 68'',903 - 0{,}2870 \cdot 80{,}135 +$$

$$2{,}10 \cdot 20'',2499 - 20 \cdot 0{,}018 = 22'',20618$$

résutat qui ne diffère que dans les millièmes de la valeur trouvée précédemment

$$E_{20} = 22'',205706$$

on conclura ensuite la longitude comme nous l'avons déjà fait.

Chacun des chronomètres exigera le calcul d'une formule particulière de la forme (5), mais ces équations une fois bien établies, il sera possible de calculer rapidement l'état de chaque chronomètre pour un jour quelconque de la traversée et par suite, les calculs se trouveront considérablement abrégés lorsque l'on a beaucoup de longitudes à déterminer.

Généralement, on devra faire concourir les résultats de tous les chronomètres ponr fixer les longitudes des mouillages, et ensuite, lorsque ceux-ci seront suffisamment rapprochés, il suffira, pour calculer les longitudes intermédiaires des points relevés sous voiles, d'employer un ou deux chronomètres

Il est bien entendu que l'on devra choisir parmi les chronomètres, ceux dont la marche est la plus régulière, et dont les résultats sont ceux qui se rapprochent le plus des longitudes déduites par toutes les montres pour chacune des relâches.

Telles sont les méthodes qui nous ont servi à calculer toutes les longitudes portées sur nos cartes.

La 5ᵉ série que nous avons choisie pour exemple, nous a accusé des différences de plus de dix minutes avec les longitudes calculées par MM. les officiers, par les méthodes ordinairement employées : il est vrai qu'ils n'avaient point fait concourir à leur détermination tous les chronomètres, ils avaient cru devoir en rejeter plusieurs, soit parce qu'ils trouvaient leurs marches trop fortes, ou parce que leurs résultats différaient beaucoup de ceux accusés par quelques-unes de leurs montres, dont l'accord leur offrait plus de garantie. Ainsi, notre longitude du port d'Akaroa diffère beaucoup de celle fixée par nos devanciers et qu'avaient presque adoptée MM. les officiers de l'*Astrolabe* et de la *Zélée*, en choisissant parmi leurs chronomètres ceux dont les résultats se rapprochaient le plus des déterminations de l'*Héroïne*.

Nous ne saurions trop nous élever contre ce choix, parmi les chronomètes, qui n'est, la plupart du temps, basé sur aucune raison déterminante. Une montre ne doit être rejetée que lorsque des irrégularités dans sa marche indiquent que son mécanisme est dérangé, sans cela on s'expose à des erreurs graves dans les déterminations de longitude par les montres, et ces erreurs deviennent ensuite très-difficiles à détruire à cause de la tendance qu'ont les navigateurs qui se succèdent, à faire concorder leurs déterminations avec celles de leurs devanciers en qui ils ont confiance. Ainsi, au port d'Akaroa, aux travaux de l'*Héroïne* ont succédé un grand nombre de déterminations de la longitude du port, qui se rapprochent toutes beaucoup de celle obtenue par le capitaine Cécile. Aujourd'hui où un observatoire est établi à la ville d'Auckland, dans la baie Schouraki, et que cette position a pu être fixée d'une manière très-exacte, la récente expédition dirigée par M. Dubouzet a constaté, par une traversée très-courte de la ville d'Auckland à Akaroa, des erreurs graves dans la longitude de ce dernier port, obtenue par nos devanciers, tandis que ses résultats se rapprochent beaucoup de ceux que nous venons de trouver.

La confiance que l'on peut accorder aux déterminations des longitudes par les chronomètres, dépendant du plus ou moins grand nombre des relâches d'une traversée, du nombre d'observations de la marche que l'on a pu réunir, de la régularité du chronomètre dans sa marche, et enfin de l'exactitude plus ou moins grande avec laquelle on a pu observer ces données, nous avons cru devoir faire précéder notre table des positions, d'un tableau renfermant toutes les marches des différents chronomètres observées pendant chaque relâche du *Voyage au Pôle*

Sud et dans l'Océanie ; nous y avons aussi porté le temps passé dans chaque point de relâche, et le nombre d'observations horaires qui ont servi à la conclusion de ces données. C'est ce que nous désignons dans la colonne qui porte en tête : *valeurs de m.*

TABLEAU DE LA MARCHE DIURNE DES MONTRES.

NOM DES LIEUX.	DURÉE des relâches.	Val. de m. (Astrolabe).	N° 169 (Astrol.).	N° 4442 (Astrol.)	N° 199 (Astrol.).	N° 40 (Astrol.).	N° 69 (Astrol.).	Val. de m. (Zélée).	N° 185. (Zélée).	N° 154. (Zélée).	N° 39 (Zélée).
Toulon (observatoire).	Du 7 août au 5 sept.	6	+ 1",400	+ 5",254	− 1",681	+ 1",560	+ 1",582	8	− 3",454	+ 1",009	+ 1",744
Ténériffe (terrasse du consul).	Du 4 au 7 octobre.	2	+ 1,330	+ 5,100	− 0,960	+ 3,001	+ 3,200	2	− 3,280	+ 0,980	+ 2,280
Port Famine.	Du 16 au 26 décembre.	3	+ 2,135	+ 3,938	+ 0,057	+ 5,929	+ 5,929	3	− 1,614	+ 0,316	+ 2,266
Baie de la Conception (fort Calvez).	Du 8 avril au 23 mai.	5	+ 4,472	+ 3,586	+ 1,981	Cassée.	»	2	+ 1,023	+ 3,321	+10,559
Valparaiso.	Du 25 au 29 mai.	2	+ 0,808	+ 0,144	+ 1,451	»	»	2	»	»	»
Iles Manga-Reva.	Du 5 au 14 août.	4	+ 7,446	+ 7,097	+ 2,859	+13,741	»	2	+ 0,599	+ 1,791	+10,472
Iles Nouka-Hiva.	Du 27 août au 2 sept.	3	+ 7,872	+ 6,961	+ 2,464	+13,055	»	3	+ 0,372	+ 0,016	+ 9,558
Taïti (pointe Vénus).	Du 10 au 15 septembre.	2	+ 7,712	+ 6,611	+ 2,522	+19,216	»	2	− 0,412	− 1,097	+ 9,911
Apia (Iles Samoa).	Du 26 sept. au 1er oct.	2	+ 7,700	+ 6,600	+ 1,814	+22,447	»	2	− 0,153	− 0,219	+ 9,552
Lebouka (Iles Viti).	Du 20 au 28 octobre.	3	+ 8,252	+ 6,550	+ 1,840	+25,237	»	2	− 0,838	− 0,508	+ 9,563
Port Astrolabe (Iles Salomons).	Du 19 ou 25 novembre.	4	+ 9,548	+ 6,149	+ 1,846	+26,031	»	2	− 1,858	− 0,601	+ 7,770
Ile Tsis (Iles Hogoleu).	Du 23 au 28 décembre.	3	+11,020	+ 7,354	+ 1,703	+29,100	»	4	− 2,810	− 0,745	+ 7,311
Umata (Ile Guam).	Du 2 au 10 janvier.	2	+13,322	+ 6,498	+ 4,419	+29,817	»	4	− 3,928	− 3,928	+ 8,719
Amboine.	Du 5 au 17 février.	4	+13,994	+ 6,568	+ 9,800	+30,004	»	4	− 4,809	− 1,964	+ 8,246
Baie Raffles.	Du 28 mars au 4 avril.	3	+14,287	+ 6,568	−13,437	−30,331	»	2	−10,001	− 1,942	+ 7,401
Baie Tritou.	Du 24 au 29 avril.	2	+16,601	+ 8,056	−16,652	+28,709	»	3	−10,820	− 2,301	+ 8,219
Macassar.	Du 23 au 28 mai.	4	+16,974	+ 8,486	+ 3,432	+33,903	»	3	−10,801	− 2,194	+ 8,104
Batavia.	Du 9 au 17 juin.	4	+17,972	+ 5,707	+ 2,968	+32,336	»	3	−10,865	− 2,085	+ 8,078
Samboangan.	Du 29 juillet au 5 août.	3	+19,296	+ 1,628	− 1,392	−34,906	»	3	−12,591	− 2,328	+ 8,010
Samarang.	Du 25 au 30 septembre.	3	+19,005	+ 3,611	+ 4,900	+37,214	Réparée.	2	−10,808	− 2,502	+ 8,060
Hobart-Town (première relâche).	Du 13 au 30 décembre.	4	+21,005	+ 3,718	+ 5,619	+20,044	54",418	3	−78,066	− 7,727	+ 6,537
Hobart-Town (deuxième relâche).	Du 19 au 24 février.	2	+19,840	+ 1,378	+ 4,031	+28,289	67,552	3	En répar.	− 7,768	+ 0,682
Iles Auckland.	Du 12 au 19 mars.	2	+19,519	+ 1,140	+ 4,670	+25,093	61,031	3	+ 0,778	− 7,991	+ 0,682
Akaroa (Nouvelle-Zélande).	Du 9 au 16 avril.	2	+20,108	+ 1,789	+ 4,270	+25,574	68,718	2	+ 0,982	− 7,046	+ 2,113
Baie des Iles (Nouvelle-Zélande).	Du 29 avril au 4 mai.	2	+20,087	+ 3,338	+ 3,974	+21,842	72,237	2	» 0,955	− 7,261	+ 3,725
Ile Toud.	Du 3 au 9 juin.	2	+19,405	+ 1,710	+ 3,869	+28,472	104,210	3	»	»	»
Ile Bourbon.	Du 22 au 30 juillet.	3	+22,300		+ 6,350	+29,077	»	3	− 0,036	+ 6,168	+ 7,059

TABLEAU

DES PRINCIPALES POSITIONS GÉOGRAPHIQUES

DÉTERMINÉES

PENDANT LE VOYAGE DES CORVETTES L'ASTROLABE ET LA ZÉLÉE.

—————◆◆◆◆◆—————

Les positions qui n'ont point été déterminées par nous, mais qui nous ont servi pour nos déterminations, sont tirées du tableau de la *Connaissance des Temps* pour l'année 1840. Elles sont désignées par les lettres (C. T.)

Les positions des *stations principales,* de celles où on a pu faire des observations à terre assez suivies pour en déduire la marche des chronomètres, sont affectées des lettres (O. M.)

Enfin on a fait précéder de la lettre (O.) le nom des points dont la position géographique a été conclue par des observations directes faites à terre, bien que ces observations n'aient point été assez nombreuses pour en déduire la marche des montres.

Toutes les positions géographiques dont les noms des lieux ne sont précédés d'aucune lettre, sont les résultats des observations astronomiques faites à la mer, combinés avec les opérations géodésiques.

NOM DES LIEUX.	LATITUDE.	LONGITUDE.
(C. T.) Toulon (observatoire de la marine).	43° 7'23''N.	3°35'27''E.
(O.) Ile de Ténériffe (môle de Santa-Crux).	28 28 00	18 37 40O.
PATAGONIE.		
(O. M.) Port Famine (observatoire).	53 37 35 S.	73 12 00
(O.) Port Galland.	53 44 27	74 20 30
(O.) Baie St-Nicolas (îlot du milieu).	53 50 10	73 27 21
(O.) Havre Pecket (pointe est).	52 45 00	73 04 40
Cap des Vierges.	52 25 00	70 41 58
TERRE DE FEU.		
Cap Ste-Catherine.	52 33 40	71 05 00
Cap St-Sébastien.	53 19 00	70 30 00
Cap St-Vincent.	54 38 25	67 36 30
ILES SOUTH-ORKNEY.		
Ile Laurie (cap Dundas).	60 54 00	46 17 00
Ile Coronation (pointe Conception).	60 32 20	48 17 00
Iles Inaccessibles (milieu).	60 42 00	49 33 20
ILES NEW-SOUTH-SCHETLAND.		
Ile Clarence (sommet).	64 18 00	55 59 00
Ile Éléphant (piton du sud).	64 15 00	57 10 00

NOM DES LIEUX.	LATITUDE.	LONGITUDE.
TERRES LOUIS-PHILIPPE.		
Iles Dumoulin (milieu de la plus grande).	63°26'50"S.	61°36'30"O.
Cap Roquemaurel.	63 30 20	60 50 40
Ile de l'Astrolabe.	63 16 00	60 39 00
Mont D'Urville.	63 28 45	60 11 30
Mont Jacquinot.	63 17 00	59 46 20
Rochers de la Zélée.	62 59 30	59 17 00
Cap Dubouzet.	63 09 00	59 07 30
Ile Montrol.	62 59 30	58 40 30
(C. T.) BAIE DE LA CONCEPTION (fort Calvez)	36 42 00	75 30 41
(C.T.) VALPARAISO (môle).	33 01 55	74 03 47
ILE ST.–FELIX (sommet).	26 15 00	81 36 35
ILE ST.–AMBROISE (sommet).	26 17 07	81 24 00
BAIE SAN-JUAN-BAUTISTA (île Juan Fernandez).	32 38 12	81 18 14
ILES MANGA–REVA.		
(O. M.) Ile Manga–Reva.	23 07 50	137 21 13
Ile Ao–kena (mont du sud).	23 08 10	137 17 38
Ile Tara–vai (sommet).	23 09 00	137 24 18
Ile Aka-marou (mont central).	23 10 40	137 17 48
Ile Makaroa (sommet).	23 12 40	137 20 44
Ile Kamaka (sommet).	23 14 00	137 20 10

NOM DES LIEUX.	LATITUDE.	LONGITUDE.
ILE CLERMONT - TONNERRE (pointe N. O.).	18°32'20"S.	138°43'13"O.
ILE SERLES (pointe N. O.).	18 17 00	139 21 36
ARCHIPEL NOUKA-HIVA.		
(O. M.) Port Anna-Maria (île Nou-ka-hiva).	8 54 03	142 27 02
Ile Nouka-hiva (pointe sud).	8 57 15	142 31 10
Ile Houa-houna (pointe sud).	8 56 30	141 54 00
Ile Fetou-houkou (milieu).	9 24 30	141 18 15
Ile Hiva-oa (pointe est).	9 45 00	141 10 00
— (pointe nord-ouest).	9 47 00	141 31 00
Tahou-ata.	9 59 00	141 26 00
Ile Motane (pointe sud-est).	10 01 00	141 10 00
Ile Fatou-hiva (piton du milieu de l'île).	10 36 20	140 57 00
ILES POMOTOU.		
Ile Raraka (pointe ouest).	15 48 30	147 31 30
Ile Wittgenstein (pointe nord).	16 03 00	147 56 50
Ile Elisabeth (pointe nord).	15 48 20	148 20 00
Ile Greig (pointe sud).	16 12 00	148 35 00
Ile Tiokea (pointe ouest).	14 27 45	147 18 00
Ile Oura (pointe nord).	14 30 25	147 24 30
ILES TAITI.		
(C. T.) Pointe Vénus.	17 29 21	151 49 19

NOM DES LIEUX.	LATITUDE.	LONGITUDE.
Parau-Roa (île Eimeo).	17°29'28"S.	152°06'54"O.
Ile Toubouai-Manou (sommet).	17 28 00	152 58 00
Ile Raïatéa (sommet).	16 54 00	153 50 35
Ile Taha (sommet).	16 38 30	153 51 10
Ile Bora-Bora (sommet).	16 32 00	154 04 30
Ile Maupiti (sommet).	16 27 35	154 33 20
Ile Mopelia (pointe nord).	16 50 00	156 18 40
Ile Scilly (pointe S. O.).	16 34 00	156 57 00
ILES SAMOA.		
Ile Rose (milieu).	14 31 45	170 29 00
Ile Olo–Singa (pointe N. O.).	14 11 50	171 48 00
Ile Feti-Houta (piton du sud).	14 09 30	171 57 40
Ilot au S. E. de Tou–tou-ila (île des Cocos).	14 22 30	171 52 30
Ile Tou–tou-ila (mont central).	14 19 10	173 07 35
Ile Manoua (centre).	14 06 00	173 40 10
(O. M.) Apia (île Opoulou).	13 52 05	174 04 35
Ile Sevai (pointe S. E.).	13 49 40	174 34 30
ILES HAFOULOU-HOU.		
Ile Vavao (pointe nord).	18 28 20	176 18 00
— (piton du village).	18 34 40	176 19 20
Ile Ovoka.	18 36 20	176 24 30
Ile Latai.	18 45 15	176 58 18

NOM DES LIEUX.	LATITUDE.	LONGITUDE.
ILES HAPAÏ.		
Ile Kaa (sommet).	19°41'35"S.	177°19'50"O.
Ile Tofoua (cratère).	19 45 00	177 23 00
Lefouga (village).	19 48 45	176 40 00
(O.) Mouillage des corvettes.	19 45 50	176 39 20
Ile Haano (pointe nord).	19 38 50	176 36 20
ILES VITI.		
Ile Andoua (pointe S. O.).	16 49 40	175 55 30E.
Pointe S. O. de la baie Boua.	16 52 40	176 14 00
Ile Nemen.	17 05 00	176 46 15
(O. M.) Lebouka (île Obalaou).	17 41 20	176 28 40
Ile Pao.	17 59 00	176 16 00
Ile Nhao (sommet N.).	17 59 00	176 59 00
Ile Laguemba (pointe S.).	18 16 45	178 51 20
Ile Boulang-ha (piton S. E.).	19 09 25	179 09 00
ILES BANKS ET NOUVELLES-HÉBRIDES.		
Ile du Nord (sommet).	13 36 00	165 02 00E.
Ile du Nord-Est (sommet).	13 43 00	165 23 30
Grande Terre (sommet N.).	13 47 20	165 11 50
Ile du Pain-de-Sucre (sommet).	14 52 45	165 24 50
Ile Claire (milieu).	14 20 45	165 27 00
Pic de l'Étoile (sommet).	14 29 40	165 44 30
Ile Aurore (pointe nord).	14 56 00	165 45 00

NOM DES LIEUX.	LATITUDE.	LONGITUDE.
ILES SANTA–CRUZ.		
Ile Tinakoro.	10°23'10''S.	163°29'10''E.
Ile Nitendi (pointe N. E.).	10 44 10	163 49 45
Ile Topoua (sommet de l'O.).	11 17 30	164 11 50
Ile Vanikoro (mont Kapogo).	11 36 30	164 33 00
ILES SALOMON.		
Cap Nord (île Bouka).	5 30 00	152 19 45
Ile Bouka (sommet).	5 16 00	152 19 00
Cap Laverdie (île Bougainville).	5 30 00	152 46 50
Mont Balbi (île Bougainville).	5 57 00	152 43 30
Iles Martin (île ouest).	6 13 00	153 20 00
Cap Alexander (île Choiseul).	6 42 20	154 12 10
Cap Giraud (île Choiseul).	6 55 00	154 45 00
Cap de la Première Vue (sommet), (île Choiseul).	7 20 10	155 13 45
Cap Labée (île Choiseul).	7 29 05	155 35 00
Cap Comfort (île Isabel).	7 23 40	155 51 00
Ile Nairn	7 40 00	156 02 40
(O. M.) Havre de l'Astrolabe (île S.-Georges).	8 31 00	157 20 36
Cap Prieto (île Isabel).	8 34 00	157 33 30
Ile Buena-Vista (sommet).	8 55 30	157 45 00
Cap Astrolabe (île Malayta).	8 21 30	158 17 00
Sommet principal (île Malayta).	9 06 30	158 42 00
Cap Zélée (Ile Malayta).	9 45 00	159 19 00
Cap de la Recherche (San–Christo-val).	10 12 00	159 02 20
Ile du Golfe (sommet).	10 15 00	159 25 15

NOM DES LIEUX.	LATITUDE.	LONGITUDE.
Cap Surville (île S.–Christoval).	10°50'40"S.	160°04'50"E.
Ile Santa-Anna.	10 49 00	160 11 00
Ile Caen (sommet).	3 27 30	149 54 00
Ile St-Jean (sommet).	4 04 30	150 20 00
Iles Vertes (pointe est).	4 30 00	150 55 00
Ile Abgarris (pointe sud).	3 33 20	151 38 30
Groupe Nougouor (pointe est).	3 51 00N.	152 40 30
Groupe Louasap (pointe est).	6 53 30	150 22 43
Iles Rouk.		
Ile Moenn (sommet).	7 27 20	149 30 50
Ile Dublon (sommet sud).	7 23 10	149 31 50
Ile Rouk (sommet à l'ouest).	7 22 00	149 29 10
Ile Oumol (sommet).	7 18 05	149 32 25
(O. M.) Ile Tsis (pointe nord-ouest).	7 18 25	149 28 25
Ile Oudot (sommet).	7 24 00	149 21 20
Ile Tol (sommet).	7 20 50	149 15 25
Iles Torres (milieu).	7 19 20	149 04 00
Ile du Sud (milieu).	6 58 10	149 37 25
(O. M.) Guam (baie d'Umata Pa-lacio).	13 17 44	142 19 57
Ile Gouap (pointe N.)	9 37 25	135 55 43

NOM DES LIEUX.	LATITUDE.	LONGITUDE.
Ile Pililio (pointe sud, îles Pelew).	7°02'00"N.	130°57'44"E.
Partie méridionale de Mindanao et îles environnantes.		
Sougoud-Boyan (pointe O. de l'entrée).	5 51 40	122 42 43
Pointe Serangani.	5 35 10	122 57 23
Iles Serangani (île ouest, sommet).	5 24 55	122 58 25
Sommet principal.	6 08 25	122 44 33
Iles situées entre Mindanao et Célèbes.		
Ils Saddle (île N.).	4 42 00	123 00 23
Rochers de Glaton (R. N.).	3 54 00	123 25 00
Ile Sanguir (pointe N.).	3 43 20	123 06 20
— (sommet).	3 30 00	123 10 00
Iles Karakita (sommet de l'île principale).	3 09 00	123 09 00
Ile Siao (sommet).	3 43 30	123 03 00
Iles Moluques.		
Iles Telabou (île ouest).	1 06 30	125 00 00
(O.) Ternate (débarcadère).	0 52 40	124 59 00
Ile Motir (sommet).	0 32 50	125 30 00
Ile Matkian (sommet).	0 24 40	125 35 00
Lata-lata (pointe sud).	0 08 10 S.	124 39 00
(C. T.) Amboine (fort Victoria).	3 41 44	125 49 27

NOM DES LIEUX.	LATITUDE.	LONGITUDE.
ILE CÉRAM ET ILES VOISINES.		
Pointe Siel (île Céram).	3°33'30"N.	125°35'20"E.
Tanjong-Kraw id.	2 48 40	126 40 25
Mont central id.	3 13 00	127 15 30
Pointe Flat id.	2 48 28	127 10 25
Le Bouton id.	3 09 00	128 02 17
(O.) Baie Warou id.	3 24 00	128 19 05
Kessing id.	3 50 00	128 18 42
Ile Manipa (sommet).	3 16 40	125 15 00
Ile Kelang (sommet).	3 10 00	125 24 30
Ile Bonou (sommet).	2 58 00	125 29 50
Ile Parang.	3 19 10	128 25 15
Céram Laut (sommet).	3 54 40	128 28 12
Ile Manawolka (sommet du sud).	4 07 50	128 47 02
Ile Goram (pointe S. E.).	4 13 00	128 53 42
Ile Tenimbar (piton).	4 06 30	128 53 42
Ile Tawa (centre).	4 37 00	129 07 42
ILES BANDA.		
Gounong-api (piton).	4 30 30	127 30 00
(O.) Pointe (N. E.) de Groot-Banda.	4 30 00	127 34 40
Poulo-wai.	4 30 30	127 25 35
Milieu de Poulo-Roun.	4 32 25	127 20 30
Sommet de Rosingeyn.	4 33 30	127 40 00
Milieu de Poulo-Swangui.	4 19 40	127 21 45
CÔTE S.-O. DE LA NOUV.-GUINÉE.		
Cap Foullioy.	3 17 00 S.	130 10 30

NOM DES LIEUX.	LATITUDE.	LONGITUDE.
Cap Sud-ouest.	4° 4'30"S.	130°28'25"E.
(O. M.) Hâvre Dubus.	3 46 31	131 13 10
Cap Périer.	4 08 30	132 11 00
Cap Debelle.	4 28 50	132 50 45
Ile Adi (pointe S. E.).	4 18 00	134 15 30
Cap Champel.	4 45 20	134 02 30
Cap Walch.	8 22 30	135 27 00
(O. M.) Baie Rafles (îlot de l'observatoire).	11 11 25	130 10 50
(O.) Port Essington (môle).	11 19 00	129 54 51
ILES ARROU.		
Ile Watsiri (pointe N.).	5 30 20	131 47 35
(O.) Ile Wama (mouillage).	5 44 40	131 44 45
Poulo Babi (milieu).	5 54 32	131 42 45
Pointe Maika.	6 08 00	131 38 50
Pointe Sud.	6 56 10	131 46 45
ILE BOUROU.		
Mont Tomahou.	3 12 00	123 54 10
Pointe Lana.	3 04 20	124 04 30
Pointe Pela.	3 23 20	125 00 00
PARTIE MÉRIDIONALE DE L'ILE CÉLÈBES ET ILES ENVIRONNANTES.		
(O.M.) Makassar (fort).	5 08 25	117 06 25

NOM DES LIEUX.	LATITUDE.	LONGITUDE.
Ile Tanakeke (pointe E.).	5°29'50"S.	117°04'08"E.
Haute Montagne.	5 27 00	117 20 46
Bonthain.	5 33 20	117 42 32
Boule–Komba.	5 34 10	117 56 30
Ile du Sud.	5 44 10	118 12 00
Ile Bouton (Pointe S.).	5 41 00	121 33 10
ILE JAVA.		
Pointe St–Nicolas.	5 53 36	103 47 00
Mont Karang.	6 15 10	103 44 11
Gounong Laou.	5 55 40	103 49 00
Poulo Panjang (pointe N.).	5 55 00	103 55 19
Poulo Babi (pointe O.).	5 48 38	104 00 00
Poulo Madi (pointe N.).	5 56 08	103 58 30
Grand Poulo Tidong (pointe N. O.).	5 46 35	104 11 34
Grand Kambuys (pointe N. O.).	5 55 00	104 17 37
Outong Java (milieu).	6 41 00	104 26 14
(C. T.) Batavia.	6 07 30	104 32 20
Ile Leyden (milieu).	6 01 48	104 35 35
Tanjong Krawang.	5 56 05	104 47 40
DÉTROIT DE BANCA.		
Pointe Bata Karang.	2 59 12	162 23 40
Tanjong Koleang.	2 03 45	162 46 30
Mont Tampelang.	2 04 20	163 22 50
3ᵉ pointe.	2 24 45	163 22 00
2ᵉ pointe.	2 41 50	163 32 00
Tanjong Pangong.	2 50 00	163 42 30
1ʳᵉ pointe.	3 03 00	163 49 30

NOM DES LIEUX.	LATITUDE.	LONGITUDE.
Ile Lusse para (milieu).	3°16'00"S.	163°58'45"E.
DÉTROITS DE DURION ET DE SINCHA-POUR.		
Rochers mi–chenal.	0 48 45	102 43 46
Tanjong Boukou (pointe ouest).	0 42 15	102 43 06
Poulo–Faya (pointe ouest).	0 45 20	102 32 41
Faux Durion (milieu de l'île).	0 37 00N.	101 22 46
Petit Durion (pointe sud).	0 44 00	101 29 36
(O.) Sinchapour.	1 18 30	101 37 24
PARTIE OCCIDENTALE ET SEPTENTRIONALE DE L'ILE BORNÉO.		
Tanjong Api.	1 56 30	107 11 00
Ile St–Pierre.	1 53 35	106 24 10
(O.) Entrée de la rivière Sambas.	1 11 40	106 43 50
Tanjong–Moura.	0 52 00	106 37 00
Poulo Mantawan.	6 43 30	114 00 05
Poulo Kaloutan.	7 12 10	114 34 15
ILE BALAMBANGAN (pointe Siagout).	7 21 30	114 43 35
ILE BANGUEY-(sommet).	7 17 30	114 48 00
ILES KAGAIAN SOLO.		
Ile Banian.	6 05 00	116 00 33
Ile Mambahenaivan.	6 30 50	116 14 33
Ile Moutigni.	6 48 00	116 07 03

NOM DES LIEUX.	LATITUDE.	LONGITUDE.
Ile Kagaian Solo.	6°53'45"N.	116°13'33"E.
ILES HOLO.		
Ile Tahou (pointe nord).	5 54 35	117 44 48
Ile Dokan (pointe nord).	5 57 48	117 54 00
Ile Obian (pointe nord).	6 08 25	118 11 03
(O.) Ile Holo (aiguade de la Baie du Mouillage).	6 02 30	118 44 33
Ile Banga (pointe est).	6 01 00	119 24 53
DÉTROIT DE BASSILAN.		
(O. M.) Samboangan.	6 53 29	119 48 32
Sangboy (mont du milieu).	6 54 20	119 15 50
Ile Bassilan (mont du milieu).	6 35 30	119 46 52
DÉTROIT DE MAKASSAR.		
Iles Pamaroung (entrée de la rivière).	0 54 06	115 12 15
Pointe Ragged.	2 07 48S.	114 19 20
Pointe Shoal.	2 34 25	114 13 00
Grande Poulo-laut (pointe nord).	3 11 40	113 59 30
Tanjong Salatan.	4 09 20	112 19 00
Ile Butten.	4 06 40	113 54 35
Ile Dwaalder.	4 14 30	113 49 12
Les Deux Frères.	4 19 30	113 54 30
Iles Moresses.	4 23 35	113 29 00
Iles Nousa Seras.	5 05 30	114 45 20
Meedenblick.	5 00 50	115 35 20
Ile Mara Sing.	5 06 12	115 54 00

NOM DES LIEUX.	LATITUDE.	LONGITUDE.
Ile Kalou–Ohij.	5°08'45" S.	115°20'00" E.
Ile Middelbourg.	5 09 15	115 33 30
Ile Rotterdam.	5 13 28	115 34 00
PARTIE DE LA CÔTE PRÈS DE SAMA- RANG.		
(O. M.) Samarang.	6 59 00	108 08 56
Ile Mandalik.	6 24 40	108 39 52
Mont Japara.	6 40 00	108 37 53
BAIE LAMPONG.		
Poulo Bessi (sommet de l'île).	5 55 50	103 15 30
Pointe Hog.	5 54 06	103 26 54
Bouton.	5 54 08	103 37 04
4° pointe.	6 02 28	103 36 26
TERRE ADÉLIE.		
Cap Robert.	66 24 15	135 33 00
Cap Pepin.	66 29 15	136 27 30
Pointe Géologie (rocher de la Dé- couverte).	66 34 35	137 50 00
Cap de la Découverte.	66 35 48	138 49 30
Cap Jules.	66 37 00	138 25 10
CÔTE CLARIE (pointe nord).	64 34 00	130 44 00
(C. T.) HOBART–TOWN.	42 53 34	145 05 05

NOM DES LIEUX.	LATITUDE.	LONGITUDE.
ILES AUCKLAND.		
Ile Enderby (pointe nord).	50°30'42"S.	164°00'30"E.
(O. M.) Baie Sarch's Bosom (obser-		
vatoire).	50 31 45	163 54 27
Ile Green.	50 33 00	164 04 00
Ile Désappointement.	50 37 48	163 43 50
Cap Sud.	50 56 38	163 49 26
ILES TAVAI POUNAMOU ET STEWART		
(NOUVELLE-ZÉLANDE).		
Iles Snares (Ile Longue).	48 03 00	164 49 03
Cap Sud (Ile Stewart).	47 22 00	165 10 45
Port Adventure (pointe S. O.).	47 12 20	165 53 45
Ile Roebuck (pointe S. O.).	46 52 30	166 15 00
Hᵉ. Molinaux.	46 26 15	167 32 33
Mont Saddle.	45 55 50	168 11 00
Cap Saunders.	45 53 45	168 29 30
(O.) Port Otago (pointe de la Pê-		
cherie).	45 48 45	168 28 45
(O. M.) H. Akaroa (observatoire).	43 51 09	170 39 15
Baie Looker's (entrée de la rivière).	42 17 00	171 27 30
Cap Campbel.	41 38 00	172 01 40
(C. T.) BAIE DES ILES (îlot de Korora-		
Reka).	35 16 08	174 50 00
ILES LOYALTY.		
Ile Beaupré.	20 26 45	163 50 40
Ile Halgan (pointe est).	20 35 50	164 48 54

NOM DES LIEUX.	LATITUDE.	LONGITUDE.
Ile Chabrol (pointe sud).	21°13'27"S.	164°58'00"E.
Ile Britannia (mont sur la presqu'île sud).	21 33 00	165 33 00
LOUISIADE, CÔTE SUD-EST DE LA NOUVELLE-GUINÉE.		
Mont Astrolabe (Nouvelle-Guinée).	9 27 00	145 10 00
Pointe Hood (Nouvelle-Guinée).	10 07 00	145 29 30
Cap Rodney (Nouvelle-Guinée).	10 14 30	146 10 15
Mont à l'est du Cul-de-Sac de l'Orangerie (Nouvelle-Guinée).	10 24 10	147 42 30
Cap Sud-Est (Louisiade).	10 43 35	148 48 00
Ile Réal (Louisiade).	11 06 50	150 06 00
Presqu'île Condé (îles du Sud-Est, Louisiade).	11 39 00	151 18 00
Cap de la Délivrance (île Rossel, Louisiade).	11 21 50	152 06 00
DÉTROIT DE TORRÈS.		
Ile Farewell (milieu).	10 01 30	139 47 25
(O. M.) Ile Toud (milieu).	9 47 10	140 45 00
Ile Dalrymple (milieu).	9 36 05	141 10 00
Ile Arroub (milieu).	9 33 35	141 35 00
Récif Anchor Key.	9 22 00	141 52 20
Récif de Portlock.	9 29 00	142 35 00
(O.) ILE TIMOR, baie Coupang (fort Concordia).	10 08 30	121 08 55

TABLE I.

DES COSÉCANTES, COTANGENTES, SÉCANTES ET TANGENTES NATURELLES.

COSÉCANTES NATURELLÉS R — I.

Deg.	0'	10'	20'	30'	40'	50'	Deg.
0	Infinie.	343,77516	171,88831	114,59301	85,94561	68,75736	89
1	57,29869	49,11406	42,97571	38,20155	34,38232	31,25758	88
2	28,65371	26,45051	24,56212	22,92559	21,49368	20,23028	87
3	19,10732	18,10262	17,19843	16,38041	15,63679	14,95788	86
4	14,33559	13,76311	13,23472	12,74549	12,29125	11,86837	85
5	11,47371	11,10455	10,75849	10,43343	10,12752	9,83912	84
6	9,56677	9,30917	9,06515	8,83367	8,61379	8,40466	83
7	8,20551	8,01565	7,83443	7,66130	7,49571	7,33719	82
8	7,18530	7,03962	6,89979	6,76547	6,63633	6,51208	81
9	6,39245	6,27719	6,16607	6,05886	5,95536	5,85539	80
10	5,75877	5,66533	5,57493	5,48740	5,40263	5,32049	79
11	5,24084	5,16359	5,08863	5,01585	4,94517	4,87649	78
12	4,80973	4,74182	4,68167	4,62023	4,56041	4,50216	77
13	4,44541	4,39012	4,33622	4,28366	4,23239	4,18238	76
14	4,13357	4,08591	4,03938	3,99393	3,94952	3,90613	75
15	3,86370	3,82223	3,78166	3,74198	3,70315	3,66515	74
16	3,62796	3,59154	3,55587	3,52094	3,48671	3,45317	73
17	3,42030	3,38808	3,35649	3,32551	3,29512	3,26531	72
18	3,23607	3,20737	3,17920	3,15155	3,12440	3,09774	71
19	3,07155	3,04584	3,02057	2,99574	2,97135	2,94737	70
20	2,92380	2,90063	2,87785	2,85545	2,83342	2,81175	69
21	2,79043	2,76945	2,74881	2,72850	2,70851	2,68884	68
22	2,66947	2,65040	2,63162	2,61313	2,59491	2,57698	67
23	2,55930	2,54190	2,52474	2,50784	2,49119	2,47477	66
24	2,45859	2,44264	2,42692	2,41142	2,39614	2,38106	65
25	2,36620	2,35154	2,33708	2,32282	2,30875	2,29487	64
26	2,28117	2,26766	2,25432	2,24116	2,22817	2,21535	63
27	2,20269	2,19019	2,17786	2,16568	2,15366	2,14178	62
28	2,13005	2,11847	2,10704	2,09574	2,08458	2,07356	61
29	2,06267	2,05191	2,04128	2,03077	2,02039	2,01014	60
30	2,00000	1,98998	1,98008	1,97029	1,96062	1,95106	59
31	1,94160	1,93226	1,92302	1,91388	1,90485	1,89591	58
32	1,88708	1,87834	1,86970	1,86116	1,85271	1,84435	57
33	1,83608	1,82790	1,81981	1,81180	1,80388	1,79604	56
34	1,78829	1,78062	1,77303	1,76552	1,75808	1,75073	55
35	1,74345	1,73624	1,72911	1,72205	1,71506	1,70815	54
36	1,70130	1,69452	1,68782	1,68117	1,67460	1,66809	53
37	1,66164	1,65526	1,64894	1,64268	1,63648	1,63035	52
38	1,62427	1,61825	1,61229	1,60639	1,60054	1,59475	51
39	1,58902	1,58333	1,57771	1,57213	1,56661	1,56114	50
40	1,55572	1,55036	1,54504	1,53977	1,53455	1,52938	49
41	1,52425	1,51918	1,51415	1,50916	1,50122	1,49933	48
42	1,49448	1,48967	1,48491	1,48019	1,47551	1,47087	47
43	1,46628	1,46173	1,45721	1,45274	1,44831	1,44391	46
44	1,43956	1,43524	1,43096	1,42672	1,42251	1,41835	45
Deg.	60'	50'	40'	30'	20'	10'	Deg.

SÉCANTES NATURELLES R — I.

COTANGENTES NATURELLES R = 1.

Deg.	0'	10'	20'	30'	40'	50'	Deg
0	Infinie.	343,77371	171,88540	114,58865	85,93979	68,75009	89
1	57,28996	49,10388	42,96408	38,18846	34,36777	31,24158	88
2	28,63625	26,43160	24,54176	22,90377	21,47040	20,20655	87
3	19,08114	18,07498	17,16934	16,34986	15,60478	14,92442	86
4	14,30067	13,72674	13,19688	12,70620	12,25051	11,82617	85
5	11,43005	11,05943	10,71191	10,38540	10,07803	9,78817	84
6	9,51436	9,25530	9,00983	8,77689	8,55555	8,34496	83
7	8,14435	7,95302	7,77035	7,59575	7,42871	7,26873	82
8	7,11537	6,98823	6,82694	6,69116	6,56055	6,43484	81
9	6,31375	6,19703	6,08444	5,97576	5,87080	5,76937	80
10	5,67128	5,57638	5,48451	5,39552	5,30928	5,22566	79
11	5,14455	5,06584	4,98940	4,91516	4,84300	4,77286	78
12	4,70463	4,63825	4,57363	4,51071	4,44942	4,38969	77
13	4,33148	4,27471	4,21933	4,16530	4,11256	4,06107	76
14	4,01078	3,96165	3,91364	3,86671	3,82083	3,77595	75
15	3,73205	3,68909	3,64705	3,60588	3,56557	3,52609	74
16	3,48741	3,44951	3,41236	3,37594	3,34023	3,30521	73
17	3,27085	3,23714	3,20406	3,17159	3,13972	3,10842	72
18	3,07768	3,04749	3,01783	2,98868	2,96004	2,93189	71
19	2,90421	2,87700	2,85023	2,82391	2,79802	2,77254	70
20	2,74748	2,72281	2,69853	2,67462	2,65109	2,62791	69
21	2,60509	2,58261	2,56046	2,53865	2,51715	2,49597	68
22	2,47509	2,45451	2,43422	2,41421	2,39449	2,37504	67
23	2,35585	2,33693	2,31826	2,29984	2,28167	2,26374	66
24	2,24604	2,22857	2,21132	2,19430	2,17749	2,16090	65
25	2,14451	2,12832	2,11233	2,09654	2,08094	2,06553	64
26	2,05030	2,03526	2,02039	2,00569	1,99116	1,97681	63
27	1,96261	1,94858	1,93470	1,92098	1,90741	1,89400	62
28	1,88073	1,86760	1,85462	1,84177	1,82906	1,81649	61
29	1,80405	1,79174	1,77955	1,76749	1,75556	1,74375	60
30	1,73205	1,72047	1,70901	1,69766	1,68643	1,67530	59
31	1,66428	1,65337	1,64256	1,63185	1,62125	1,61074	58
32	1,60033	1,59002	1,57981	1,56969	1,55966	1,54972	57
33	1,53986	1,53010	1,52043	1,51084	1,50133	1,49190	56
34	1,48256	1,47330	1,46411	1,45501	1,44598	1,43703	55
35	1,42815	1,41934	1,41061	1,40195	1,39336	1,38484	54
36	1,37638	1,36800	1,35968	1,35142	1,34323	1,33511	53
37	1,32704	1,31904	1,31110	1,30323	1,29541	1,28764	52
38	1,27994	1,27230	1,26471	1,25717	1,24969	1,24227	51
39	1,23490	1,22758	1,22031	1,21310	1,20593	1,19882	50
40	1,19175	1,18474	1,17777	1,17085	1,16398	1,15715	49
41	1,15037	1,14363	1,13694	1,13029	1,12369	1,11713	48
42	1,11061	1,10414	1,09770	1,09131	1,08496	1,07864	47
43	1,07237	1,06613	1,05994	1,05378	1,04766	1,04158	46
44	1,03553	1,02952	1,02355	1,01761	1,01170	1,00583	45
Deg.	60'	50'	40'	30'	20'	10'	Deg.

TANGENTES NATURELLES R = 1.

COSÉCANTES NTURELLES R = I.

Deg.	0'	10'	20'	30'	40'	50'	Deg.
45	1,41421	1,41012	1,40606	1,40203	1,39804	1,39409	44
46	1,39016	1,38628	1,38242	1,37860	1,37481	1,37105	43
47	1,36733	1,36363	1,35997	1,35634	1,35274	1,34917	42
48	1,34563	1,34212	1,33864	1,33519	1,33177	1,32838	41
49	1,32501	1,32168	1,31837	1,31509	1,31183	1,30861	40
50	1,30541	1,30223	1,29909	1,29597	1,29287	1,28980	39
51	1,28676	1,28374	1,28075	1,27778	1,27483	1,27191	38
52	1,26902	1,26615	1,26330	1,26047	1,25767	1,25489	37
53	1,25214	1,24940	1,24669	1,24400	1,24134	1,23869	36
54	1,23607	1,23347	1,23089	1,22833	1,22579	1,22327	35
55	1,22077	1,21830	1,21584	1,21341	1,21099	1,20859	34
56	1,20622	1,20386	1,20152	1,19920	1,19691	1,19463	33
57	1,19236	1,19012	1,18790	1,18569	1,18350	1,18133	32
58	1,17918	1,17704	1,17493	1,17283	1,17075	1,16868	31
59	1,16663	1,16460	1,16259	1,16059	1,15861	1,15665	30
60	1,15470	1,15277	1,15085	1,14896	1,14707	1,14521	29
61	1,14335	1,14152	1,13970	1,13789	1,13610	1,13433	28
62	1,13257	1,13083	1,12910	1,12738	1,12568	1,12400	27
63	1,12233	1,12067	1,11903	1,11740	1,11579	1,11419	26
64	1,11260	1,11103	1,10947	1,10793	1,10640	1,10488	25
65	1,10338	1,10189	1,10041	1,09895	1,09750	1,09606	24
66	1,09464	1,09323	1,09183	1,09044	1,08907	1,08771	23
67	1,08636	1,08503	1,08370	1,08239	1,08109	1,07981	22
68	1,07853	1,07727	1,07602	1,07479	1,07356	1,07235	21
69	1,07114	1,06995	1,06878	1,06761	1,06645	1,06531	20
70	1,06418	1,06306	1,06195	1,06085	1,05976	1,05869	19
71	1,05762	1,05657	1,05552	1,05449	1,05347	1,05246	18
72	1,05146	1,05047	1,04950	1,04853	1,04757	1,04663	17
73	1,04569	1,04477	1,04385	1,04295	1,04206	1,04117	16
74	1,04030	1,03944	1,03858	1,03774	1,03691	1,03609	15
75	1,03528	1,03447	1,03368	1,03290	1,03213	1,03137	14
76	1,03061	1,02987	1,02914	1,02842	1,02770	1,02700	13
77	1,02630	1,02562	1,02494	1,02428	1,02362	1,02298	12
78	1,02234	1,02171	1,02110	1,02049	1,01989	1,01930	11
79	1,01872	1,01815	1,01758	1,01703	1,01649	1,01595	10
80	1,01543	1,01491	1,01440	1,01391	1,01342	1,01294	9
81	1,01247	1,01200	1,01155	1,01111	1,01067	1,01024	8
82	1,00983	1,00942	1,00902	1,00863	1,00825	1,00787	7
83	1,00751	1,00715	1,00681	1,00647	1,00614	1,00582	6
84	1,00551	1,00521	1,00491	1,00463	1,00435	1,00408	5
85	1,00382	1,00357	1,00333	1,00309	1,00287	1,00265	4
86	1,00244	1,00224	1,00205	1,00187	1,00169	1,00153	3
87	1,00137	1,00122	1,00108	1,00095	1,00083	1,00072	2
88	1,00061	1,00051	1,00042	1,00031	1,00027	1,00021	1
89	1,00015	1,00014	1,00007	1,00004	1,00002	1,00000	0
Deg.	60'	50'	40'	30'	20'	10'	Deg.

SÉCANTES NATURELLES R = I.

COTANGENTES NATURELLES R = I.

Deg.	0'	10'	20'	30'	40'	50'	Deg.
45	1,00000	0,99420	0,98843	0,98270	0,97700	0,97133	44
46	0,96569	0,96008	0,95451	0,94896	0,94345	0,93797	43
47	0,93252	0,92709	0,92170	0,91633	0,91099	0,90569	42
48	0,90040	0,89515	0,88992	0,88473	0,87955	0,87441	41
49	0,86929	0,86119	0,85912	0,85408	0,84906	0,84407	40
50	0,83910	0,83415	0,82923	0,82434	0,81946	0,81461	39
51	0,80978	0,80498	0,80020	0,79544	0,79070	0,78598	38
52	0,78129	0,77661	0,77196	0,76733	0,76272	0,75812	37
53	0,75355	0,74900	0,74447	0,73996	0,73547	0,73100	36
54	0,72654	0,72211	0,71769	0,71329	0,70891	0,70455	35
55	0,70021	0,69588	0,69157	0,68728	0,68301	0,67875	34
56	0,67451	0,67028	0,66608	0,66189	0,65771	0,65355	33
57	0,64941	0,64528	0,64117	0,63707	0,63299	0,62892	32
58	0,62487	0,62083	0,61681	0,61280	0,60881	0,60483	31
59	0,60086	0,59691	0,59297	0,58905	0,58513	0,58124	30
60	0,57735	0,57348	0,56962	0,56577	0,56194	0,55812	29
61	0,55431	0,55051	0,54673	0,54296	0,53920	0,53545	28
62	0,53171	0,52798	0,52427	0,52057	0,51688	0,51319	27
63	0,50953	0,50587	0,50222	0,49858	0,49495	0,49134	26
64	0,48773	0,48114	0,48055	0,47698	0,47341	0,46985	25
65	0,46631	0,46277	0,45924	0,45573	0,45222	0,44872	24
66	0,44523	0,44175	0,43828	0,43481	0,43136	0,42791	23
67	0,42447	0,42105	0,41763	0,41421	0,41081	0,40741	22
68	0,40403	0,40065	0,39727	0,39391	0,39055	0,38721	21
69	0,38386	0,38053	0,37720	0,37388	0,37057	0,36727	20
70	0,36397	0,36068	0,35740	0,35412	0,35085	0,34758	19
71	0,34433	0,34108	0,33783	0,33460	0,33136	0,32814	18
72	0,32492	0,32171	0,31850	0,31530	0,31210	0,30891	17
73	0,30573	0,30255	0,29938	0,29621	0,29305	0,28990	16
74	0,28675	0,28360	0,28046	0,27732	0,27419	0,27107	15
75	0,26795	0,26483	0,26172	0,25862	0,25552	0,25242	14
76	0,24933	0,24624	0,24316	0,24008	0,23700	0,23393	13
77	0,23087	0,22781	0,22475	0,22169	0,21864	0,21560	12
78	0,21256	0,20952	0,20648	0,20345	0,20042	0,19740	11
79	0,19438	0,19136	0,18835	0,18534	0,18233	0,17933	10
80	0,17633	0,17333	0,17033	0,16734	0,16435	0,16137	9
81	0,15838	0,15540	0,15243	0,14945	0,14648	0,14351	8
82	0,14054	0,13758	0,13461	0,13165	0,12869	0,12574	7
83	0,12278	0,11983	0,11688	0,11394	0,11099	0,10805	6
84	0,10510	0,10216	0,09923	0,09629	0,09335	0,09042	5
85	0,08749	0,08456	0,08163	0,07870	0,07578	0,07285	4
86	0,06993	0,06700	0,06408	0,06116	0,05824	0,05533	3
87	,05241	0,04949	0,04658	0,04366	0,04075	0,03783	2
88	,03492	0,03201	0,02910	0,02619	0,02328	0,02036	1
89	0,01746	0,01455	0,01164	0,00873	0,00582	0,00291	0
Deg.	60'	50'	40'	30'	20'	10'	Deg.

TANGENTES NATURELLES R = I.

TABLE II.

Des produits $\dfrac{m+1 \cdot m}{2}$, $\dfrac{m+1 \cdot m \cdot m-1}{2 \cdot 3}$ *depuis*
$m = 1$ *jusqu'à* $m = 50$.

m.	$\dfrac{m+1.m}{2}$	$\dfrac{m+1.m.m-1}{2.3}$	m.	$\dfrac{m+1.m}{2}$	$\dfrac{m+1.m.m-1}{2.3}$
1	1	0	26	351	2925
2	3	1	27	378	3276
3	6	4	28	406	3654
4	10	10	29	435	4060
5	15	20	30	465	4495
6	21	35	31	496	4960
7	28	56	32	528	5456
8	36	84	33	561	5984
9	45	120	34	595	6545
10	55	165	35	630	7140
11	66	220	36	666	7770
12	78	286	37	703	8436
13	91	364	38	741	9139
14	105	455	39	780	9880
15	120	560	40	820	10660
16	136	680	41	861	11480
17	153	816	42	903	12341
18	171	969	43	946	13244
19	190	1140	44	990	14190
20	210	1330	45	1035	15180
21	231	1540	46	1081	16215
22	253	1771	47	1128	17296
23	276	2024	48	1176	18424
24	300	2300	49	1225	19600
25	325	2600	50	1275	20825

TABLE III.

DES HUIT PREMIÈRES PUISSANCES DES NOMBRES,

DEPUIS 1 JUSQU'A 100.

1re p.	2e puiss.	3e puiss.	4e puissance.	5e puissance.	6e puissance.	7e puissance.	8e puissance.
1	1	1	1	1	1	1	1
2	4	8	16	32	64	128	256
3	9	27	81	243	729	2187	6501
4	16	64	256	1024	4096	16384	65536
5	25	125	625	3125	15625	78125	390620
6	36	216	1296	7776	46656	279936	1678616
7	59	343	2401	16807	117649	823543	5764801
8	64	512	4096	32768	162144	2097152	16777216
9	81	729	6561	59049	531441	4782969	43046721
10	100	1000	10000	100000	1000000	10000000	100000000
11	121	1331	14641	161051	1771561	19487171	214358881
12	144	1728	20736	248832	2985984	35831808	429981696
13	169	2197	28561	371293	4826809	62748517	815730721
14	196	2744	38416	537824	7529536	105413504	1475789056
15	225	3375	50625	759375	11390625	170859375	2562890625
16	256	4096	65536	1048576	16777216	268435456	4294967296
17	289	4913	83521	1419857	24137569	410338673	6975757441
18	324	5832	104976	1889568	34012224	612220032	11019960576
19	361	6859	130321	2476099	47045881	893871739	16983563041
20	400	8000	160000	3200000	64000000	1280000000	25600000000
21	441	9261	194481	4084101	85766121	1801088541	37822859361
22	484	10648	234256	5153632	113379904	2494357888	54875873536
23	529	12167	279841	6436343	148035889	3404825447	78310985281
24	576	13824	331776	7962624	191102976	4586471424	110075314176
25	625	15625	390625	9765625	244140625	6103515625	152587890625
26	676	17576	456976	11881376	308915776	8031810176	208827064575
27	729	19683	531441	14348907	387420489	10460353203	282429536481
28	784	21952	614656	17210368	481890304	13492928512	377801998336
29	841	24389	707281	20511149	594823321	17249876309	500246412961
30	900	27000	810000	21300000	729000000	21870000000	656100000000
31	961	29791	923521	28629151	887503681	27512614111	852891037441
32	1024	32768	1048576	33554432	1073741824	34359738368	1099511627776
33	1089	35937	1185921	39135393	1291467969	42618442977	1406408618241
34	1156	39304	1336336	45435424	1544804416	52523350144	1785793904894
35	1225	42875	1500625	52521875	1838265625	64339296875	2251875390625
36	1296	46656	1679616	60466176	2176782336	78364164096	2821109907456
37	1369	50653	1874161	69343957	2565726409	94931877133	3512479453921
38	1444	54872	2085136	79235168	3010936384	114415582592	4347792138496
39	1521	59319	2313441	90224199	3518743761	137231006679	5352009260481
40	1600	64000	2560000	102400000	4096000000	163840000000	6553600000000
41	1681	68921	2825761	115856201	4750104242	194754273881	7984925229121
42	1764	74088	3111696	130691232	5489031744	230539333248	9682651996416
43	1849	79507	3418801	147008443	6321363049	271818611107	11688200277601
44	1936	85184	3748096	164916224	7256313856	319277809664	14048223625216
45	2025	91125	4100625	184528125	8303765625	373669453125	16815125390625
46	2116	97336	4477456	205962976	9474296896	435817657216	20047612231936
47	2209	103823	4879681	229345007	10779215329	506523120463	23811286461761
48	2304	110592	5308416	254803968	12230590464	587068342272	28179280429056
49	2401	117649	5764801	282475249	13841287201	678223072849	33232930569601
50	2500	125000	6250000	312500000	15625000000	781250000000	39062500000000

1ᵉ p.	2ᵉ puiss.	3ᵉ puiss.	4ᵉ puissance.	5ᵉ puissance.	6ᵉ puissance.	7ᵉ puissance.	8ᵉ puissance.
51	2601	132651	6765201	345025251	17596287801	897410677851	45767944570401
52	2704	140608	7311616	380204032	19770609664	102807170252b	53459728531456
53	2809	148877	7890481	418195493	22164361129	11747(11)39837	62259690411361
54	2916	157464	8503056	459165024	24794911296	1338925209984	72301961339136
55	3025	166375	9150625	503284375	27680640625	1522435234375	83733937890625
56	3136	175616	9834496	550731776	30840979456	1727094849536	9671731157401u
57	3249	185193	10556001	601692057	34296447249	1954897493193	1114'915711'2001
58	3364	195112	11316496	656356768	38068692544	2207984167552	128063081718016
59	3481	205379	12117361	714924299	42180533641	2488651484819	146830437604321
60	3600	216000	12960000	777600000	46656000000	2799360000000	167961600000000
61	3721	226981	13845841	844596301	51520374361	3142742836021	191707312997281
62	3844	238328	14776336	916132832	56800235584	3521614606208	218340105584896
63	3969	250047	15752961	992436543	62523502209	3938980639167	248155780267521
64	4096	262144	16777216	1073741824	68719476736	4398046511104	281474976710656
65	4225	274625	17850625	1160290625	75418890625	4902227890625	318644812890625
66	4356	287496	18974736	1252332576	82653950016	5455160701056	360040606269696
67	4489	300763	20151121	1350125107	90458382169	6060711605323	406067677556641
68	4624	314432	21381376	1453933568	98867482624	6722988818432	457163239653376
69	4761	328509	22667121	1564031349	107918163081	7446353252589	513798374428641
70	4900	343000	24010000	1680700000	117649000000	8235430000000	576480100000000
71	5041	357911	25411681	1804229351	128100283921	9095120158391	645753531245761
72	5184	373248	26873856	1934917632	139314069504	10030613004288	722204136308736
73	5329	389017	28398241	2073071593	151334226289	11047398519007	806460091894081
74	5476	405224	29986576	2219006624	164206490176	12151280273024	899194740203776
75	5625	421875	31640625	2373046875	177978515625	13348388671875	1001129150390625
76	5776	438976	33362176	2535525376	192699928576	14645194571776	1113034787454976
77	5929	456533	35153041	2706784157	208422380089	16048623266863	1235736291547681
78	6084	474552	37015056	2887174368	225199600704	17565568864912	1370114370683136
79	6241	493039	38950081	3077056399	243087455521	19203908986159	1517110809906561
80	6400	512000	40960000	3276800000	262144000000	20971520000000	1677721600000000
81	6561	531441	43046721	3486784401	282429536481	22876792454961	1853020188851841
82	6724	551368	45212176	3707398432	304006671424	24928547056768	2044140858654976
83	6889	571787	47458321	3939040643	326940373369	27136056989027	2252292232139041
84	7056	592704	49787136	4182119424	351298031616	29509034055744	2478758911082496
85	7225	614125	52200625	4437053125	377149515625	32057708828125	2724905250390625
86	7396	636056	54700816	4704270176	404567235136	34792782221696	2992179271065856
87	7569	658503	57289761	4984209207	433626201009	37725479487782	3282110715437121
88	7744	681472	59969536	5277319168	464404086784	40867559636992	3596345248055296
89	7921	704969	62742241	5584059449	496981290961	44231334895529	3936588805702081
90	8100	729000	65610000	5904900000	531441000000	47829690000000	4304672100000000
91	8281	753571	68574961	6240321451	567869252041	51676101935731	4702525276151521
92	8464	778688	71639296	6590815232	606355001344	55784460123648	5132188731375616
93	8649	804357	74805201	6956883693	646990183449	60170087060757	5595818096650401
94	8836	830584	78074896	7339040224	689869781056	64847759419264	6095689385410816
95	9025	857375	81450625	7737809375	735091890625	69833729609375	6634204312890625
96	9216	884736	84934656	8153726976	782757789696	75144747810816	7213895789838336
97	9409	912673	88529281	8587340257	832972004929	80798284478113	7837433594376961
98	9604	941192	92236816	9039207968	885842380864	86812553324672	8507630225817856
99	9801	970299	96059601	9509900499	941480149401	93206534790699	9227446944279201
100	10000	1000000	100000000	10000000000	1000000000000	100000000000000	10000000000000000

TABLE DES MATIÈRES.

FIN DE LA TABLE.

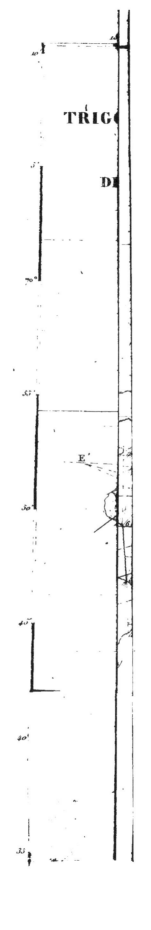

TRIG

DE

E'

Lightning Source UK Ltd.
Milton Keynes UK
UKHW030637290421
382834UK00006B/536